現代マーケティング論

高嶋克義・桑原秀史 [著]

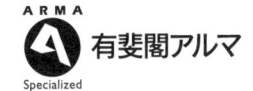

有斐閣アルマ
ARMA Specialized

本書のコピー, スキャン, デジタル化等の無断複製は著作権法上での例外を除き禁じられています。本書を代行業者等の第三者に依頼してスキャンやデジタル化することは, たとえ個人や家庭内での利用でも著作権法違反です。

はしがき

　これまでに数多くのマーケティングの教科書が出版されているが，とくに入門的な教科書になるほど，マーケティングの用語や手法を身近な製品を例に挙げて説明するという傾向がある。学生はそこからマーケティング用語を理解し，現在展開されている新製品開発や広告の手法には名前があり，それらが従来から使われてきた手法であることを学ぶ。

　このようなアプローチは，マーケティングを身近な問題として意識させ，マーケティングへの関心を高めるために有効な方法であるが，それはマーケティングを基礎から学ぶことにならない。この場合の基礎とは，さらに高いレベルにステップアップするための土台となる基礎であり，入りやすさを追求することではない。

　そのような発展性のある基礎を固めるためには，マーケティングの how よりも why を重視することが大事になる。すなわち，企業で実践されている多様な手法の名称を知るのではなく，マーケティングにおける why を追求して問題の根本を知り，一般化して考えること，さらに，マーケティング活動の根底にある基礎理論と結び付けて，さまざまな活動をつなぐ論理を理解することが重要となる。このような基礎があればこそ，実践においてマーケティングの新たな問題に直面したとき，その問題を論理的に考え，新しい問題解決の手法を自ら創造することにつながるのである。

　基礎理論を避けて，マーケティングの手法をとりあえず覚えさせるというのも1つの教え方であり，それらの知識はすぐに実践で役に立つように見えるかもしれない。しかし，複雑な市場環境のもと

では，問題を基本に立ち返って論理的に考える能力が必要になるのである。そこで本書では，マーケティングの問題を正しく捉え，解決する能力を高めるために，マーケティングの基本的な考え方を学ぶことをめざしている。

さらに，この教科書では，マーケティング論を体系的に捉えることを重視している。これまでのマーケティングの教科書の多くは，マーケティング・マネジメント論を中心に扱い，STPアプローチとして市場のセグメンテーションからポジショニングへという手順を紹介したのちに，製品，広告，チャネル，価格などの「4P」と呼ばれる各要素についての各論を展開するものであった。その説明は時間軸に沿って作業を並列させたものであり，マーケティング論としての体系性を感じにくく，また，各論が重視されて，教科書の各章が独立した説明になりやすかった。

それに対し本書では，マーケティング論を「市場」と「関係」という2つの理論体系で捉えている。まず第Ⅰ部と第Ⅱ部で説明する市場を捉えるマーケティング論には，マーケティング・マネジメント論や戦略的マーケティング論などが含まれる。そして第Ⅲ部の関係を捉えるマーケティング論は新たに登場した理論であり，近年の関係性マーケティング論などがある。これら2つの体系は，まったく異なる理論を提起しており，それぞれの理論における基本的な考え方を理解するとともに，それらの理論的な課題や限界を知ることが重要となる。また，この2つの体系で理解することは実践においても有効であり，解決すべき問題の性格に応じてアプローチを使い分けることで，適切な意思決定が可能となる。

なお，マーケティング論を具体的なレベルで理解するために実際の事例と関連づけることは有効であると考えられるが，本書では紙幅の制約に加えて，マーケティングにおける変化が激しいために，

事例の情報が陳腐化しやすいことから，具体的な企業の事例を紹介していない。その代わりに各章末に置かれている演習問題では，自分で事例を探し，課題に沿って事例を分析するという問題を設定しているので，この演習問題を解くことで，事例と結び付けて考えてもらいたい。

 さて，本書の執筆分担については，共著者の桑原秀史氏が第5章と補論，*Column* を担当し，高嶋が第5章以外の全章をおもに執筆した。当初，章の担当をバランスよく分ける予定であったが，マーケティング論と経済学との視点の違いが予想以上に大きかったために，内容の統一性を考えて，この形に落ち着いたのである。とはいえ経済学を専門とする桑原氏との頻繁な意見交換は，本書の内容を充実させることに大きく貢献した。

 そして，本書の執筆においては，多くの方々にお世話になっている。とくに田村正紀先生（神戸大学名誉教授）には，私が大学院に入学した同じ時期に，桑原氏も研究生として田村先生のゼミに加わり，そのとき以来の長きにわたって温かくご指導をいただいている。この場を借りて心より御礼を申し上げたい。また，南知恵子氏，清水信年氏，金雲鎬氏，猪口純路氏からは，本書の原稿に関して貴重なコメントをいただいた。さらに，理想的な教科書を作るという究極の目的を共有し，本書の企画・編集にご尽力いただいた有斐閣の尾崎大輔氏にも心から謝意を表したい。

2007年12月

著者を代表して
高嶋　克義

著者紹介

高嶋　克義（たかしま・かつよし）　【第1～4章，第6～13章】

1982年，京都大学経済学部卒業
1984年，神戸大学大学院経営学研究科博士前期課程修了
1987年，同研究科博士後期課程単位取得
1998～2021年，神戸大学経営学部・経営学研究科教授

現　職：追手門学院大学経営学部教授，神戸大学名誉教授，博士（商学，神戸大学）

主　著：『マーケティング・チャネル組織論』千倉書房，1994年。『生産財の取引戦略』千倉書房，1998年。『営業プロセス・イノベーション』有斐閣，2002年。『営業改革のビジョン』光文社新書，2005年。『生産財マーケティング』（共著）有斐閣，2006年。『現代商業学（新版）』有斐閣アルマ，2012年。『小売企業の基盤強化』有斐閣，2015年。『小売経営論』（共著）有斐閣，2020年。

桑原　秀史（くわはら・ひでちか）　【第5章，補論，*Column*】

1977年，関西学院大学経済学部卒業
1979年，関西学院大学大学院経済学研究科博士前期課程修了
1982年，同研究科博士後期課程単位取得
1996～97年，オックスフォード大学（英国）客員教授

現　職：関西学院大学経済学部教授，博士（商学，神戸大学）

主　著：『小売市場の経済分析』千倉書房，1988年。「流通経路と市場成果」宮澤健一（編）『国際化時代の流通機構』商事法務研究会，1991年。"Concentration and Productivity in the Retail Trade in Japan," *The International Review of Retail, Distribution and Consumer Research*, Vol. 7, No. 2, 1997. 『公共料金の経済学』有斐閣，2008年。「広告の産業連関分析」『日経広告研究所報』Vol. 2・3月号，2011年。

本書を読むにあたって

●**本書の構成**　本書は，第Ⅰ部～第Ⅲ部，全13章で構成され，マーケティングの基礎概念を「市場」と「関係」の2つの理論から体系的に学ぶことをめざしたテキストです。第Ⅰ部と第Ⅱ部で，多数で多様な消費者がとる行動を分析し，計画を立てて管理するマーケティングの「市場」の局面を学び，第Ⅲ部で，取引相手との継続的関係と相互作用を重視するマーケティングの「関係」の局面を学びます。また最後に，第13章では「情報化」「国際化」「サービス経済化」の3つの環境要因を取り上げ，近年の環境変化に対応したマーケティング論を解説します。

●***Introduction***　各章の冒頭には，その章の位置づけや概要をコンパクトに解説した***Introduction***を用意しました。

●***Keywords***　各章で学ぶ重要な概念や用語を太字で表記しました。さらに，各章の冒頭に***Keywords***として列挙しました。

●*Column*　本文の解説の背景となる知識や用語の解説を中心とした，*Column*を収録しました。

●**演習問題**　各章末には，3つの「演習問題」を収録ました。1問目は本文で学んだ内容を具体的な事例と結び付けて考えるための問題，2問目は本文の内容確認のための問題，3問目は本文の理論的な内容をさらに深く考えるための問題となっています。ぜひ挑戦してください。

●**文献案内**　巻末に，理解の助けになる入門書や次のステップへ進むための参考図書，第Ⅰ部～第Ⅲ部，*Column* の参考文献をリストアップして収録しました。

●**索　引**　巻末に，***Keywords***を中心とした「索引」を収録しました。***Keywords***と，それがとくに説明されているページを太字で表記しています。人名にはそれぞれ原綴りを付しています。

目　次

はしがき …………………………………………… i
著者紹介 …………………………………………… iv
本書を読むにあたって …………………………… v

第I部　市場からみるマーケティング

第1章　マーケティングの考え方　　2

1　マーケティングとは …………………………………… 2
　マーケティングのうまい企業（2）　　マーケティングの定義（5）

2　マーケティングの起源と発展 ………………………… 6
　マーケティングの誕生（6）　　競争要因（7）　　技術要因（7）
　流通要因（8）　　需要要因（9）

3　マーケティングの2つの局面 ………………………… 9
　市場と関係（9）　　市場の局面（10）　　関係の局面（12）

4　マーケティングと市場 ………………………………… 13
　マーケティングにおける市場の意味（13）　　マーケティングの目標（15）

5　マーケティング論における市場概念 ………………… 17
　差別化された市場（17）　　細分化された市場（19）　　変化する市場（20）　　3つの基礎概念（21）

第2章　製品差別化　　24

1　競争と製品差別化 …… 24
製品差別化とは（24）　完全競争の条件（25）　独占的競争と製品差別化（27）

2　製品属性から捉える製品差別化 …… 32
属性の束としての製品（32）　垂直的属性と水平的属性（33）　多属性空間における垂直的差別化と水平的差別化（35）　垂直的属性空間における製品差別化（37）　水平的属性空間における製品差別化（39）

3　ポジショニング …… 42
知覚マップとポジショニング（42）　水平的属性空間におけるポジショニング（43）　垂直的属性空間におけるポジショニング（44）

4　製品差別化戦略 …… 45
多様な製品差別化（45）　製品状況に関わる差別化（46）　広告とチャネルによる差別化（46）

第3章　市場細分化　　49

1　市場細分化とは …… 49
市場細分化の意味（49）　水平的属性における市場細分化（51）　垂直的属性における市場細分化（53）　垂直的差別化に基づく市場細分化（54）　市場の細分化と統合化（57）

2　市場細分化の基準 …… 60
多様な細分化基準（60）　人口統計変数（61）　心理的変数（62）　購買行動変数（63）

3　標的市場の設定 …… 64
市場セグメントの評価（64）　市場セグメントの経済的魅力（65）　経営資源による制約（66）

4 **複数市場セグメントの組合せ** …………………………… 67

分化型マーケティング（67）　集中型マーケティング（69）
複数製品事業での同じセグメントの追求（69）　異なる市場
セグメントの組合せ（71）

第4章　製品ライフサイクル　　73

1 **製品ライフサイクルとは** ………………………………… 73

製品ライフサイクル概念（73）　売手側の変化（75）　消費
者側の変化（76）

2 **導入期のマーケティング** ………………………………… 78

導入期の特徴（78）　技術革新と市場開拓（79）　成長期へ
の迅速な移行（81）

3 **成長期のマーケティング** ………………………………… 83

市場の拡張（83）　参入の発生（84）　市場シェアの変動
（85）　製品差別化の重視（86）

4 **成熟期のマーケティング** ………………………………… 88

成熟期の特徴（88）　需要の多様化（89）　市場細分化の強
化（90）

5 **衰退期のマーケティング** ………………………………… 92

衰退期の特徴（92）　衰退期の戦略（93）

6 **製品ライフサイクル概念の問題点** ……………………… 94

製品ライフサイクルの形状と段階の問題（94）　製品ライフ
サイクルの集計水準（96）

第 II 部 行動からみるマーケティング

第 5 章 消費者行動　　　　　　　　　　　　　　　100

1 マーケティングと消費者行動 …………………………… 100
消費者行動の意味（100）　　消費者行動論の特徴（102）

2 消費者の情報探索 ………………………………………… 104
消費者の購買意思決定プロセス（104）　　内部探索（104）
外部探索（107）　　外部探索の範囲（110）

3 代案の評価と選択 ………………………………………… 111
情報統合の方略（111）　　フィッシュバイン・モデル（113）
購買後の評価（114）

4 製品関与とバラエティ・シーキング ………………………… 116
購買意思決定プロセスと製品関与（116）　　バラエティ・シーキング（118）

補論　マーケティング・リサーチ ………………………………… 121
標本抽出（121）　　定量的リサーチのプロセス（123）　　測定尺度（123）　　定量的リサーチの特徴（124）　　因果関係の必要条件（124）　　定量的な因果関係の推測技法（125）

第 6 章 新製品開発　　　　　　　　　　　　　　　128

1 マーケティングにおける新製品開発 ……………………… 128
新製品開発の重要性（128）　　製品と製品ライン（129）　　なぜ新製品開発をするのか（130）　　競争の要因（130）　　技術革新による競争（132）　　製品間のシナジー効果（133）　　新製品を需要する消費者（135）　　既存資源の有効利用（137）

2 新製品の革新性 …………………………………………… 139
新製品開発のタイプ（139）　　新製品の革新性（140）　　改良型の開発理由（142）　　企業規模による違い、（143）

3 新製品開発における需要情報収集プロセス …………… 145

新製品開発の3つの段階（145）　　潜在需要情報の収集（146）
情報収集における与件設定（148）　　組織的な情報収集プロセス（151）

4 新製品開発の意思決定プロセス ……………………… 152

新製品開発の意思決定とリスク（152）　　新製品受容の不確実性（153）　　需要規模の不確実性（155）　　技術開発の不確実性（157）

5 新製品開発の組織的条件 ……………………………… 158

新製品開発の組織的条件とは（158）　　新製品開発プロセスの設計（158）　　研究開発組織の管理（161）

第7章　マーケティング・ミックス　　165

1 マーケティング・ミックスとは ……………………… 165

マーケティング・ミックスと4P（165）　　マーケティング・ミックスの一貫性（167）

2 広告・販促活動による製品差別化 …………………… 169

広告の効果（169）　　広告費用の決定（171）　　広告による製品差別化（173）　　多様な販促活動（177）　　販促活動の有用性（179）

3 チャネルによる製品差別化 …………………………… 181

チャネルの広さによる製品差別化（181）　　チャネルの広さの決定（182）　　チャネルの多段階化（184）

4 価格設定 ……………………………………………… 186

価格設定の位置づけ（186）　　価格弾力性と価格設定（187）
消費者の情報処理能力の制約と価格設定（188）

第8章　戦略的マーケティング論　　192

1　戦略的マーケティング論への展開 …………………… 192
マーケティング・マネジメント論と戦略的マーケティング論 (192)　　戦略的マーケティング論の特徴 (193)　　複数の製品事業の包摂 (194)　　市場競争の状態の分析 (195)　　資源配分と利益の重視 (197)　　経営者層の意思決定 (197)

2　製品ポートフォリオとマーケティング …………………… 198
製品ポートフォリオとは (198)　　スター事業 (200)　　問題児事業 (201)　　金のなる木事業 (202)　　負け犬事業 (204)

3　基本戦略とマーケティング …………………… 205
基本戦略 (205)　　差別化戦略 (207)　　コスト・リーダーシップ戦略 (208)　　集中戦略 (210)

4　市場地位別戦略論の展開 …………………… 212
市場地位別戦略 (212)　　リーダー戦略 (212)　　チャレンジャー戦略 (216)　　ニッチャー戦略 (218)　　フォロワー戦略 (221)

第9章　マーケティングの組織と資源　　225

1　マーケティングにおける組織 …………………… 225
マーケティングと組織 (225)

2　職能部門間の対立と調整 …………………… 227
職能部門間の対立 (227)　　対立の種類 (229)　　対立のデメリット (231)　　対立の克服 (232)

3　製品事業部間の調整 …………………… 235
製品事業部制組織への展開 (235)　　製品事業部制組織のデメリット (236)

4　マーケティングにおける資源 …………………… 238
マーケティングと資源 (238)　　RBVアプローチ (239)

マーケティングの組織能力（242）　模倣困難性（244）　既存資源の有効利用による戦略（246）

5 ブランドの資源 ……………………………………………… 248

ブランド資産（248）　ブランド構築能力（250）　ブランドの資源とブランド拡張（252）

第Ⅲ部　関係からみるマーケティング

第10章　マーケティングにおける関係の理論　256

1 分析―計画型マーケティング論 ………………………………… 256

分析―計画のプロセス（256）　分析―計画型マーケティング論の特徴（258）　反復的購買をどう考えるか（260）

2 関係性マーケティング論の展開 ………………………………… 261

分析―計画型に合わない状況（261）　関係性マーケティングへの関心（262）

3 関係性マーケティング論の特徴 ………………………………… 265

相互作用型マーケティング論（265）　直接的な情報収集（265）　計画の逐次的修正（268）　顧客との接点における戦略形成（269）

4 継続的関係とマーケティング …………………………………… 270

顧客関係に基づく製品差別化（270）　関係性のもとでのマーケティング活動（271）

第11章　チャネル関係の構築　275

1 チャネル関係の構築とは ………………………………………… 275

企業間関係とチャネル管理（275）　直営店チャネルの難しさ（276）　中間的な形態としてのチャネル管理（278）

2　チャネル管理の目的 …………………………………… 279
チャネル管理と製品差別化（279）　品揃え形成活動の統制（279）　流通業者の販促・サービス活動の統制（281）　フリーライドの統制（283）　小売業者間での競争行為の統制（284）

3　パワー関係の形成 …………………………………… 287
パワー関係（287）　依存関係によるパワー形成（287）　パワー資源によるパワー形成（290）　リベート（291）　物資や情報によるパワー資源（293）　競争制限によるパワー資源（294）

4　信頼関係の構築 …………………………………… 295
信頼関係とは（295）　チャネル管理における信頼関係の必要性（297）　信頼関係の構築（299）

5　系列店制度の展開 …………………………………… 300
日本の系列店制度（300）　系列店制度の弱体化（302）　量販店販売比率の増加（303）

第12章　営業活動による顧客関係の構築　307

1　顧客関係と営業活動 …………………………………… 307
顧客関係の構築と維持（307）　営業活動と販売活動の違い（309）　営業活動の種類（310）

2　営業管理の方法 …………………………………… 311
アウトプット管理とプロセス管理（311）　営業管理方法の選択（313）

3　営業プロセス革新の展開 …………………………………… 317
営業プロセス革新（317）　情報の分析効果（320）　情報の共有効果（321）　プロセス指標に基づくデータベース構築（323）

第13章 マーケティングと環境変化 326

1 環境変化とマーケティング ……………………………… 326

2 情報化とマーケティング ………………………………… 327

広告・販促媒体としてのインターネット（327） インターネットを利用した直接販売（329） EC事業の戦略課題（332）

3 国際化とマーケティング ………………………………… 334

輸出と直接投資（334） ライセンシングとジョイント・ベンチャー（336） 生産の国際化（337） 市場開拓の先発者優位と後発者優位（339） 現地適応とグローバル統合（340） グローバル統合の選択（342） 国際的な能力移転（343）

4 サービス経済化とマーケティング ………………………… 345

サービス経済化の背景（345） サービスの特質（347） サービスにおける品質の伝達（348） サービスの標準化（349） サービスの顧客適応（351）

文 献 案 内 …………………………………………………… 355
索　　　　引 ………………………………………………… 359

Column 一覧

① 独占的競争の均衡条件（30）
② 価 格 差 別（59）
③ 寡占モデルと製品ライフサイクル（91）
④ コンジョイント分析（115）
⑤ 因子分析とクラスター分析（126）
⑥ ロシター＝パーシー・グリッド（176）
⑦ 産業組織論と SCP パラダイム（241）
⑧ 取 引 費 用（267）
⑨ 再販売価格維持制度（286）

第 I 部

市場からみるマーケティング

Contents
- 第1章 マーケティングの考え方
- 第2章 製品差別化
- 第3章 市場細分化
- 第4章 製品ライフサイクル

　マーケティング論の最も基礎となるのは，マーケティング論特有の市場の捉え方である。それは，企業やブランドで差別化された市場であり，細分化された市場であって，しかも時間とともに変化する市場として捉えるものである。

　これらの市場の捉え方から，製品差別化，市場細分化，製品ライフサイクルというマーケティングの基礎概念が導かれ，さまざまなマーケティング活動が展開される前提となる。また，マーケティング論は，これらの市場の局面を重視するという点で経済学とは異なり，市場の視点から考えるという意味で経営学とも異なる学問となっている。

　第 I 部では，マーケティングの学問的な意味を解説した後に，製品差別化，市場細分化，製品ライフサイクルというマーケティングの基礎概念を説明する。これらの基礎概念は，マーケティング・ミックスを派生させる理論的な根幹であり，これらを学ぶことで，技術論や各論の寄せ集めとしてではなく，マーケティング論の体系を理解することができるだろう。

第1章 マーケティングの考え方

> **Introduction**　マーケティング論は市場との接点における企業の活動を捉える学問であり，その市場認識として，差別化された市場，細分化された市場，変化する市場という3つの特徴を捉えることが重要となる。そして，これらに対応した製品差別化，市場細分化，製品ライフサイクルという概念がマーケティング論の基本となる。
>
> **Keywords**　競争の場としての市場，顧客の集合としての市場，顧客満足，差別化された市場，製品差別化，細分化された市場，市場細分化，変化する市場，製品ライフサイクル

1 マーケティングとは

マーケティングのうまい企業

「マーケティングのうまい企業とはどのような企業か」

そのように問われるとおそらく，斬新で魅力的な新製品を出す企業とか，あるいはよく考えられた広告を通じて消費者にブランド名を印象づける企業という答えが返ってくるだろう。では，逆に「マーケティングの下手な企業は」と問われると，たとえ製品技術はすぐれていても，消費者に支持されるようなヒット商品を生み出せない企業などが挙がるかもしれない。

これはマーケティング活動としてどのような企業活動が一般的にイメージされているかを知る手がかりとなる。そして，これらから

マーケティングについては，消費者に支持されるかどうか，また新たな市場を作り出し，その市場を的確に捉えているかどうかが，一般的に重視されていると推測することができる。

さらに，マーケティングの代わりに，経営のうまい企業，下手な企業と対比すれば，マーケティングの特徴がもっとはっきりするだろう。すなわち，経営のうまい企業というのは，経営者や管理者が従業員を適切に動機づけ，組織を引っ張っているとか，あるいは戦略的に投資を行うというようなイメージがあり，経営では組織やヒト・カネ・モノの管理が重要な問題であることがわかる。それに対して，マーケティングでは，市場や消費者という言葉がよく使われ，市場での反応や成果が重視されていると考えることができる。

このようにマーケティングを市場と関連づけて認識するのは，マーケティングの範囲を正しく理解する出発点となる。マーケティングの定義としてはラフすぎるが，マーケティングを（企業の）「対市場活動」と単純に表現することに大きな違和感はないといえる。

近年，経営学においても戦略論で「市場」が議論される一方で，マーケティング論でも，マーケティング戦略において経営学の競争戦略の概念が援用されたり，「組織」の議論が取り入れられたりして，マーケティング論と経営学との境界が曖昧になっている。そのような状況においても，組織と市場との接点の問題を，市場を明示的に捉えながら考えるのがマーケティング論の特徴であると考えることができる。それだけに，マーケティング論において市場をどう見るかは，とくに重視すべき課題になっているのである。

それに対して，マーケティング論についての誤った視点というものがある。それは，マーケティング論を「販売方法についての技術論」として捉える視点である。

第1に，マーケティング論は，販売（セリング）という狭い領域

だけを扱う学問ではない。マーケティングは「セリングを不要にする」という有名な言葉があるが、これは、マーケティング活動を通じて需要を作り出すことで、販売員が言葉巧みに売り込まなくても製品が売れる環境を作り出すことこそが、マーケティングの重要な役割であるという意味である。つまり、マーケティング論が捉える範囲は、製品を販売する時点における販売員活動だけでなく、消費者の需要をよく調べ、製品を開発し、広告を展開し、流通チャネルを整備するという広い範囲の活動を含んでいるのである。それゆえ、マーケティング論は販売方法だけを議論するものではない。

第2に、マーケティング論は技術論にとどまらない。とくに、これまでに企業において試みられた販売方法のうちで有効な経験則を蓄積したような技術論ではない。もしそのような意味での技術論であるなら、マーケティング論として理論的に学ぶ意味はなく、マーケティングは技術そのものになってしまう。

とはいえマーケティング論には、企業の経験則から導かれた「法則」がいくつもある。例えば、新製品の価格設定について最初は高価格を設定して高い利益を得るスキミング戦略（上澄み吸収戦略）というのがある。これは、企業が行い実績をあげてきたからこそ、典型的な導入期の価格戦略とされてきたが、他方で、最初から低価格を設定する価格設定も経験上有効とされている。

そこで、この方法がなぜ有効であるのか、どのような条件で有効となるのかを考えなければ、こうした経験則は有効に使えない。このとき重要となるのは、マーケティングの基礎理論やそれに関連する経済学や経営学の諸理論と結びつけて考えること、さらに、その傾向に関わるさまざまな規定要因を考えたり、他の傾向と関連づけたりして、仮説としての詳細化と検証を行うことである。

> **マーケティングの定義**　アメリカ・マーケティング協会が2004年に改訂したマーケティングの定義は，次のとおりである。

「マーケティングとは，組織とその利害関係者の利益となるように，顧客にとっての価値の創造・伝達・流通を行い，そして顧客との関係を管理するための組織的な機能や一連の過程である。」

Marketing is an organizational function and a set of processes for creating, communicating and delivering value to customers and for managing customer relationships in ways that benefit the organization and its stakeholders.

この定義は，特殊な状況も含めてあらゆる条件のマーケティングに適用できることを主眼においているため，非常に包括的な定義となっている。そのことをふまえて，この意味を考えてみたい。

まず「組織とその利害関係者の利益となるように」というのは，典型的な状況では，「企業の利益のため」である。しかし現在では，マーケティング活動は企業だけでなく，非営利組織，公的機関や各種の団体においても必要とされるものとなっているために，包括的に定義されることになる。

次に，「顧客にとっての価値の創造・伝達・流通」というのは，やはり典型的には，新製品の開発，広告や販促活動，流通チャネルの形成を意味している。事実，同じ団体の1995年の定義では，そのように具体的に定義されていた。しかし，上に述べたように主体が企業とは限らず，しかも情報技術の発達とともに，サービス・情報のマーケティングが重要になり，製品，広告，流通チャネルなどを広く捉える必要が生じている。また，製品というハードや作り手

の視点よりも，顧客価値という製品の使用価値の局面を重視するようになったことから，価値という表現に置き換えられている。

そして，この定義では，顧客価値の創造・伝達・流通に並置して，「関係を管理する」ことが付加されている。これは後述するように，マーケティング理論の発展とともに，継続的で包括的な顧客との関係のもとでのマーケティングの理論が蓄積されたことに基づいている。言い換えれば，製品単位のマーケティング活動だけでは捉えきれない局面を包摂するために関係の管理を含めて考えることが提唱されるようになったのである。

また，「組織的な機能や一連の過程」としていることから，顧客価値の創造・伝達・流通と関係管理の両方の局面について，企業の視点から意思決定や実行の問題として捉えるアプローチと客観的視点から諸現象を記述するアプローチが想定されていることが推察される。

2 マーケティングの起源と発展

マーケティングの誕生　前述のアメリカ・マーケティング協会の定義では，さまざまな主体や交換形態のマーケティングを包摂するように幅広い定義が示されているが，この定義に該当するような顧客にとって価値ある生産物の流通が発生した時代からマーケティングが問題とされていたわけではない。

企業が販売（セリング）という狭い領域を超えてマーケティングの問題を捉えるようになったのは，19世紀末のアメリカの資本主義経済のもとで大企業が誕生し，その大企業が大量生産された製品の販売先を求めるようになってからである。そこで大企業は製品を

販売するために,消費者の需要を刺激して購買を促進するという市場問題についての課題を強く意識するようになったのである。

このようにマーケティング問題を企業が意識する背景には,次に述べる4つの要因が関係している。しかも,これらの要因は時間の経過とともに変化し,現代的なマーケティングの特徴を規定することになる要因でもある。その意味で,これらの要因はマーケティングの生成と発展をもたらす要因であると考えることができる。

> 競争要因

第1の要因は,競争である。19世紀末からアメリカにおいて大企業が次々と誕生し,大企業間の競争となり,そのために,他の企業よりも強く,しかも排他的に需要を刺激する必要が生まれた。言い換えれば,他の企業と同じような製品を作り,販売するだけでは,大量生産のための設備投資やこうした市場開拓のコストをまかなえないため,他の企業よりも魅力的な製品であることを消費者に強く訴えることが必要となったのである。

しかし,たとえそのような市場開拓努力で,一時的に市場を独占しても,競争相手が大企業で同様に資金があるために,やがて追随されることになる。そこで,第二次世界大戦後には技術開発が活発化することに基づいて,競争相手の追随に時間がかかる新製品開発を中心とするマーケティング活動が展開されるという特徴がもたらされることになり,またこうした新製品開発を通じた競争から,消費者行動を分析することが重視されるようになっていくのである。

> 技術要因

第2の要因は,情報伝達の技術である。それまでは消費者との情報格差を利用した売り込み行為(ハードセル)がとられてきたが,それでは消費者が継続的に購買してくれず,また企業にとってもそうした行為に頼ることは,売り込みが得意な熟練した人材を使うために費用がかかり,

大量販売への移行を妨げる要因となっていた。それが新聞の普及により，企業は新聞広告を通じて需要を刺激することができるようになり，そして時代を経て，ラジオやテレビ，さらには現代のインターネットなどの新たな情報伝達の技術革新とともに，こうした新たな広告媒体を利用することでマーケティング手法が多様化していく基盤となった。

> 流通要因

第3の要因は，流通である。大企業が登場する以前の流通においては，卸売業者がメーカーや小売業者に対して強いパワーをもち，メーカーが自らのブランドを設定しても，卸売業者はそれを無視して，卸売業者の築いてきた信頼に基づいて販売するために，他のメーカーの製品と同質化されてしまう傾向があった。そのためメーカーは価格競争に巻き込まれ，高い利益を得ることができないうえに，前述のようなメーカー間の新製品開発や市場開拓での競争を展開することもできないという問題を抱えていた。すなわち，当時の商品流通を支配していた卸売業者の問題を克服する必要があったのである。

そこでメーカーは，広告を通じて，卸売業者を飛び越えて消費者に直接的に情報をもたらし，消費者が特定のブランドを選好する状態を作り，その影響力を背景として，卸売業者のパワーを抑制し，小売業者や卸売業者と安定的で協力的な流通チャネルを作り上げるようになるのである。

さらに時代が経過し，チェーンストアやスーパーマーケット・チェーンのような大規模小売業者が誕生し，その販売力に基づいてメーカーに対するパワーを形成するようになると，メーカーは，それらの小売業者に対するチャネル戦略を考える必要に迫られることになる。

需要要因　第4の要因は，需要である。大企業の大量生産・大量販売の体制は，それを受け入れる旺盛な消費者需要がなければ成り立たない。1つには製品購入の経済的条件であり，一部の富裕層だけではなく，一般の人々の所得が向上し，全国的な購買層の広がりが形成された。そしてもう1つには，その購買力が新聞などを通じた消費者の情報収集力をもたらし，メーカーからの販促的な情報に反応して，需要が刺激される市場が成立するという条件が作られたことである。

これは恐慌期などの需要収縮の時期があったとしても，経済成長に伴って，消費者の需要が増加するとともに，需要の多様化が生まれ，それは性別や年齢などによる需要の違いによって細分化された市場をもたらし，それらに対応したマーケティング手法が採用される基盤となっていくのである。

そして，これらの競争，技術，流通，需要といった要因は，戦後の日本におけるマーケティングの導入を規定する要因であるとともに，導入後のマーケティング活動の変化や現代のマーケティングの特徴を規定する重要な要因となっている。また，ある地域のある時代におけるマーケティングの特徴の規定因を考えるとき，これらの4つの要因に注目することが重要となる。

3 マーケティングの2つの局面

市場と関係　マーケティング論の全体像を捉えるうえで，「市場」と「関係」という2つの局面を視野に入れることが重要となる。とくに近年の環境変化や顧客との関係を管理する理論の展開を背景として，従来からの市場の局面から

の捉え方に加えて、マーケティングを関係の局面から考えることが重視されるようになった。

そのことは、前に述べたアメリカ・マーケティング協会による2004年のマーケティングの定義においても、顧客価値の創造・伝達・流通に加えて、関係管理を並置させていることからも推察される。すなわち、顧客価値の創造・伝達・流通は、どちらかと言えば従来からのマーケティング論の枠組みで、不特定多数の需要者の広がりを創り出し、捉えるという市場の局面を重視するものであったが、関係管理をそれと並置させることで、特定の需要者との継続的な相互作用を通じて結びつきを深めるマーケティング活動を捉えるようにしているのである。言い換えれば、マーケティング論では、不特定多数の需要者の広がりを捉える市場の局面と特定の需要者との結びつきを捉える関係の局面という2つの局面をもつことになる。

概念的に市場と関係の2つを並置すべきかどうかという問題があるとしても、マーケティングを学ぶためには、この2つの局面があることを理解しておく必要がある。そして本書では、第Ⅰ部と第Ⅱ部は市場の局面、第Ⅲ部は関係の局面を扱うように構成されている。

市場の局面

市場の局面では、需要者の広がりを創り出し、捉えるために、需要者の広がりにおいて無数に存在する消費者の複雑で多様な行動を捉えることが課題となる。それは複雑で多様な消費者の行動を分析して把握しなければ、製品を開発したり広告を展開したりするマーケティングの計画を立案することができないためである。そしてこのマーケティング計画が立てられると、その計画がきちんと実行されているかを管理することも重要になる。すなわち、市場の局面では、複雑で多様な消費者行動という認識に基づいて、市場の分析からマーケティング計画を立てて、実行を管理するという一連の過程が想定されることにな

る。

　このように市場を分析して計画を立てて，それを管理するというのは，第Ⅰ部と第Ⅱ部で説明するマーケティング・マネジメント論や戦略的マーケティング論の基本的な考え方となる。またそのために市場を分析する手法がさまざまに工夫され，それに基づいた最適なマーケティング手法や最適な資源配分が考えられるのである。

　この市場の局面を捉える理論におけるマーケティング戦略のイメージは，マーケティングの計画についての意思決定であり，その意思決定は，基本的に最適な戦略代替案の選択を意味する。そして，その前提には，市場の分析を適切に行うことにより，どのような戦略代替案があり，それぞれがどのような成果をもたらすのかをある程度予測できるという考え方がある。その選択において足りない情報があれば，調査で補うことが可能であり，とくに市場の情報については，マーケティング・リサーチ（市場調査）が有効となる。

　また，ここで検討され選択される戦略代替案は，実行可能であるという前提が置かれている。その前提がなければ，たとえ期待される成果が大きいとしても，その戦略代替案を選択できないことになってしまうからである。しかし，企業では資源や組織などの理由で，ある種の戦略代替案が実行困難な場合がある。そこで，この選択の制約条件としての資源や組織の問題も考慮されなければならない。技術革新の問題もこの資源の範疇で捉えられ，革新的な技術という資源をもつ企業は，ある種の戦略代替案の選択可能性を広げることになる。

　要するに，市場の局面を捉えるマーケティング論は，適切な代替案と選択方法を認識して，最適なマーケティングの意思決定を行うことをめざすための「分析－計画－管理」の理論やその可能性や制約に関わるさまざまな因果関係を明らかにする理論が中心となる。

このような理論は「分析−計画型マーケティング論」と呼ぶこともできる。

> **関係の局面**

関係の局面では、需要者との結びつきを深めることから、需要者との相互作用が展開されることが想定され、そのために需要者から情報を直接得て、需要者に合わせた製品の開発や販促的な情報提供が行われると考える。

ここで需要者の分析が行われるとしても、市場の局面のように不確かな行動の分析が焦点になるのではなく、需要者が特定化された取引相手として認識され、しかも、それまでの継続的な関係に基づいて、相手から直接、需要の情報をもらえることが期待される。したがって、関係の局面では、市場の局面の場合のような市場分析についての理論の必要性は少なく、その代わりに、どうすれば相手から情報をもらえるような関係を築けるかということが課題になる。

さらに、この関係の局面におけるマーケティング戦略のイメージは、市場の局面のような計画や選択ではない。事前の計画や選択をいくら最適にしても、特定の需要者との交渉や共同での取組みによって、その計画や選択は修正していかなければならないからである。とくに共同での革新のように、その可能性や成果が予測しがたいものを含むため、調査・分析方法を洗練化させても、予測の精度を引き上げるには限界がある。

またこのように計画の柔軟な修正が求められるため、マーケティング計画の実行を管理するという意味でのマーケティング・マネジメントも異なる意味が必要となる。それは適切に策定された計画を実行しているかどうかという意味での管理ではなく、現場の担当者が自ら顧客から情報を集めて、計画を修正する行動の管理となる。例えば、このような逐次的な修正が円滑にできるような体制を作ることが管理の仕組みとして求められる。

したがって、この関係の局面では、需要者との相互作用を進める基盤づくりがマーケティング論の中心的な課題になる。これは「分析―計画―管理」で考える市場の局面のマーケティング論とは大きく異なる理論であるといえる。

ただし、市場と関係という2つの局面のうちどちらの理論がすぐれているかという問題ではなく、考えようとするマーケティング問題に対して、どちらのアプローチがより有効に解決できそうかという判断が求められる。また、マーケティング論の全体像を理解するためには、この市場の局面と関係の局面の両方を並列させて理解することが重要になるのである。

4 マーケティングと市場

マーケティングにおける市場の意味

マーケティング論において、市場は2つの意味で使われている。1つは**競争の場としての市場**であり、理論的にオーソドックスな市場概念である。とくに経済学で考える市場とは、この意味であり、マーケティング論でも経済学の考え方を適用する製品差別化などで用いられる市場概念である。また一般的にも「厳しい市場環境」とか「医薬品市場」などという場合には、この競争する場としての市場が考えられている場合が多い。

この競争の場について、典型的には複数の売手と顧客が対峙して、顧客との取引をめぐる競争を展開している状況が想定される。すなわち、企業は積極的に顧客に働きかけ、有利な条件を示して、自社との取引が成立するように努力しているのである。このとき、競争相手が明確な場合もあれば、特定することが意味をもたないほど多

数である場合もある。さらには，現在の競争相手だけでなく，今後参入する可能性がある潜在的な競争相手を気にしなければならない場合もある。

このような競争相手の数や今後の参入可能性は，企業の利益や行動に影響を与えることが予想される。他方で，企業が競争の状態をコントロールする場合もある。例えば，競争相手が少数である場合に，彼らと結託して競争行為を抑制したり，競争相手や取引相手の企業と合併したりして，競争の状態や競争における地位を変えるというような場合である。

そして，もう1つは**顧客の集合としての市場**である。この意味では，「標的とした市場」「市場が受け入れない」「市場のニーズ」などの使い方で企業において頻繁に使われる。ただし顧客の存在そのものというよりも，企業の意思決定においてイメージされた顧客の集合，あるいは企業が製品を販売する対象として認識する顧客の集合という意味になる。企業はそのような市場を想定することで，望ましいマーケティングの具体的な行動を選択することができるようになる。また，マーケティングにおいて，顧客の状態を分析する必要性が高いために，このような市場概念がマーケティング論で使われるようになったともいえる。

さらにこの場合においても，企業は市場をコントロールすることがある。それは消費者の需要に影響を与えることで，顧客の集合の状態を変えるという意味になる。

さて，マーケティング論においては競争の場としての市場と顧客の集合としての市場の両方の意味を含んでいると考えるべきである。ただしこの2つの独立した意味をつねに合わせ持つということではなく，顧客と競争相手が存在する状況において，競争の局面と顧客の局面とのどちらを重視するかによる相対的な違いが生じることに

なる。

例えば、ビール市場とか医薬品市場という場合には、その産業で繰り広げられる競争の状態に関心が集まり、競争の場としての市場という性格が強くなるが、A社の市場という場合には、競争は意識されるとしても、標的となる顧客の集合としての市場の意味が強くなる傾向がある。

マーケティングの諸概念との関係でいえば、製品差別化のように競争が明示的に問題となっている状況では、競争の場としての市場概念が使われることになる。それに対して、市場細分化のように分析対象としての消費者の集合を考える場合では、競争を意識する程度が相対的に少なくなるため、顧客の集合としての市場が重視されることになる。

マーケティングの目標

マーケティング活動において追求すべき目標は、一般的に「**顧客満足**」といわれている。それは、顧客志向、顧客価値、市場創造、顧客創造などの似たような意味をもつ別の表現に置き換わることもある。しかし、他方で、企業の目的は利潤であり、企業は利潤の極大化をめざす行動をとることが理論的にも想定されている。

では、マーケティングにおいては「利潤」の代わりになぜ「顧客満足」を目標として強調するのだろうか。もちろん前述のアメリカ・マーケティング協会の定義においても「組織とその利害関係者の利益となるように」という表現のなかに企業の利潤が当然含まれており、また、一般的にも、顧客満足の追求が企業の利潤をもたらすという暗黙の前提があると考えることができる。

しかし、とくに新製品開発による新たな使用価値の創造局面においては、企業利潤の極大化をめざすということだけでは、そこに至るまでのプロセスがあまりに複雑で不確かであるために、その目標

に基づいて期待される行動がイメージしにくい。例えば,ある新製品開発のプランがあって,それに投資をすべきかどうかという意思決定では,その投資から期待される利潤から判断できるが,そもそもどのような製品を開発すべきかという意思決定では,「最大の利潤をもたらす製品を」というだけでは,ほとんど指針にならない。

そこで,顧客満足という視点を持ち込み,さらにある標的顧客を定めるなら,その標的顧客の分析から,どのような製品を開発すべきかという方向性が得られる。少なくとも利潤最大の製品よりは具体的な行為が期待できるはずである。ここにある論理は,マーケティングの管理のしやすさである。つまり,マーケティングを管理するうえでは,利潤よりも顧客満足のほうが有利である。

また,前述の定義で示されたような顧客との関係管理の考え方が普及すると,多くの関係を束ねたうえでの利潤というのは,ますます捉えにくいことに加えて,売手の利潤だけで考えること自体が関係管理にそぐわないという問題が発生する。つまり関係管理の視点では,売手と顧客との双方の満足を高めることで,長期的で安定的な関係を構築するという構図になり,その意味で顧客満足が重視されるのである。それに対して,企業での短期的な利潤の追求に偏る行動は,しばしば顧客との関係を損なう危険性が高くなりやすいという意味がそこには含まれている。

しかし,顧客満足を目標にする場合,どの顧客の満足をめざすのかという問題が発生する。すなわち,顧客の選好が多様な状況では,ある顧客の満足を達成することは,必ずしも他の顧客の満足をもたらさないのである。そこで企業は顧客満足を追求する以前に,どの顧客が標的となるのかを決めなければならない。そこでは,顧客の多様な需要がどのように存在し,競合企業がどのようにアプローチしているのか,その企業の内部資源から見て,その顧客をねらうこ

とは有利かなどを分析したうえで，どの顧客を標的とするときに期待される利潤が最も高いと考えられるかに基づいて意思決定が行われる。

すなわち，顧客満足の追求とは，こうした市場の選択が行われた前提のもとで重視される目標と考えることができる。そして，市場の選択においては，利潤が意思決定の基準となる。しかもこの市場の選択は，企業が自由に選ぶことができるものではなく，企業の置かれている競争の条件や経営資源の蓄積状況によって，ある程度制約されていると考えるべきである。

したがって，マーケティングの目標というのは，市場の選択においては利潤が重視され，標的となる市場に対するマーケティング・マネジメントにおいては顧客満足を考えるという使い分けが行われる。そして，マーケティングにおいて顧客満足を強調するのは，後者の局面を捉えていることになる。他方で，市場の選択に関わる意思決定においては，利潤を基準とする意思決定や経済学の論理が想定されるのである。

5 マーケティング論における市場概念

マーケティング論は市場との接点における企業の活動を捉える学問であるが，マーケティング論において捉えられる市場には，次の3つの重要な特徴がある。

差別化された市場　市場が同質的であるとは，どの売手の製品であっても，同じように消費者が評価する状態であり，そのとき，消費者はどのメーカーの製品でも同じと考えているために，最も価格の低い製品を購入しようとする。そのた

め,市場が同質的であれば,どの製品も最低の価格で揃うまで,価格競争が繰り広げられることになる。

それに対して,同質的でない場合には,消費者はメーカーやブランドを識別し,特定のメーカーやブランドを非代替的に選好する状態が作られていることになる。これが**差別化された市場**の状態である。

そして,差別化された市場においては,メーカーは,他社とは異なる製品を開発したり,広告活動やチャネルの展開・管理を行ったりすることで,より多くの消費者の非代替的な選好を得るように非価格競争を展開するようになる。そのための費用はかかるが,価格競争をある程度回避できるために,メーカーにとっては利益が大きく有利な選択となる。というのは,消費者から特別な選好を得ることができれば,他のメーカーが製品の価格を多少引き下げても,消費者の需要がそちらに流れにくくなるために,価格競争をある程度回避し,利益を高く維持できるからである。

このように同質的でない差別化された市場は,マーケティング活動が展開されうる最も基本的な市場の条件となっているが,このような市場はどのように形成されるのだろうか。ここで理解しなければならないことは,差別化された市場というのは,多数の消費者において共有されている製品間の異質性に関わる意識として深く根差して存在するために,必ずしもメーカーの思いどおりに変えられるものではないということである。つまり,メーカーが製品や広告,チャネルなどを通じて,他のメーカーとの違いを出しても,消費者がどのメーカーの製品でも同じであると信じて疑わない場合には,その強固な意識は変わらない。しかし,その試みが消費者の意識を変えるだけの十分なインパクトをもつものであったり,メーカーが継続的に努力して,ときには他社と歩調をあわせて,消費者の意識

を徐々に変えることができるのであれば、差別化された市場を形成し、その市場の条件のもとで消費者の特別な選好を確保することができる。

そして、このように消費者の非代替的な選好を形成している状態、あるいはそれを形成しようとする企業の行為を**製品差別化**という。また、この行為を戦略として計画的に行う場合には、製品差別化戦略と呼ばれる。

この製品差別化を形成するために、新製品開発、広告、チャネルを通じて特定ブランドへの選好を高めることは、マーケティングの最も主要な活動であることから理解されるように、製品差別化はマーケティングの最も基本的な概念である。

> 細分化された市場

ある製品についての消費者の選好がみな共通ではなく、消費者によって多少の違いがあるとき、選好において比較的似た傾向をもつ集合に消費者をまとめ直すことができる。このように消費者の市場をより小さい集合にまとめ直すことを**市場細分化**という。マーケティングで捉えられる市場は、この市場細分化が可能な市場である。

このような市場の状態は市場が完全には同質化していないことが前提となるが、市場が差別化されていれば、消費者間での選好の分散が必ず生まれるとは限らない。すなわち、市場が完全に同質的であれば、製品間において違いがないということで、どの消費者の選好も同じになってしまうが、市場が差別化されていたとしても、すべての消費者が同じように特定のブランドを選好する場合には、市場は細分化されていないことになる。

したがって、消費者が何らかの理由によって、異なる選好をもつという条件が前提となる。この選好の分散は、消費者の身体的特徴や生活習慣、文化的背景などの違いから発生するものもあれば、企

業がそのような要素と関連づけて販促的情報を消費者に与えることで形成されたり，強化されたりするものもある。例えば，自動車の選好について，女性が男性よりも「かわいい」デザインを好むのは，社会的に作られた女性の価値観に加えて，自動車メーカーの女性を標的とする広告のメッセージに影響されるからと考えることができる。

そして，消費者間で選好が分散しているとき，メーカーは，消費者の選好の分布を調べて，市場をどのように細分化して捉えられるかを考え，そのうちの1つ，あるいは複数の細分化された市場を選択し，そこに含まれる消費者の選好に合った製品を開発したり，広告戦略やチャネル戦略を展開したりする。こうしたメーカーの行為は，消費者の反応を通して，ますます消費者間の選好の違いを強化することになりやすい。

このように細分化して捉えられる市場を市場セグメントといい，分析して市場セグメントを抽出し，その市場セグメントに適合したマーケティングの計画を立てて実行することを市場細分化戦略（または市場セグメンテーション戦略）という。

メーカーが市場細分化戦略を展開するのは，細分化せずに捉える場合よりも，大きな成果が期待できるからである。メーカーは市場細分化を利用して非価格競争を展開することができ，適切に抽出された市場セグメントやその市場セグメントに適合したマーケティング活動は，非代替的な製品の需要をもたらす。すなわち，市場細分化は，製品差別化を強化することにもなるのである。

変化する市場

マーケティング論では市場が時間とともに変化することが想定されている。それは，消費者の選好が変化することと企業間の競争の仕方が変化することの2つの意味を含んでいる。ただし，市場が変化するといっても，

その変化が予測困難なものであるならば、市場を分析して、マーケティング計画を立てることさえ困難になる。そこで、市場の変化について、安定的なパターンを抽出することが重要となる。

その変化のパターンは、ある製品の市場の変化をいくつかの段階に分けて捉え、ある段階から別の段階への変化として市場の変化をまとめ直すという形で理解される。そのうえである段階から次の段階への移行順序やある段階における市場の特徴は、どの産業でもほぼ共通していると考え、それに基づいてマーケティング計画を立てることが示唆される。

この市場の変化のパターンを**製品ライフサイクル**と呼び、各段階ごとにその市場の特徴に合わせたマーケティング計画の内容を策定し、段階の移行によってマーケティング計画の切替えを行う戦略を製品ライフサイクル戦略という。

そして、前述の製品差別化や市場細分化は、この製品ライフサイクルに沿って、時間の経過とともに、その位置づけや内容が変わるものとして捉えられる。

3つの基礎概念

近年のマーケティング論と経営学とでは、その捉える領域がかなり重複しているが、マーケティング論が市場を重視し、市場や取引を捉える諸理論を包摂していることについて、経営学とは異なる特徴をもっている。例えば、マーケティングにおいて組織や管理の問題が議論される場合でも、市場や取引との関わりにおいて組織や管理の問題が捉えられると同時に、顧客の行動の多様性や取引活動、マーケティング技術などの要素がここで重視されるのである。

さらに、マーケティング論と同様に市場を重視する経済学と対比すれば、マーケティング論における市場の捉え方が明らかになる。

まず、前述のようにマーケティング論では、差別化された市場、

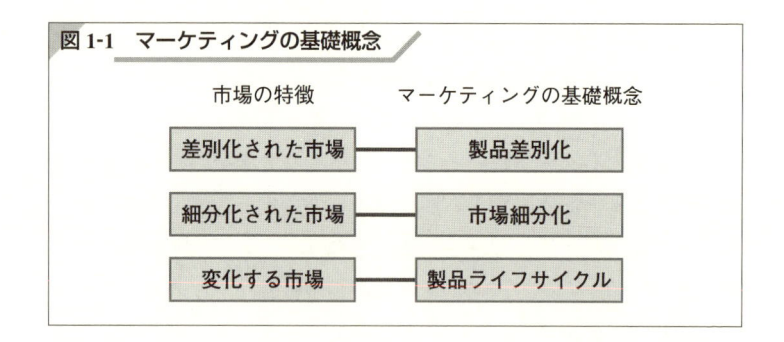

図 1-1　マーケティングの基礎概念

市場の特徴	マーケティングの基礎概念
差別化された市場	製品差別化
細分化された市場	市場細分化
変化する市場	製品ライフサイクル

細分化された市場，変化する市場という3つの特徴をもつ市場として認識することが前提となっている。経済学でも，製品差別化や市場の動態性のようにこれらの特徴を捉えることができるが，それは市場の特殊な状態の1つとして考える傾向がある。それに対して，マーケティング論では，問題を考えるときに当然に前提とされなければならない市場の状態として，この3つの特徴がある。

さらに，マーケティング論では，この市場の捉え方が企業の意思決定の問題に関連づけられているという特徴がある。すなわち，このような市場の捉え方がマーケティング手段に反映されるのである。したがって，経済学が製品差別化でそうするように価格と数量との問題に関心を集中させるのではなく，製品が誰にどのように評価されるのか，誰にどのような情報を伝えるべきか，どのようにして製品を流通させるのかといった問題にまで広げて考えるのが，マーケティング論の特徴である。

以上のことから示唆されるように，マーケティング論は市場を捉えることを重視するとともに，その市場を捉える場合に，差別化された市場，細分化された市場，変化する市場という3つの局面をとくに考慮することになる。それは，マーケティング論においてこの3つの特徴に対応した製品差別化，市場細分化，製品ライフサイク

ルという概念がマーケティング活動の基本軸となることを意味している（図1-1）。すなわち，製品戦略や広告戦略などの個別のマーケティング手法の基礎には，このマーケティング論的な市場の認識に基づく製品差別化，市場細分化，製品ライフサイクルという3つの基礎概念が存在すると考えることができる。言い換えれば，これら3つの基礎概念は，個別のマーケティング手法を統合的に展開するために不可欠な概念である。

そこで，第Ⅰ部では，市場を捉えるマーケティング論として，製品差別化，市場細分化，製品ライフサイクルの各基礎概念を説明し，第Ⅱ部では，この市場を捉える個別のマーケティング手法を検討し，さらに戦略や組織の問題へと説明を展開することにしたい。

演習問題

1-1 第1章を読んだうえで，マーケティングがうまいと思う企業を1社挙げて，どこが優れているかを考えなさい。
1-2 マーケティング論の市場概念について説明しなさい。
1-3 非営利組織にマーケティング論を適用する意味を考えなさい。

第2章 製品差別化

Introduction 製品差別化とは，製品の特徴についての知覚に基づいて，消費者がその製品に対する特別な選好を持つことであり，このとき消費者は他の製品とは非代替的と考えるため，価格競争をある程度回避することができる。この章では，消費者の知覚する製品の属性空間から捉えた製品差別化の概念を考える。

Keywords 製品差別化，独占的競争，完全競争，交叉弾力性，属性，垂直的属性，水平的属性，垂直的差別化，水平的差別化，知覚マップ，ポジショニング

1 競争と製品差別化

製品差別化とは

製品差別化とは，ある製品について消費者が他の製品に対する非代替的な選好を形成している市場の状態，またはそのような市場の状態を形成する企業の行為である。

経済学では前者の「状態としての製品差別化」がよく使われるが，マーケティング論では，「状態としての製品差別化」と「行為としての製品差別化」がともによく用いられる。例えば，「差別化された市場」という場合には，製品差別化という行為がなされた市場という意味であり，これは「状態としての製品差別化」と同じ意味になる。あるいは，「製品差別化を形成する」という場合には，製品

差別化という市場の状態を形成するという意味であり,これは「行為としての製品差別化」と同じことになる。どちらの用法も一般的であるために,本書でも呼称を変えて使い分けずに,どちらも製品差別化と呼ぶことにする。なお,略して「差別化」という場合には,これも慣例にしたがい,行為としての製品差別化の意味で用いることにする。また,第1章において,マーケティング論における市場には,「競争の場」としての市場と,「顧客の集合」としての市場とが含まれていることを述べたが,製品差別化のように競争が明示的に問題となっている状況では,競争の場としての市場の概念が使われる。

そして「状態としての製品差別化」は,新製品開発や広告,チャネルの構築や管理などのマーケティング活動が展開されるための最も基礎的な必要条件となっており,「行為としての製品差別化」は,マーケティング活動として,いかなる競争行為が展開されるかに関わる最も基本的な特徴である。すなわち,製品差別化というのは,マーケティング論において最も重要で基礎的な概念となる。

ただし,この製品差別化は,どのような市場においても存在しうるものではない。製品差別化が存在しうるためには,多かれ少なかれ企業が,自らの製品の価格と特徴および諸サービスに対して影響力を行使できるという競争の条件が必要となる。それは経済学において**独占的競争**として説明している状態であるが,その成立条件を対比的に理解するために,まず製品差別化が存在しえない完全競争の状態から説明することにしよう。

完全競争の条件　現代において**完全競争**に近い状態を現実の市場で探すのは容易ではない。しかし,完全競争における行動を想定することで,理論的に理想化された状態での市場均衡のメカニズムを考えることができ,その状態が確保さ

れていない状況の市場や行動への影響を対比的に考えることができる。

この完全競争の市場とは次の諸仮定を満たす市場である（図2-1）。

①多数の市場参加者——多数の売手・買手が存在し，その最大の売手（買手）の販売量（購入量）が全体の市場での取引量のわずかな部分しか占めていないこと。

②市場参加者の行動の独立性——売手・買手のそれぞれが，他者の行動のいかんによらず自分の経済計算のみによって販売量，購入量を決定すること。

③市場情報の完全性——どの売手・買手も市場における価格その他の売買条件を完全に知っていること。

④製品の完全同質性と完全分割可能性——市場で取引される製品は同質であり，買手と売手が自由な単位で取引することができること。

⑤資源の完全移動性——資源はさまざまな用途の間を移動でき，かつ所有者は異なる用途における収益について完全な情報をもっていること。

このように，完全競争の市場とは，同質の生産物について，多数の買手と売手がいて，彼らが市場についての完全な情報をもち，価格のみで取引決定を判断し，市場への参入・退出が自由な市場のことである。このような完全競争の条件が満たされるとき，買手と売手はだれも価格に対して支配力をもたず，プライス・テイカー（価格受容者）として行動せざるをえない。このとき，価格は特定の誰かが決めるのではなく，市場そのものが決めることになる。この状況では，市場の需要量と供給量が一致しており，そのときの価格は均衡価格といわれる。

すなわち完全競争のもとでは，企業と消費者は，市場で成立する

図 2-1 完全競争の条件

① 多数の市場参加者
② 市場参加者の行動の独立性
③ 市場情報の完全性
④ 製品の完全同質性と完全分割可能性
⑤ 資源の完全移動性

製品の価格を与えられたものとして，企業は利潤を，消費者は効用（満足）を最大にする目標に照らして供給量や需要量を決定する。そして，これら個々の経済主体の供給量や需要量の合計として各製品の市場において総供給量と総需要量がそれぞれ決まる。仮に市場での総需要量が総供給量を上回る場合，製品の価格は上昇し，この価格上昇は企業に利潤の増加をもたらす。しかし，完全競争の成立要件の1つである市場情報の完全性という条件が満たされていると，この利潤の情報がシグナルとなって，当該市場における既存企業は供給量を増やし，さらに他の市場から企業が参入し，新規企業による供給も追加される。このプロセスは，製品の総供給量が増加し，総需要量に見合うようにはたらく。そして製品の新しい市場価格が決まると，企業と消費者はこの新しい価格のもとで再び供給量や需要量を決定することになる。

独占的競争と製品差別化

完全競争の状態では，多数の企業が存続に必要な最低水準以上の利益をあげることなく，競争的に共存することになるが，そのような多数の企業が共存する状態は壊されることが多い。それをもたらす要因は，第1に大量に生産するほど効率性が高まるという意味での規模の経済性，第2に当該市場への自由な参入に障壁が存在

する場合,そして第3が本章で述べる製品差別化の現象である。この製品差別化がある市場では,完全競争ではなく,さりとて独占や少数の企業による寡占とも異なる独占的競争という状態となっている。

独占的競争というのは,多数の企業が同種の製品をつくるが,製品差別化により,それぞれの企業の製品に対して,ある消費者のグループが特別な選好をもち,それが企業に競争優位性をもたらす状況をさしている。この製品差別化は,各企業が競合企業に対する優位性を確保する目的で作為的につくり出される場合もあれば,消費者側の主観的な欲求の多様性に根差す場合や,空間的な距離のように自然の条件に基づいている場合もある。いずれにせよ,ある消費者のグループが特定のブランドや店舗の立地などを好むことで,各企業が一種の競争優位の立場に立つことには変わりはない。

そして,製品差別化の進んだ製品に対する需要は,消費者が非価格要因によって特定の企業の製品を選好し,他社製品の価格変化にはそれほど敏感に反応しないので,価格について非弾力的な需要となりやすい。例えば,有名ブランドのバッグは,消費者を価格の安さではなく,そのブランドで引きつけているため,他のメーカーが同じようなサイズや丈夫さのバッグを低価格で販売したとしても,その有名ブランドの需要は落ちないのである。このときそのメーカーは,高価格に設定することができる。つまり,製品差別化の進んだ製品の売手は,もはやプライス・テイカーではない。

この現象は,理論的には,**交叉弾力性**の概念を用いて次のように説明することができる。まず製品iの需要量をq_iとし,その変化率をdq_i/q_iとする。このdq_iは,需要量q_iがq_iからq_i'に変化したときの変化分($dq_i=q_i'-q_i$)を表す。また別の製品jの価格をp_jとし,その変化率をdp_j/p_jとする。dp_jは,価格p_jがp_jからp_j'に

変化したときの変化分（$dp_j=p_j'-p_j$）を表す。このとき製品 i の需要の製品 j の価格についての交叉弾力性 θ_{ij} は，次のように定義される。この式は，製品 j の価格が1%変化したときに，製品 i の需要量が何%変化するかを示すものである。

$$交叉弾力性 \quad \theta_{ij} = \frac{dq_i/q_i}{dp_j/p_j}$$

ここで，製品 i の需要が製品 j の価格変化に対してより敏感に反応する場合は，θ_{ij} の値は大きくなる。そして，θ_{ij} の値が大きい場合，製品 i と製品 j は同一種類の製品であると判断することができる。完全競争の前提のもとでは，同じ産業の製品 i と製品 j が完全に同質的な製品であるので，$\theta_{ij}=\infty$ となる。

前述の有名ブランドのバッグにおける需要の変化率は，他社のバッグの価格変化とほとんど無縁となっているため，この製品の交叉弾力性はきわめて小さいことになる。これは，消費者が同じようにバッグと呼びながら，ある特定ブランドのバッグを他のメーカーのバッグとは異なる種類の製品とみなしていることを意味する。それゆえその消費者にとっては，有名ブランドのバッグは非代替的となるのである。

このような極端な例は別として，一般的に，この交叉弾力性がある程度小さいという状況が日常的に見られる。例えば，消費者が印象的な広告に影響されて，あるブランドのシャンプーを買うつもりでスーパーマーケットに出かけたが，店頭でその競合ブランドがとても安く販売されていることを知り，その低価格に引かれて競合ブランドのシャンプーを買うというようなケースがある。このように店頭で考えを変えた消費者が相当数いるとすれば，最初の買おうとしていたシャンプーの需要量は，競合ブランドの大幅な価格変化の影響を受けていることになる。ただし，それはわずかな価格差では

無理であり，競合ブランドの大幅な価格引下げでないとその行動を引き起こせないと考えられるので，交叉弾力性はそれほど大きくならないのである。

現実には，このように非代替的とはいっても，ある程度は価格競争の影響を受けるような製品差別化が見られることになる。

このとき各企業は完全競争の場合のように価格を引き上げると製品の需要量がゼロになるという水平な需要曲線をもつことはなく，価格の上昇によって製品の需要量が緩やかに減少する状態を示す右下がりの需要曲線に直面することになる。

Column ① 独占的競争の均衡条件

製品差別化が進み，各売手の製品がさまざまな点で異なると，売手が協調的行動を意図しても品質や広告，チャネルなどの子細な点の一致が見られず，企業間での協調の有効性は著しく低いものとなる。製品差別化の競争条件に与える影響は，必ずしも単純なものではないが，ここでは，完全競争の成立条件の1つである製品の同質性が緩和された場合，どのような結果をもたらすかを，独占的競争モデルを用いて説明しよう。

まず，この状況での企業の主体的行動は，単純独占の場合と同様であり，各企業はそれぞれの限界収入と限界費用との均等化をはかることによって，利潤を最大にする。ここで限界収入・限界費用とは，製品をもう1単位販売することで発生する収入・費用の増加額である。しかしその場合に，企業が平均費用を超える超過利潤を得られると期待されるならば，新たなライバル企業の市場への参入が続くと考えられる。そして，参入する企業数が増えるにつれて，既存企業のシェアは減少し，それが当面する個別需要曲線を左下方に押し下げ，それに伴って限界収入曲線もまた左に下がる。

この一連の動きが一段落し，市場全体の均衡が成立するのは，十分な数の新規企業が参入した結果，市場内のどの企業においても超過利潤が消滅した状態である。すなわちそのような長期均衡の状態においては，どの企業についても，

図 2-2 独占的競争の均衡条件

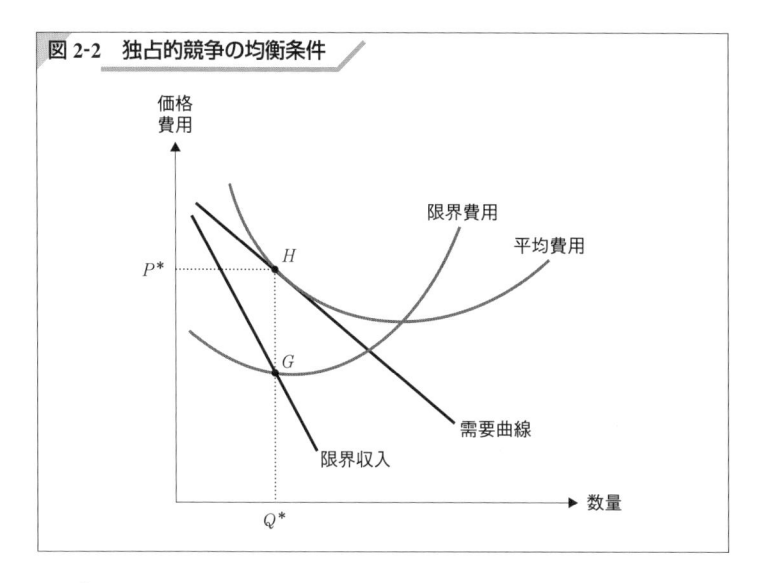

縦軸：価格 費用、横軸：数量。限界費用、平均費用、需要曲線、限界収入の各曲線が描かれ、点 G は限界収入と限界費用の交点で産出量 Q^* に対応し、点 H は需要曲線と平均費用曲線の接点で価格 P^* に対応する。

①利潤最大化のための条件として限界収入＝限界費用が満たされており，②さらに超過利潤のゼロ条件として価格＝平均費用が満たされていなければならない。

これを1つの代表的企業について描いたものが図2-2である。ここでは，①と②の意味での均衡条件が，限界収入（MR）と限界費用（MC）の交点 G に対応する産出量 Q^* の水準において，個別需要曲線（D）が平均費用曲線（AC）と点 H で接しているような状態によって示されている。

個別需要曲線は右下がりであるから，接点 H においては平均費用曲線もまた右下がりであるほかはない。これは産出量の長期均衡水準が平均費用曲線の最低点（最少最適規模）よりも左にくることを含んでおり，その意味において過剰生産能力が生じているということもできよう。言い換えれば，製品差別化が行われ，独占的競争の状態が生じている場合の市場の長期均衡では，完全競争の場合のそれと比べて，産出量がより少なく，価格がより高いと考えられる。

2 製品属性から捉える製品差別化

属性の束としての製品　これまで製品を1単位として考え，例えば，需要量のように製品の数量で捉えてきたが，製品差別化を消費者の選好と関連づけて考えるためには，製品を「属性の束」として考え，消費者は製品を需要しているというよりも，製品の属性がもたらす価値を需要すると考えることが有用となる。

この**属性**とは，消費者が知覚できる製品の特徴のことである。属性の束として製品を捉えるというのは，それぞれの製品がもっている属性の水準の組合せとして製品を考えることである。例えば，液晶テレビの属性のうち画面サイズと画質の2つの属性しか消費者に知覚されないとすれば，あるブランドのテレビは，この2つの属性の値として，その特徴が表現され，そのブランドの満足度がこの2つの値の組合せによって規定されると考えられるのである。

製品をこのように属性の束として捉えると，属性を軸に構成された多次元の属性からなる空間（この空間を多属性空間という）上に製品を位置づけることができる。先ほどの液晶テレビの例でいえば，各社の液晶テレビは，画面サイズと画質の2次元で構成される属性空間において位置づけることができる。

このようにある属性空間に製品を位置づけることを製品のポジショニングという。そしてこのポジショニングから，消費者が製品に何を期待しているのか，自社が消費者にどのような属性の組合せを提供することが最も有効か，競合製品に対して競争優位を獲得するには何が必要かなどを考察することができる。さらに，このポジシ

ョニングは，消費者の属性に関する製品選好を起点としているので，そこから統合的なマーケティング活動へと拡張を図ることができる。すなわち，競争優位に立つために必要な新製品開発，広告，チャネルへと考えを展開させることができる。

垂直的属性と水平的属性

製品の属性には，**垂直的属性と水平的属性**の2つの種類がある。垂直的属性とは，属性の優劣についてほとんどの消費者が合意できている属性であり，水平的属性とは，属性の優劣について消費者の間で意見が分かれる属性である。例えば，携帯電話の属性について，バッテリーの持続時間の長さはすべての消費者が長時間のほうが望ましいと考えているため，垂直的属性である。同様に，音声の明瞭さや画面の見やすさも垂直的属性である。それに対して，デザインの大人っぽさは，ある消費者はそれを選好するが，別の消費者はそれに対して否定的な意見をもつために，水平的属性である。同様に色の派手さや折りたためるかどうかも，好みによるものなので水平的属性となる。

一般的に，製品の品質や性能と呼ばれるものは，それらの水準が高いほうが望ましいと考えるために垂直的属性となり，デザインや味など好みが分かれるものは，水平的属性と考えることができる。

さて，この2つを区別するのは，それが製品差別化の意味に違いをもたらすからである。

最初に，1つの属性しか消費者に違いが知覚されない製品があるとして，それが垂直的属性か水平的属性かによって，製品差別化がどう違うか考えてみよう。

その唯一の属性が垂直的属性である場合，その垂直的属性による製品差別化のことを**垂直的差別化**という。例えば，荷造りテープの属性が丈夫さという垂直的属性のみであるとすれば，荷造りテープ

のメーカーは，他社よりも丈夫なテープを作ることで垂直的差別化を達成することができる。この垂直的差別化は，ほとんどの消費者が望む要素での優位な品質となるので，このメーカーは，他社よりも高い価格で販売して利益を得たり，高い市場シェアを確保したりすることができる。

なぜ他社よりも丈夫なテープを作ることができたのかというと，その背後には，このメーカーが製品や生産方法についての技術革新に成功したからと想像することができる。他社も同じような製品を作れるなら，このメーカーの利益や市場シェアを奪うために同じような製品を出すはずであるが，それができないというのは，この製品の技術革新に模倣困難性があるからである。つまり，垂直的差別化は，製品や生産工程における技術革新によってもたらされることが多い。

それに対して，製品を識別する唯一の属性が水平的属性の場合には，それに基づく製品差別化を**水平的差別化**という。例えば，家庭用芳香剤の唯一の属性が，香りの強さであるとすれば，強い香りの芳香剤を好む消費者もいれば，穏やかな香りの芳香剤を好む消費者もいるために，これは水平的属性になる。そして，あるメーカーが香りにおいて，従来のものに比べて強い芳香剤を販売すれば，その製品差別化は水平的差別化になる。この水平的差別化は，それを望む消費者が多いかどうかで，得られる利益や市場シェアは決まり，垂直的差別化のように単純に競争優位には結びつかない。香りが強すぎて消費者から嫌われ，市場シェアを落とす可能性さえある。また，この水平的差別化は，技術革新に基づく場合もあるが，それに基づかず，単にそのような消費者の選好をいち早く発見したかどうかによる場合も多い。このように垂直的差別化と水平的差別化では，その意味が異なるのである。

> **多属性空間における垂直的差別化と水平的差別化**

これまでは1つの属性で考えてきたが、より一般的な状況として、消費者が複数の属性を総合的に判断する状況になると、垂直的差別化や水平的差別化の捉え方は、もう少し複雑になる。

まずその前提として、消費者にとっての属性間の無差別曲線を理解する必要がある。ここでは図示するために2つの属性を考え、ある消費者が2つの属性値の多様な組合せについて、同じ満足度を感じるとき、その満足度の大きさについての等高線が属性間の無差別曲線である。

例えば、ノートPC（パソコン）が画面の大きさと軽さの2つの属性で評価されるとして、画面サイズが14インチで重量1.5 kgの製品と15インチで2.0 kgの製品が、ある消費者に同じ満足度をもたらすのであれば、この無差別曲線は（14インチ，1.5 kg）の点と（15インチ，2.0 kg）の2点を通る曲線となる（図2-3）。この無差別曲線は仮想的な可能性があればよく、現実にその間の製品があるかどうか、例えば画面サイズ14.5インチのPCがあるかどうかは考えない。

さらに、この2属性がともに垂直的属性である場合には、この無差別曲線の右上には、より満足度の高い無差別曲線を、左下には、より満足度の低い無差別曲線を等高線のように無数に描くことができる。例えば、右上には（15インチ，1.8 kg）を通る無差別曲線があり、それはその消費者に高い満足度をもたらし、左下には（15インチ，2.5 kg）を通る、満足度の低い無差別曲線がある。これも仮想の話で、現実にこのような製品がある必要はない。

次に、メーカー側の生産・開発に要する総費用を一定とする属性の組合せをつなぐ等費用曲線 C を描いてみよう（図2-4）。これはメーカーにとっての属性間の無差別曲線でもあり、またこの線上にあ

第2章 製品差別化

図 2-3　無差別曲線

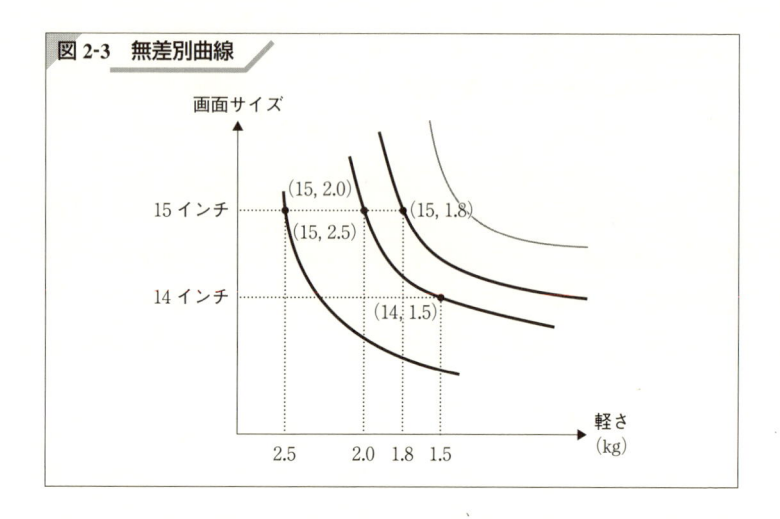

```
画面サイズ
       (15, 2.0)
15インチ ●       (15, 1.8)
         (15, 2.5)
14インチ
              (14, 1.5)
                              軽さ
                              (kg)
     2.5  2.0 1.8 1.5
```

る属性値の組合せは同じ価格で販売される製品となる。例えば，画面サイズが14インチで重量1.5 kgのノートPCの生産・開発費用と15インチで重量2.5 kgのそれが同じだけかかるとすれば，この等費用曲線は，（14インチ，1.5 kg）の点と（15インチ，2.5 kg）の2点を通る曲線となり，どちらも同じ価格で販売される。また，この曲線の右上には，より高費用・高価格の曲線があり，技術的限界に近づけば，その費用は急速に上昇するはずであり，左下には，より低費用・低価格の曲線が描かれる。これらも仮想のものでかまわない。

そして，これら無数の無差別曲線と等費用曲線の接点のうちで，消費者の満足度に基づく需要と生産費用から導かれるメーカーの収益が最大になっていて，しかも，消費者にとってもその満足度が費用に見合った価格を支払う価値があるとき，その接点の属性の組合せの製品が取引される。

例えば，PCについてその接点が，図2-4の点Eであるとき，消

図 2-4　属性の組合せ選択

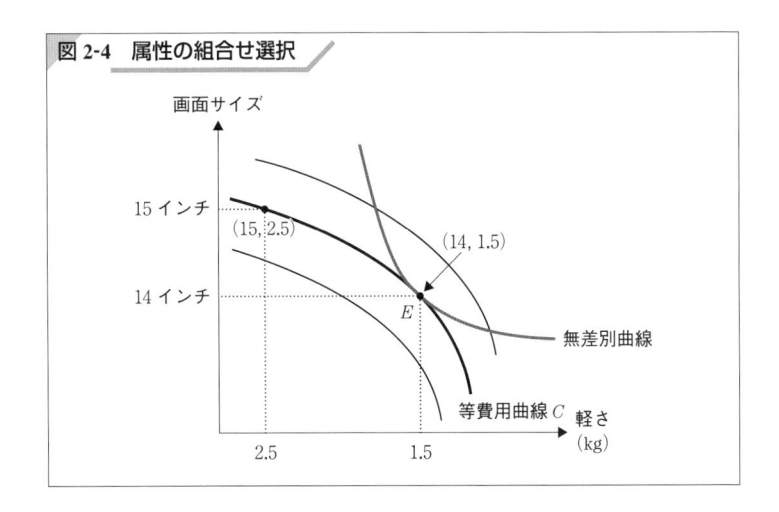

縦軸：画面サイズ、横軸：軽さ（kg）

- 点 (15, 2.5)：15 インチ
- 点 E (14, 1.5)：14 インチ
- 等費用曲線 C
- 無差別曲線

費者は 14 インチで 1.5 kg のノート PC を選択する。このように接点 E の製品が選択されるのは，消費者の無差別曲線上で，接点 E よりもわずかでも左右にずれた点を選ぶと，それは等費用曲線 C の外側になるために，消費者は同じ満足をもたらす製品に高い価格を支払うことになるので，左右にずれた点の製品を選択しないことになるからである。また，取引される点が点 E よりも少しでも右上に移動したり，左下に移動したりすれば，生産費用と消費者需要の変化によって，メーカーの利益が減少してしまうのである。

垂直的属性空間における製品差別化

このような 2 属性とも垂直的属性である場合で考えると，1 属性の場合のように垂直的属性の製品差別化がすべて垂直的差別化をもたらすわけではない。垂直的差別化とは，ほとんどすべての消費者が高い満足をもたらすことを合意できる方向での製品差別化として定義されるが，2 属性のうちの一方の垂直的属性が高いというだけでは，必ずしも，ほとんどすべての消費者の支持を得るとは限

第 2 章　製品差別化

図 2-5 水平的差別化

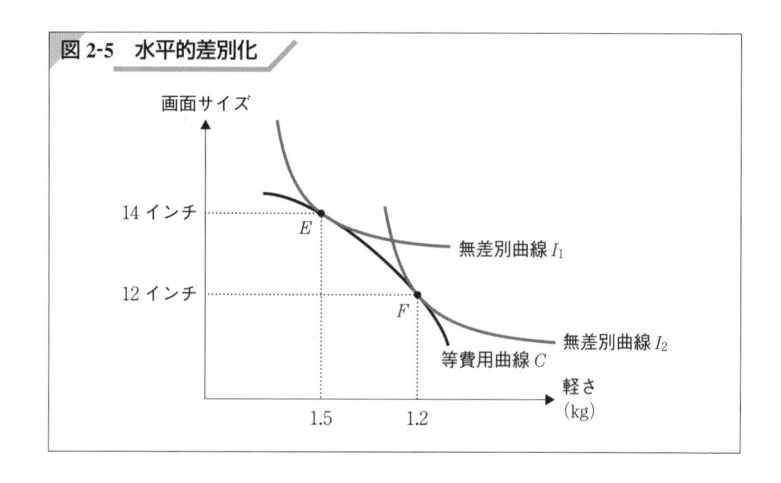

縦軸: 画面サイズ / 横軸: 軽さ (kg)

14インチの水準に点 E、12インチの水準に点 F がある。無差別曲線 I_1、無差別曲線 I_2、等費用曲線 C が描かれており、横軸の値は 1.5 と 1.2。

らないためである。

図 2-5 において，(14 インチ，1.5 kg) を通る等費用曲線上で，これまで 14 インチの 1.5 kg の PC しかなかったときに，あるメーカーが新たに 12 インチで 1.2 kg の PC を開発し，製品差別化を行うとする。それが行われた背景には，消費者のなかには，14 インチというある程度の画面の大きさでないと満足できない消費者のグループがいる一方で，画面が小さくても軽いノート PC を望む消費者のグループがいて，後者のグループの無差別曲線が I_2 であり，この曲線が等費用曲線 C と点 F（12 インチ，1.2 kg）で接しているということが考えられる。

ここで従来の 14 インチで 1.5 kg の PC に対して，12 インチで 1.2 kg の PC は，軽さについては改善され，軽量 PC を望んでいる消費者は満足度が上がるものの，画面サイズを重視する消費者にとっては満足度のより低い PC となっている。つまり，一方の垂直的属性を改善しただけでは，垂直的差別化にはならない。また垂直的属性だけの空間でありながら，これは消費者が満足について合意で

図 2-6 垂直的差別化

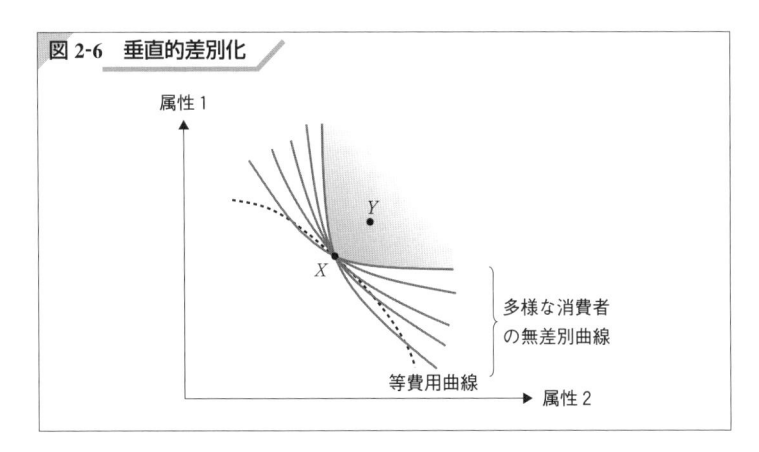

（属性1を縦軸、属性2を横軸とし、点X を通る多様な消費者の無差別曲線と等費用曲線、およびグレー領域の内部に点Yが描かれた図）

きない差別化であるために，水平的差別化となっているのであり，水平的属性だけが水平的差別化をもたらすわけではないこともいえる。

では，(14インチ，1.5 kg) に対する垂直的差別化とは何かであるが，それはより右上にある消費者の無差別曲線に移行することが必要条件となる。消費者のほとんどが満足する垂直的属性の改善ということは，図2-6において，既存製品がXの座標にあるとき，そのXを通る多様な消費者の無差別曲線の内側（より満足度の大きい領域）の共通領域（グレーの領域）が，垂直的差別化の可能領域となる。例えば，図2-6で，YはXに対して垂直的差別化を行ったことになる。ただし，この垂直的差別化を可能にするには，メーカーの技術革新によって等費用曲線が動き，無差別曲線と等費用曲線の接点が移動することが必要である。

水平的属性空間における製品差別化

次に，2属性がともに水平的属性である場合を考えてみよう。属性が水平的属性であるときには，消費者は右上にいくほど満足するとはいえなくなる。2属性とも水平的属性である場合には，属

第2章　製品差別化

図 2-7 属性と製品差別化

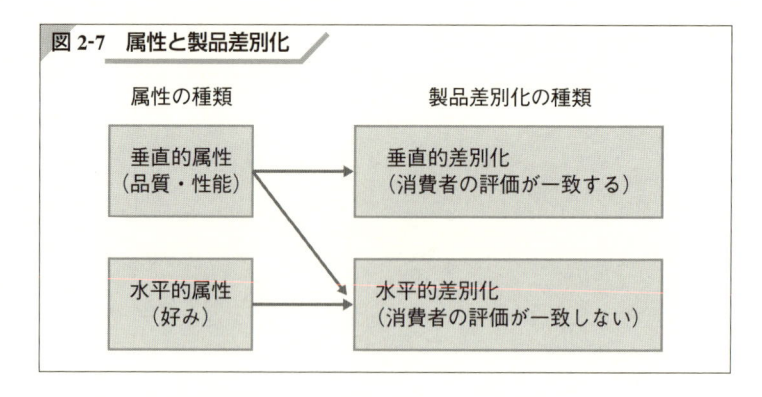

属性の種類　　　　　　　製品差別化の種類

垂直的属性　　　　→　　垂直的差別化
(品質・性能)　　　　　　(消費者の評価が一致する)

水平的属性　　　　→　　水平的差別化
(好み)　　　　　　　　　(消費者の評価が一致しない)

性空間上にある消費者の理想点が存在し,そこを頂点とする満足度の等高線が描かれることになる。しかも水平的属性の特徴として,消費者で望ましさの合意がないことから,そのような各消費者の理想点が属性空間に散らばって存在することになる。そのため,従来の製品に対して,新たな属性値の組合せを提供して,ある消費者にとっては満足度が上がったとしても,別の理想点をもつ消費者の満足度が下がることになり,この製品差別化は,ほとんどすべての消費者が合意するという垂直的差別化の条件を満たさず,つねに水平的差別化になる。

例えば,炭酸飲料で消費者が知覚する属性が甘さと刺激感であり,甘さや刺激感を求めていない消費者が少なからずいるとき,この2つは水平的属性になる。このとき,甘く刺激が強い製品,甘くないが刺激が強い製品,甘く刺激が弱い製品,甘くなく刺激も弱い製品のそれぞれを理想とする消費者がいるとして,従来の炭酸飲料が甘く刺激の強い製品であり,それと差別化した甘くなく刺激も弱い製品を出したとしても,従来の製品のほうが理想に近いと感じている消費者の支持は得られない。

ここで新たな製品で満足度が高くなる消費者というのは,自分の

図 2-8　水平的属性による差別化

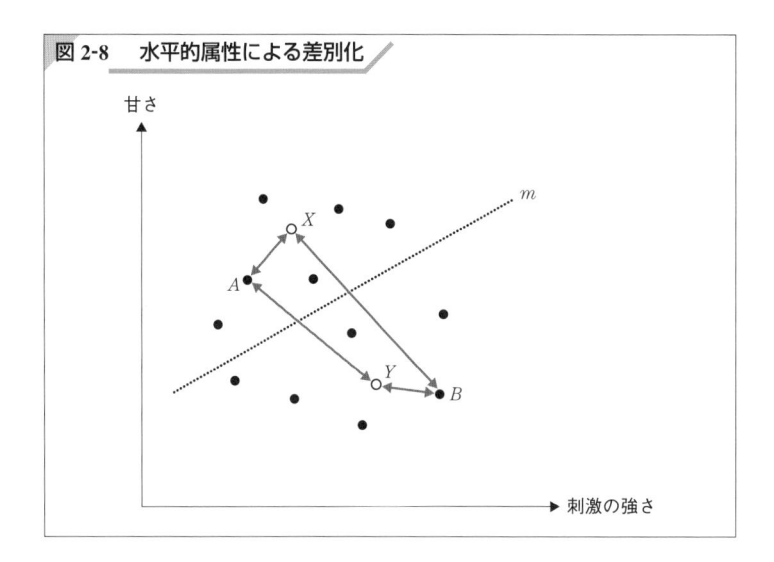

理想点と既存製品の属性のポジションとの距離と比較して，自分の理想点と新製品の属性のポジションとの距離がより短くなる場合と考えることができる。これは消費者の満足度についての等高線が円を描き，どの方向でも同じ傾斜で満足度が下がっているという前提のもとでいえる。またその新たな属性の組合せは，技術革新によって可能になった組合せである場合もあるが，従来の技術の延長で行われる場合もある。

　図2-8が，炭酸飲料の甘さと刺激の強さという2つの水平的属性からなる属性空間を表すものとしよう。そして，炭酸飲料のブランドとしてXとYとがあり，それぞれの甘さと刺激の強さから，図のようなポジションに存在しており，他方で，ある消費者の理想点がAであるとする。するとこの消費者は，距離の近さからYよりもXのほうを選好することになる。

　さらに別の消費者の理想点がBだとすれば，この消費者は，X

よりもYのほうが近いので，Yのブランドを選好する。このように考えると，XとYの中線mを境にして，上の領域に理想点がある消費者はXを選好し，下の領域に理想点がある消費者はYを選好することが予想される。

3 ポジショニング

知覚マップとポジショニング

消費者はさまざまな製品属性を認識して，主観的に評価し，予算とも照らして，製品を選択する。**知覚マップ**とは，この認識・評価される複数の属性からなる空間（図示するために2次元空間が好まれる）上に，各製品（ブランド）についての消費者の平均的な評価点を配置した図である。

そして，知覚マップ上に，各社の製品を配置することを**ポジショニング**と呼ぶ。このポジショニングにより，製品間の知覚上の類似性を把握することができる。つまり，この空間上で近くにある製品ほど消費者にとっては代替的であると見られているので，売手にとっては競合の程度を把握することができる。この知覚マップは，消費者の知覚構造を視覚的に示したものであり，そこに製品を配置することで，市場のなかで，自社製品がどう位置づけられているかを把握することができる。

したがって，知覚マップとは，消費者の平均的な知覚を手がかりに市場における競争構造を分析する手法として，次のような状況で利用される。

まず第1に，時間の経過に伴うポジショニングの変化を把握したり，予測したりするためである。新製品の導入期において自社製品

のポジショニングが適切に認知されているとしても，競合製品の導入や消費者の意識構造の変化によって，適切なポジショニングからずれていく可能性があり，それを考慮することが重要となる。

第2に，再ポジショニングである。ポジショニングを分析することで，マーケティング活動を展開するうえでポジショニングの現状が不適切であることが判明する場合がある。そこで製品のモデル・チェンジや広告戦略やチャネル戦略の修正をはかることで，適切なポジションに移すことが必要となる。

第3に，新製品開発における市場機会の発見である。知覚マップのなかで既存ブランドが存在しないゾーンを探索し，そのゾーンに需要があれば，新製品の導入を行うことが望ましいと考えるのである。

水平的属性空間におけるポジショニング

知覚マップは，水平的属性空間について作成されることが多い。それは，水平的属性では，消費者の好みによって理想点のばらつきがあるために，属性空間において多様なポジショニングの可能性がもたらされるためである。

ただし，水平的属性空間における製品のポジショニングにとって問題になるのは，知覚マップの軸として何を選ぶか，つまり消費者に満足感をもたらしている重要な主観的属性は何かを探索することである。それは垂直的属性よりも水平的属性のほうが，消費者の知覚する価値に曖昧さや多義性が強く，消費者の知覚をさまざまな角度から分析することで抽出される評価基準となりやすいためである。消費者の製品に対する主観的な評価基準を的確に知りえたとき，この知覚マップは有効なものとなる。第5章の補論「マーケティング・リサーチ」で述べるように，この知覚マップの軸を抽出するために因子分析などの手法がよく用いられる。

第2章 製品差別化

そして，水平的属性空間の場合，各企業のポジショニングの自由度が大きいために，ポジショニングで既存ブランドが存在しないゾーンの分析に基づく市場機会の発見が重要になりやすい。ただし，既存ブランドが存在しないだけでは，それが魅力ある市場機会かどうかは決まらない。同じ知覚マップ上に，各消費者の理想点を調査し，配置してみたとき，既存ブランドが存在しないゾーンにおいて，消費者の理想点の分布がある程度密集しているならば，そこは有力な市場機会となる。

　それに対して，そのゾーンに消費者の理想点があまり分布していない場合もある。その場合でも，第3章に述べる市場細分化や第7章で説明する広告を駆使することで，消費者の理想点をそのゾーンに誘導することを考えることができる。とくに消費者の潜在的な需要がそのゾーンにあるとき，これらは効果的となる。

> 垂直的属性空間におけるポジショニング

　垂直的属性空間においては，どの企業も同じような製品や生産の技術をもっているとすれば，知覚マップ上における各ブランドのポジションは，同じ等費用曲線の上に並ぶ。そしてブランド間でのポジションの違いは水平的差別化によるものである。つまり，メーカーによって，重視する垂直的属性が異なり，各社がその特徴を広告などで強調することで差別化しているのである。

　このとき，最も有利なポジショニングと考えられるのは，最も多くの消費者が選好する属性の組合せとなる。しかし，その付近に多くのブランドが存在する場合には，その組合せを選好する消費者のシェアをそれらのブランドで分け合うことになるため，必ずしも有利なポジションであるとは限らなくなる。

　その場合には，既存ブランドが存在しない等費用曲線上の領域で，しかも消費者の潜在的な需要をうまく開拓して，消費者がその新た

なポジションを選好するように戦略を立てることが重要となる。

さらに，ある企業が製品や生産における技術革新に成功すれば，その企業のブランドは，別の等費用曲線の上で，従来のブランドの右上の位置を占めることになる。これが垂直的差別化によるポジショニングであり，この場合には，従来のブランドよりもほとんどの消費者は高い満足を得られるこのブランドを選好することになる。

したがって，垂直的差別化というのは，他の企業に対してつねに競争的に有利なポジションを得ることになる。そこで，競合企業は，その技術革新にすみやかに追随して，市場シェアを奪われないようにする必要がある。

4 製品差別化戦略

多様な製品差別化

これまで製品の属性に注目して製品差別化を説明してきた。この属性とは，製品の特徴を消費者がどのように知覚し，評価するかという次元で捉えたものであり，この主観的な価値を通じて，消費者の特別な選好を得ると考えられる。そして，そこから消費者が他の製品とは非代替的な需要をもつことで，他の製品と価格において比較する程度が少なくなり，価格競争をある程度回避することができる。

ただし，ここで注意すべきことがある。これまで製品の属性として，製品に技術的に備わっている特徴を例に挙げてきたが，こうした製品自体の特徴による差別化だけが製品差別化ではない。製品の状況に関わる特徴や製品に伴って提供されるサービスによって製品を差別化する場合もあれば，広告やチャネルを通じて製品差別化を行う場合も多い。つまり，製品差別化は，製品そのものによる差別

化に限定されるものではなく，製品，サービス，広告，チャネルなどの多様な要素によって差別化しうることを考える必要がある。

> **製品状況に関わる差別化**

製品において技術的に存在する特徴ではなく，製品の状況に関わる特徴で差別化に貢献する要素の1つとして，消費者の評判がある。製品に対して好ましい評判が構築されていることは，持続的な製品差別化の重要な要因になる。こうした製品の評判が形成されるためには，製品のもたらす満足度が期待を超えているという消費者の利用経験とともに，その情報が口コミやマス媒体などを通じて流布されていることが必要となる。また，この評判は，評判の高さや望ましさという垂直的属性として捉えることができる一方で，「長く愛されている」「若い人に好かれている」といった評判の内容を水平的属性で捉えることも可能である。

もう1つの製品状況に関わる差別化として，製品とともに提供されるサービスでの差別化がある。例えばPCなどでは，製品販売後の技術的なサポートがきちんと行われているかどうか，購買時や購買後の消費者からの問合せに迅速に対応するかどうかは，消費者が製品を選択するうえで重要な要素となる。したがって競合企業よりも充実したサポートを行うことは，製品に対する特別な選好を形成する。また，このサービスを製品に関わる属性として捉えるならば，「サービスの丁寧さ」「対応の迅速性」という垂直的属性として考えることができる。

> **広告とチャネルによる差別化**

製品差別化というと製品の技術的特徴による差別化をイメージしやすいが，製品の技術的特徴が決定されたあとに，広告やチャネルを通じて，消費者の製品に対する評価に影響を与えることで形成する製品差別化もある。

まず広告については，製品の属性情報を消費者に伝えることで製品差別化の形成を行う。1つには，広告で消費者に製品の属性情報を知らせて，属性空間における製品のポジショニングを変えたり，明確にしたりすることができる。もう1つには，広告で消費者に特定の属性が重要であることを伝えて，消費者の知覚する属性空間そのものを変え，それによって製品の需要を発生させることができる。いずれの場合でも，広告の情報がなければ，消費者は製品に対する特別な選好を認識しなかったはずであり，広告を通じて製品差別化が達成されたことになる。

　そしてチャネルについても，広告と同様に製品の評価に影響を与えることで製品差別化を実現することができる。メーカーはチャネル管理を通じて，小売店による販促的な情報の提供を統制する場合があるが，そのような小売店による販促活動で，消費者に製品属性の情報や属性の重要性についての情報を提供して，消費者に製品に対する選好を形成することができる。

　また，チャネルによる製品差別化にはもう1つの局面があり，チャネルを適切に展開することで，前述のような製品状況に関わる差別化を形成することができる。例えば，チャネルを広く展開し，全国どこにいても製品をたやすく入手できる状況を作れば，製品の「入手の容易さ」という属性による製品差別化を形成することができる。あるいは，チャネルを厳選し，信頼のできる店舗やサービスの能力が高い店舗でのみ販売すれば，製品を選択するときに，消費者は，購買時や購買後のサービスのよさでその製品に対する特別な選好をもつことも考えられる。

演習問題

2-1 製品を1つ取り上げて、その製品の垂直的属性と水平的属性を挙げたうえで、どのような製品差別化がなされているかを考えなさい。

2-2 垂直的差別化と水平的差別化との違いについて説明しなさい。

2-3 製品差別化における模倣困難性がどのように発生するかを説明しなさい。

第3章 市場細分化

> ***Introduction*** 　市場細分化とは，不特定多数の消費者を同じような選好を示すグループに分けることである。市場細分化は，社会的・文化的な背景や潜在需要への働きかけに基づく消費者の選好の多様性によって可能となり，企業は市場シェアや利益を高めるために，市場セグメントに合わせたマーケティング活動を展開する。
>
> ***Keywords*** 　市場細分化，市場セグメントの統合化，細分化基準，人口統計変数，心理的変数，購買行動変数，分化型マーケティング，集中型マーケティング

1 市場細分化とは

市場細分化の意味　マーケティング論における市場の意味には，「競争の場」としての市場と「顧客の集合」としての市場が含まれているが，**市場細分化**における市場というのは，顧客の集合としての市場の概念となる。ただし，市場細分化において競争が想定されていないという意味ではないことにも留意すべきである。

そして細分化は，セグメンテーションやセグメント化とも呼ばれるが，この「顧客の集合」としての市場のなかで共通のニーズをもち，製品の認識の仕方，価値観，使用方法，購買行動などが似ている消費者の集合に分けることである。この消費者の集合のことをし

ばしば市場層とか消費者層と呼ぶ場合もあるが、この「層」がセグメントのことである。例えば、自動車市場のなかでも、高級志向のセグメントはベンツやBMWなどの高級車を選好し、経済性を重視するセグメントは軽自動車を選好するというように、セグメントの間では求める製品のニーズが異なっている。

この市場細分化では、不特定多数の消費者を同質と考えて差し支えないと判断されるグループに分けて、そのグループごとに、異なるマーケティング活動が適用される。つまり、市場細分化とは、消費者間の異質性を考慮する一方で、1つのセグメントのなかでは、同質的な行動を想定できるグループとしてまとめあげる行為であるといえる。

しかも市場細分化は、メーカーの競争行為として展開されるものであるために、このようなセグメントにまとめ直すことで、競合企業よりも優位に立つものでなければならない。その優位性とは、市場細分化を行わない場合に比べて、消費者の需要に対応した製品を提供することなどを通じて、消費者の高い満足を得て、市場シェアや利益を高めることである。そのためには、切り取られたセグメントはある程度の販売規模を持ち、規模の経済性が大きく損なわれないことが重要となる。

また、セグメントごとにマーケティング活動を変えて展開することを考えると、セグメントとしての抽出可能性や安定性が必要になる。例えば、各消費者が法則性もなく多様に選好が変わるとき、ある時点をとれば、消費者の共通の選好に基づいてセグメントとしてまとめることができるかも知れないが、次の時点では、また別のセグメントに変わってしまうかもしれない。そのような状況では安定的なセグメントを捉えることができず、適切なマーケティング活動を展開することができない。

さらに，マーケティング活動の内容によって市場細分化の必要性が異なる場合があることにも留意すべきである。例えば，開発された製品自体は，すべての世代の消費者を対象としうる製品であったとしても，広告活動を展開するためには，すべての消費者に向けたメッセージではインパクトに欠けるために，あえて特定のセグメントをターゲットとした広告の内容にしたり，その企業が利用するチャネルでは若い消費者層を捉えられないときに，年齢層の高いセグメントをターゲットにしたりすることがある。これらの場合，広告やチャネルが市場細分化の必要性を規定しているのである。

　さて第2章で説明したように，企業は製品差別化を通じて，競合企業に対する優位なポジションを確立しようとする。それに加えて，このように市場をいくつかのセグメントに分割するというのは，競争優位のポジションを確立するうえで，どのような意味をもたらすのであろうか。そこで，第2章で用いた水平的属性，垂直的属性という概念を使いながら，製品差別化から市場細分化がどのように発展するのか，またどのようにして優位性が形成されるのかを説明することにしよう。

水平的属性における市場細分化

　市場細分化は，第2章の製品差別化のモデルを用いて，次のように説明することができる。まず，水平的属性における市場細分化を考えてみよう。この水平的属性とは，製品のデザインや味のように，属性の優劣について消費者間のコンセンサスがない属性のことである。水平的属性の場合には，消費者の属性についての好みがさまざまに分かれることから，市場細分化が行われやすくなる。

　例えば，消費者がアイスクリームを甘さと濃厚さという2つの属性で評価しているとする。これらは水平的属性であるために，属性空間において消費者の理想点が分散していると考えることができる。

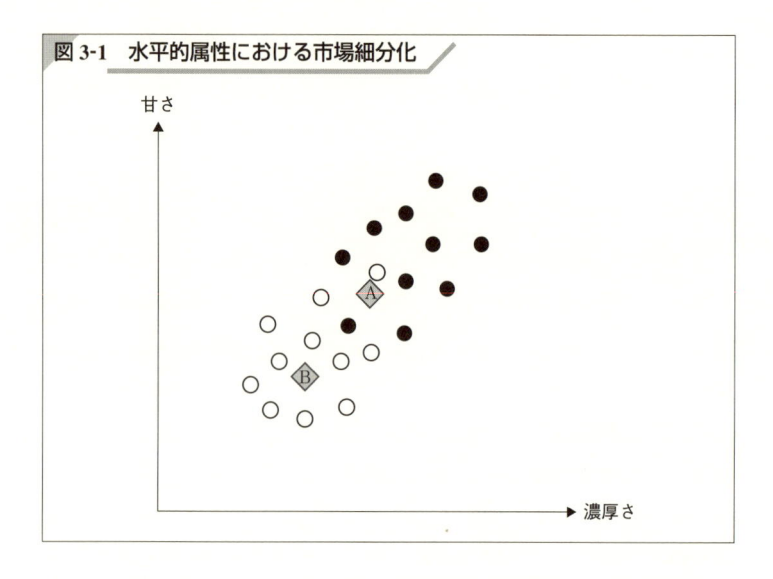

図 3-1 水平的属性における市場細分化

縦軸: 甘さ / 横軸: 濃厚さ

ここであるメーカーAは，この各消費者の理想点からの距離の合計が最も短くなるところ，つまり理想点の集積のほぼ中央に位置する製品を開発して販売すれば，最も多くの消費者の満足を得ることができる。

さらに，消費者のうち男性を黒丸，女性を白丸で表すとして，図3-1のような男女の消費者の理想点の分布であったとしよう。メーカーBが，女性をターゲットとして，女性の理想点の分布から，濃厚さや甘さを抑えたアイスクリームを開発し，それを広告などで効果的に訴求したとする。これが，女性のセグメントをねらった市場細分化戦略であり，メーカーBは，女性消費者により多くの満足をもたらすことができる。しかもある女性の消費者の理想点がメーカーBの製品よりもメーカーAの製品に近い場合でも，女性をターゲットとするコミュニケーションが功を奏すれば，彼女の理想点がメーカーBに近づき，そのような消費者の選好も獲得できる

場合がある。

垂直的属性における市場細分化

次に、垂直的属性が複数ある場合における市場細分化を考えてみよう。垂直的属性とは、その優劣について消費者の合意がある属性のことである。そして、それが複数ある場合には、消費者がその属性値の組合せについて、多様な選好パターンを示すが、この状況で市場細分化が可能になる。

例えば図3-2のように、消費者が電気冷蔵庫を冷蔵する容量と消費電力の少なさの2つの属性で評価するとしよう。同じ価格なら容量が大きく、消費電力が少ない製品をほとんどの消費者が望むため、どちらの属性も垂直的属性と考えることができる。そして、第2章で説明したように、消費者にとっての属性間の無差別曲線が描かれる一方で、メーカーにとっての属性間の等費用曲線があり、その1つの接点において、選択される属性の組合せとしての購買理想点が決まる。

ここで消費者の平均的な無差別曲線を考えて、それとの接点Xの属性の組合せが、消費者全体にとっての望ましい組合せとなったとする。しかし、実際には消費者の選好は、世帯人数が多い消費者と人数が少ない消費者とで大きく分かれ、世帯人数が多い市場セグメントにとっての無差別曲線M_1と世帯人数の少ない市場セグメントの無差別曲線M_2が図3-2のように描かれると、等費用曲線との接点もAとBの2つ存在することになる。

もしあるメーカーがXの属性の組合せによる製品を販売すれば、これら2つの市場セグメントでは、点Xが、M_1、M_2よりも満足度の低い無差別曲線N_1、N_2の上にあるために、どちらの市場セグメントでも、AやBほどの満足感は得られないことになる。

そのメーカーが効率性などの理由から、市場を細分化することを

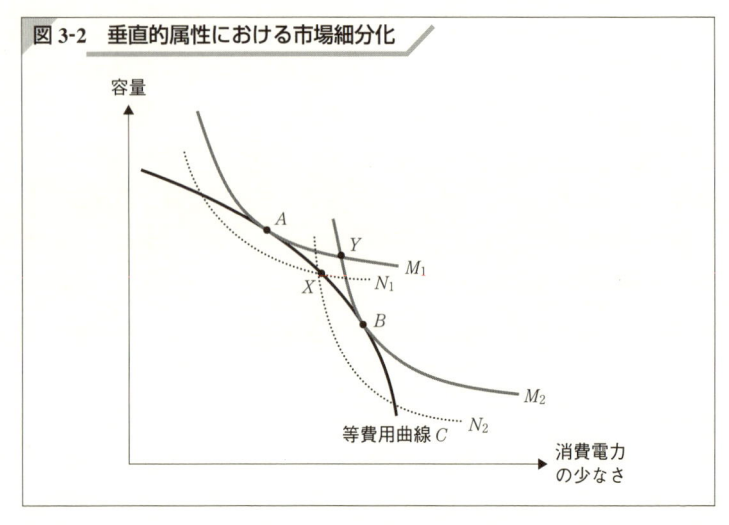

図 3-2　垂直的属性における市場細分化

（図：縦軸「容量」、横軸「消費電力の少なさ」。曲線 M_1、M_2 と点 A、Y、X、B、等費用曲線 C、N_1、N_2 が示されている）

避けようとするならば，2つの消費者層に A や B と同じ程度の満足度をともにもたらす Y のポジションにある製品を出さなければならない。しかし，これは X からの垂直的差別化であり，X よりも低コストで生産するなど技術革新が必要となる。しかもその技術革新を取り入れた2つの市場セグメントに対応した2種類の製品が販売されると，満足度において劣ることになるため，競争優位を形成できない。すなわち，消費者のグループごとに選好がはっきり分かれるときには，市場セグメントごとに異なる製品を開発して販売することが，競争上有利となる。

垂直的差別化に基づく市場細分化

製品を評価する属性が1つの垂直的属性であり，その属性が改善される場合や，複数の垂直的属性でのいずれの属性においてもほとんどの消費者が望ましいと考える方向で改善される場合は，垂直的差別化と考えることができる。

そのような状況では，属性についての意見が同じになるために，

消費者が市場セグメントに分かれるとは考えにくいが，この場合でも市場細分化が可能となる。それは価格の変化に対する需要の変化の大きさを示す価格弾力性の違いによる市場細分化であり，経済学において価格差別（*Column* ②参照）と呼ばれるなかの特殊なケースであると考えることができる。

そもそも製品差別化は，需要の価格弾力性が低いことを前提とするために，属性空間において低価格を製品の属性とは考えない。消費者が低価格という要素を重視する場合は価格弾力性が高いことになり，それは製品差別化が形成されていないことを意味するからである。つまり「価格による製品差別化」は定義上ありえず，価格で消費者の選好を得ているとすれば，それは製品差別化ではなく，価格競争によるものと考えるのである。さらに，製品差別化を考える場合には，消費者は同じようにある程度低い価格弾力性をもつことを想定する。

それに対して市場細分化では，消費者行動の違いによって消費者をグループ化するため，その際に，価格弾力性の高い消費者のグループと低い消費者のグループ，一般的な言い方では，低価格志向の強いセグメントと弱いセグメントに分ける場合もありうる。したがって，価格に対する行動に基づいた市場細分化を考えることが可能となる。そして垂直的属性に基づく垂直的差別化が行われる状況においては，このような市場細分化が可能となる。

例えば，電気掃除機について，消費者は掃除機の吸引力という垂直的属性と価格によって製品を評価し，これまでの説明と同様に，消費者にとって同等の満足をもたらす吸引力とある価格の組合せをつないだものとしての消費者の無差別曲線が無数に描けるものとしよう。他方で，メーカーにとって同じ経済的な意味をもつ吸引力と価格の組合せを表す曲線は，ある吸引力を達成するコストを反映し

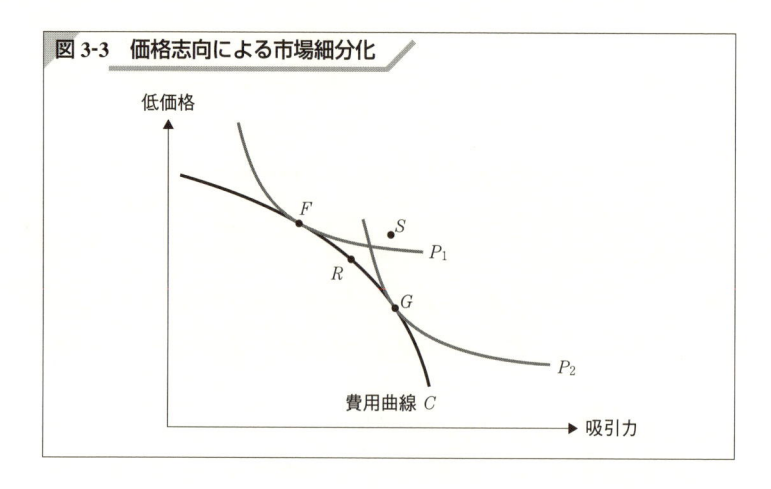

図 3-3 価格志向による市場細分化

た価格を表すため、メーカーの費用曲線となる。この費用曲線は、これまでの等費用曲線とは異なり、メーカーの開発・生産コストを反映するため無数の仮想的な曲線を描けず、メーカーの技術から1本の費用曲線が決まり、この費用曲線と無差別曲線との接点が消費者の購買理想点となる。なお図 3-3 では、これまでの図と同様に原点から右上に離れるほど満足度が高くなるように、上方が低価格になるように設定している。

そして掃除機の製品価格について、消費者が低価格志向の強いセグメントと弱いセグメントに大きく分かれるとき、低価格志向の強いセグメントの無差別曲線 P_1、低価格志向の弱いセグメントの無差別曲線 P_2 のそれぞれとメーカーの費用曲線 C との接点は、F と G に位置するとする。つまり価格の安さを重視するセグメントは、低価格・低吸引力の掃除機を選好し、価格よりも吸引力を重視するセグメントは、高価格・高吸引力の掃除機を選好するのである。

ここで、メーカーが F と G のポジションにある2種類の製品を生産するよりも、価格も吸引力も中間の製品 R を生産するほうが

第Ⅰ部 市場からみるマーケティング

両方のセグメントをとれて有利だと考えても，このRの位置は，低価格志向の強いセグメントの無差別曲線P_1や低価格志向の弱いセグメントの無差別曲線P_2よりも，満足度の低い外側の位置にあるので，いずれのセグメントも，中間の製品よりも低価格か高価格の製品のいずれかを選択することになる。

ただし，FとGの製品を生産するかわりに，1つの製品の生産に集約することで，規模の経済性を達成し，FとGを通る費用曲線より右上のSのポジションに移ることができれば，SがP_1やP_2の内側のより満足度の高いところにあるため，消費者はこの中間の製品SをFやGよりも選好することも起こりうる。

市場の細分化と統合化

市場細分化が行われるのは，個々の消費者にとっての属性間の無差別曲線が多様に広がって描かれる場合である。このような状況として，衣料品や化粧品のように，男女や年齢などによる選好の違いが，すでに社会的・文化的に定着していて，メーカーはそれに対応せざるをえない状況がまず考えられる。この場合には，ずっと以前から男女別や世代別の製品をメーカーが販売しているはずである。

それに対して，メーカーが新製品や広告活動を通じて消費者の潜在的な需要を掘り起こすことで，新たに市場セグメントが形成される場合もある。メーカーのマーケティング活動として重要になるのはこの状況であり，特定の消費者層が新製品を見て，広告の刺激を受けることで，自らの潜在的な需要に気がつき，従来とは異なる場所に無差別曲線が移動するのである。この場合には，その市場セグメントを先んじて開拓したメーカーは，他のメーカーが追随するまでの間，特定の消費者グループに限られるものの，彼らの特別な選好を得て，製品差別化にも成功したことになる。とくに技術が成熟化して，革新的な製品を開発するのが限界となっている状況になる

図 3-4 市場の細分化と統合化

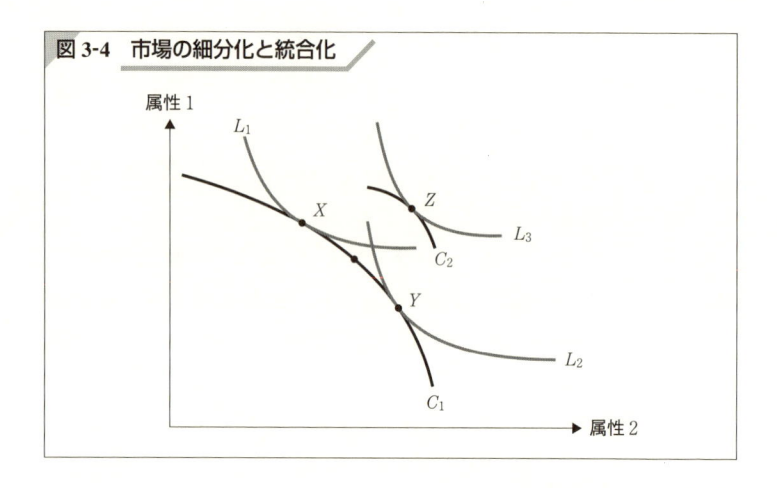

(属性1 を縦軸、属性2 を横軸とし、等費用曲線 C_1, C_2 と無差別曲線 L_1, L_2, L_3、接点 X, Y, Z を示した図)

ほど，新たな発想による市場細分化が行われやすい。

 他方で，市場セグメントとして分断されていた市場が，強力な垂直的差別化によって，**市場セグメントの統合化**がなされる場合もある。例えば，携帯型オーディオ・プレイヤーが，市場細分化によって，男性用・女性用と異なるデザインの製品が売られていたのが，技術革新に基づいた画期的な新製品が登場し，男性用・女性用の区別がなくなるというようなケースが考えられる。

 これは図 3-4 で説明すれば次のようになる。すなわち，強力な技術革新に基づいて，従来の等費用曲線 C_1 を大きく改善した新たな等費用曲線 C_2 が形成され，C_2 と消費者全体の無差別曲線 L_3 との接点 Z（新たな購買理想点）が，それまでの複数に分かれていたセグメントのそれぞれにおける購買理想点（X と Y）を通る無差別曲線（L_1 と L_2）の内側，つまりいずれのセグメントの消費者にとっても，より満足度が大きい領域にあるとき，いずれの消費者も Z のポジションにある製品を選好する。つまり，この Z のポジションを技術革新によって生み出したメーカーは，強力な垂直的差別化を通じ

て，市場セグメントを統合したことになる。

Column ② 価格差別

市場細分化と似た経済学の概念として価格差別がある。価格差別とは，企業が需要の種類（国内市場と海外市場，業務用と家庭用など）に応じて市場を分割し，市場ごとに異なった価格をつける行為である。

この価格差別が成立するためには，①一方の市場で買って他方の市場で売るという「転売」が行われないこと（あるいは需要者の市場間の移動が限られていること），②区別された市場によって需要の価格弾力性が異なること，③市場の分割のために必要なコストが価格差別のもたらす利益よりもわずかであること，という3つが必要条件となる。

例えば映画館の学生割引や特定曜日のレディース割引についていえば，学生やレディースの需要は価格弾力性が一般の人々のそれよりも大きいため，割り引くことによって売上の増加が期待される。また，学生証等の身分証明の提示を求めるので，切符が転売されて当該対象以外のものが割引の切符を買うことができないから成立しうる。

そこで，市場には価格について需要が非弾力的な第1市場と弾力的な第2市場があるとしよう。弾力的な市場であるほど，縦軸の価格の変化に対して横軸の需要が大きく変化するので，需要曲線の傾きは小さくなる。そして，企業が市場に提供する製品の限界費用は両市場で同じであるとする。この2つの市場における需要量を D_1，D_2，価格を P_1，P_2，限界費用を MC とすれば，企業の利益は2つの市場の売上高（価格×需要量）から総費用を控除したものとなる。

このとき，企業の利潤を最大にする供給量（Q）は，それぞれの市場で限界収入と限界費用が一致する点に決められる。したがって，第1市場の限界収入 MR_1 と第2市場の限界収入 MR_2 および限界費用 MC が一致するところが最適供給量（Q_1 と Q_2）となる。図3-5では非弾力的市場である第1市場の利潤最大化の価格は P_1，弾力的市場である第2市場のそれは P_2 となる。そして，第1市場の需要が非弾力的で，第2市場の需要が弾力的であれば，$P_1>P_2$ となる。すなわち，需要の価格弾力性が大きい

第3章 市場細分化

図 3-5　価格差別

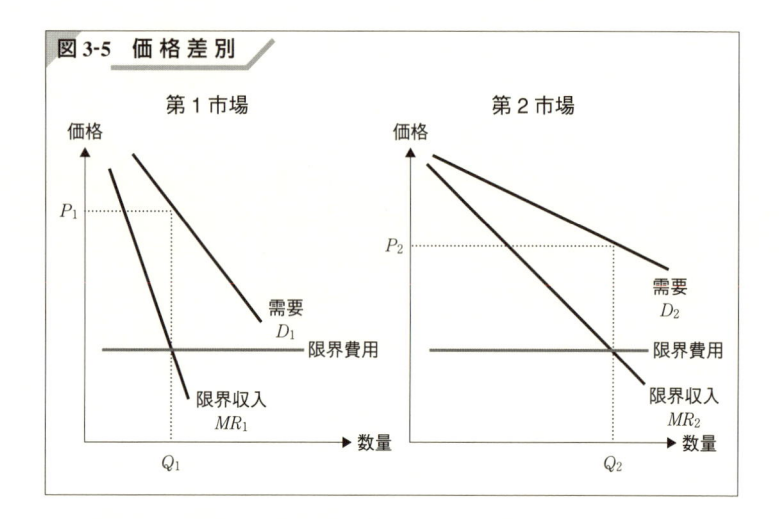

第1市場

縦軸: 価格、横軸: 数量
P_1、Q_1、需要 D_1、限界費用、限界収入 MR_1

第2市場

縦軸: 価格、横軸: 数量
P_2、Q_2、需要 D_2、限界費用、限界収入 MR_2

市場ほど，価格は低くなるといえる。

　以上のように価格差別のモデルは，需要の価格弾力性が異なる市場セグメント別に，異なる価格を設定するという考え方であるが，市場細分化の場合には，その細分化された市場ごとに価格設定だけでなく，製品自体の特徴を変えてしまうという発想が加わることになる。

2　市場細分化の基準

多様な細分化基準　　企業が市場細分化を行うときには，通常，消費者の特徴や価値観，購買行動，使用パターンなどについて調査を行い，因子分析やクラスター分析（第5章の *Column* ⑤参照）などを駆使しながら，いくつかの共通項でグループ分けし，各セグメントの特徴を明らかにしていく。

そこで、この市場細分化の基準、いわゆるセグメンテーション変数の発見であるが、これが困難かつ重要なポイントであり、新製品の企画・開発担当者やマーケティング・リサーチの担当者の手腕が問われるところでもある。消費者のニーズや購買行動などから細分化の仮説を抽出したり、ある仮説をもって消費者の行動を捉え直したりして、試行錯誤を重ねながら、さまざまな変数のなかから最適な変数を見つけ出すのが一般的である。

そしてマーケティングの実務では、以下の変数を組み合わせたり、複数の変数を段階的に用いたりすることが多い。

人口統計変数 　細分化基準として、最初に考えられ、最もよく使われるのは、**人口統計変数**である。この人口統計変数による細分化では、性別、年齢、世帯規模、家族のライフサイクル、所得、職業、教育水準、社会階層、宗教、人種、居住地域、国籍などの変数に基づいて消費者をグループ分けする。この基準は、ある製品についての購買とは無関係に、先行的に決まっている消費者個人の特性であり、人口統計などで集められる変数である。

例えば、性別による細分化は、衣料品や化粧品、雑誌などの性別の違いによって好まれる製品の特徴が根本的に異なる市場だけでなく、自動車や携帯電話、飲料などのように性別が製品のデザインや味覚などの属性の評価に影響する製品においても重要な意味をもっている。また、年齢や世代による細分化もさまざまな製品市場において用いられ、製品の「若々しさ」「落ち着き」といった属性と関連づけて検討される。

さらに居住地域としては、地域の気候や都市化の進展度、自然環境などが、消費者の行動に影響を与えるものとして考慮される。温暖な地域と寒冷地とでは、人々の暮らし方や製品の使い方などが異

なり，都市と地方とでは，住居の広さが違ったり，自動車などに対するニーズが異なったりする。また，グローバルな市場で事業を展開する場合には，国によって，消費者の好みが大きく異なり，政府の規制や安全基準も異なるために，地域によってマーケティング活動を変えることが必要になる。

さて，この人口統計変数の基準がよく利用されるのは，第1に，消費者の欲求・選好や使用の程度が人口統計変数と連動しやすいことによる。第2に，人口統計変数が他の変数よりも測定しやすいこともある。すなわち，市場セグメントの規模やその動向が明確に把握しやすい。それゆえ，標的市場を個人の性格など人口統計変数以外の基準を使って定義するときでも，人口統計変数と関係づけることによって標的市場の規模を見積もり，標的市場に効率的に到達できるメディアを評価することになる。

心理的変数　心理的変数による細分化では，ライフスタイル（生活様式）や消費者の個人的な性格・志向・価値観といった変数により市場セグメントを識別する。これらは，人口統計変数と同じように購買に先行して存在する消費者の特性であるが，製品カテゴリーごとに異なる特性や製品カテゴリーに結びついた特性を示す場合が多い。例えば，自動車を購買するときは環境にあまり配慮せず大型車を好む人が，洗剤を購買するときには環境意識的であるという場合もある。

この心理的変数の例としては，アウトドア志向，自然環境への意識，リスク回避志向，革新志向，ブランド志向，社交性，世間体への意識など，さまざまな変数が考えられる。例えば，同じ高級車でも，国産車を選ぶか外国車を選ぶか，ガソリン車にするかハイブリッド車にするかは，人口統計的な違いというよりも，ライフスタイルに根差した心理的な違いであることが多い。あるいは，若年男性

向けのアウトドア・ウオッチを売り出したところ，実際のユーザーに同世代の女性が多数含まれていたことが判明し，男性用・女性用の区別をなくした製品に作りかえたというケースは，人口統計変数よりもアウトドア志向という心理的変数が市場細分化において重要であった例といえる。

なおこの心理的変数は，人口統計変数のように明確なカテゴリーや数値で捉えられるものではなく，一般的に質問票調査を通じて消費者の意識を尋ねることで入手される変数である。それゆえ，この変数による市場細分化を行うために，マーケティング・リサーチが行われることが多い。

購買行動変数 とは，購買頻度や製品知識，製品への態度などで消費者を分類するものである。その1つとしてよく使われるのは，製品の購買頻度について，ヘビーユーザーかライトユーザーかというグループ化である。例えば，缶コーヒーや野菜ジュースは習慣的に飲むヘビーユーザーの消費量が全体の消費量の多くを占めるため，メーカーは，ヘビーユーザーの市場セグメントに焦点をあわせたマーケティング戦略を考える一方で，たまにしか飲まないライトユーザーに対する市場開拓のためのマーケティング戦略も展開する。これら2つの市場セグメントに対する戦略は，新製品開発や広告，チャネルにおいて異質な活動にならざるをえない。

また，購買行動変数として，よく利用される別の変数として，特定のブランドに対するロイヤルティで市場セグメントを考える場合もある。それは，消費者のブランド・ロイヤルティの状態にしたがって，消費者をグループ化するものである。

そのほか，製品の選択についてのこだわりの強さを表す関与の大小で市場セグメントを抽出したり，製品を購入する目的や期待する

効用の違いによってセグメントを考えたりすることもある。後者の例としては、旅行というサービスを購入するときに、家族とともに過ごす時間、休養・リラックスする時間、料理、知識など、消費者によって求めるものが異なるが、その目的の種類によって市場セグメントを行い、パッケージ旅行の製品開発や広告などをそのセグメントにあわせて行うということが考えられる。

3 標的市場の設定

市場セグメントの評価

これまで述べてきたように、市場を細分化する基準というのは多様に考えられる。メーカーが市場細分化を行う場合、これらのうちいくつかの変数を組み合わせて、より明確な標的とする市場セグメントを特定する。例えば、銀行でも、富裕層という大ざっぱな市場セグメントの捉え方では、顧客開拓の競争に勝つことができず、そのなかでも、年齢、性別、リスク選好、所得、社会的階層など、さまざまな基準に基づいて市場セグメントを特定し、新製品開発や広告を考えることが必要となっている。

このように多様な細分化基準があることから、企業では、どの細分化基準に基づいて市場セグメントを抽出するかが問題になる。その背後には、細分化基準を数多く適用すれば、消費者の特徴を明確に特定することができる代わりに、消費者の人数を限定することになるというトレードオフが存在する。

さらに細分化基準の選択というのは、抽出される市場セグメントを想定して行うものであるために、基準の選択問題は、どのような市場セグメントをメーカーとして抽出したいのかという問題と直結

している。つまり，企業は，ある与えられた基準で市場を細分化してみて，それからどの市場セグメントを選ぶかを決めるのではなく，ある標的となる市場セグメントを考えるために細分化基準を同時に考えるのが普通である。

そこで多様なセグメントの可能性から，どのような市場セグメントを標的として選択するかを考えるために，可能な市場セグメントを評価することが重要になる。このとき企業は，それぞれのセグメントの経済的な魅力と企業の経営資源による制約の2つの条件を考慮した評価を行う。

市場セグメントの経済的魅力

市場セグメントの経済的魅力とは，あるセグメントが規模，成長性，収益性，低リスクといった点で，企業にとっての経済的なメリットがどの程度大きいかという問題である。

とりわけ市場セグメントが，細分化されたのちにも，製品を提供するのに十分な市場規模を有しているかどうかは，重要な評価基準である。市場セグメントの規模が大きければ，そこに焦点をあわせた新製品開発や広告，チャネル構築などの個別のマーケティング活動にコストをかけることが可能になる。また生産量が確保できれば，生産における規模の経済性から，市場細分化による生産費用の上昇をある程度抑制することもできる。

さらに，たとえ市場規模が小さくても，将来的に大きくなる可能性，すなわち成長性が高ければ，企業は，そのセグメントに先行的に参入することによる先発者優位を期待して，その市場セグメントを高く評価する場合もある。

ただし，市場規模が大きく，成長性の見込めるセグメントは，競合企業や潜在的な参入業者も経済的な魅力を感じているために，多数の企業が参入して，市場シェアを獲得するために新製品開発や広

告，チャネルに多大の投資をしなければならなかったり，価格競争に巻き込まれたりして，収益性が低下する可能性も高い。

したがって，市場セグメントの経済的な魅力度を検討するときは，規模や成長性だけでなく，収益性も考慮する必要があり，それは，現在および将来における当該市場セグメントの競争の状態を考え，予測することである。とくに現代においては，競合企業が技術やブランドへの投資を通じて，遅かれ早かれ追随してくることを想定して，市場細分化を行う必要がある。

経営資源による制約

市場セグメントの経済的な魅力があるとしても，自社の経営資源の制約から適切なマーケティング活動を実施することができなかったり，競合他社に競争で勝てなかったりする状況が考えられるならば，そのセグメントは選ぶべきではない。そこで標的とする市場セグメントを選ぶ際には，企業の資金，研究開発能力，生産能力，チャネル，企業ブランドなどの観点から，自社の強みや弱みを評価し，そのセグメントにおいて競争優位が確立できるかどうかを検討しなければならない。またこの強みや弱みの評価は，競合企業との相対評価になるために，どのような競合企業や潜在的参入業者がいて，彼らがどのような強みと弱みをもっているかを把握することも大切である。

例えば，若い消費者層が，外出先や職場，学校で頻繁に飲料を消費するために，飲料の市場セグメントとして有望であったとしても，自動販売機の設置台数において上位企業に劣る飲料メーカーは，その市場セグメントを効果的に捉えることはできない。その企業が，スーパーマーケットへのチャネルにおいて強みをもっているならば，スーパーマーケットで購買されやすい家庭用のペットボトル飲料に力を入れて，市場セグメントも家庭をもつ消費者にすることが望ましい選択となる。

また，市場シェアにおいて下位の企業になるほど，広告などに使える予算が限られるため，幅広い市場セグメントをねらって，さまざまな媒体の広告に予算を分散させるよりも，より絞り込んだ市場細分化を行って，そのセグメントに集中的に広告を行う必要性が高くなる。もう1つの選択肢として，他の企業が試みていない新たな基準で市場細分化を行い，上位企業が模倣して参入してくるまでの期間，その市場セグメントを独占したり，その先発性からブランド・イメージの定着を行ったりすることも有効である。いずれにしても，下位の企業は資源の制約から，経済的な魅力の高い市場セグメントをねらわないことが多い。

4 複数市場セグメントの組合せ

分化型マーケティング　これまでは，メーカーが何らかの基準で市場を細分化して，その1つのセグメントを選択する前提で説明してきたが，実際には，いくつかの市場セグメントを選択して組み合わせる場合がある。その組合せのパターンについては，1つの製品事業における組合せと複数の製品事業における組合せとによって，異なる考え方が採用される。

　まず1つの製品事業における組合せについて考えてみよう。ここで複数の市場セグメントを組み合わせる方法を**分化型マーケティング**と呼び，それに対して，1つの製品事業のなかで1つの市場セグメントだけを標的とする方法を**集中型マーケティング**と呼ぶ。

　分化型は，いわゆるフルカバレッジ戦略であり，ある製品市場において，できるだけ市場全体を捉えることに加えて，市場セグメントごとに異なるマーケティング戦略を行うという特徴がある。つま

り，1つの企業内においてセグメントごとにマーケティング戦略が分化し，多様なマーケティング活動をそれぞれのセグメントに向けて並行して展開することになる。

例えば，大手の自動車メーカーでは，あらゆるドライバーの嗜好やニーズに合うように，サイズ，タイプ，価格等の違うさまざまな車種を取り揃えるとともに，車種によって標的となる市場セグメントが異なり，それぞれのセグメントに対応した広告・販促活動やチャネルを展開している。

このように製品市場を複数のセグメントに分けたうえで，個々のセグメントごとに異なるマーケティング活動を展開すれば，そのような市場細分化を行わずに全体の市場を捉えようとする企業よりも，消費者の選好に近い製品を消費者が関心を引くようなメッセージを使って販売することができるため，全体の売上が大きくなると期待される。ちなみに市場細分化を行わず，市場全体を捉えようとする戦略を無分化型と呼ぶ。

ただし，市場セグメントごとに製品を開発し，複数のマーケティング活動の計画を展開するのは，コスト増加という問題を伴う。別々の市場セグメントにあわせて製品を開発したり，改良したりすれば，研究開発や製品開発，生産プロセスの開発などのコストが余計にかかる。また，同じ生産量において，同一の製品よりも違う種類の製品を作るほうが生産コストは高くなる。しかも，市場セグメントごとに別々のマーケティング計画を立てなければならないため，マーケティング・リサーチ，販売分析，広告やチャネル管理の計画立案により多くのコストがかかる。さらに，こうしたマーケティング計画を実行するうえで，別々の市場セグメントへ到達するために，広告のメディア・コストやチャネル管理のコストも増加する。そして，製品の種類が多くなるほど，各製品の販売予測が難しくなり，

全製品の在庫量が多くなるうえに,在庫管理が複雑になるために,在庫や在庫管理のコスト負担も大きくなる。

したがって,分化型では,市場細分化と各セグメントに対応したフルカバレッジ戦略をとることによる売上増加とコスト増加の両方を予測して,利益が最大となるように考えることが必要である。

集中型マーケティング 分化型と対照的に,ある基準で細分化して,そのなかの1つのセグメントを選択し,そこに特化する方法を集中型と呼ぶ。この集中型では,企業は,特定の市場セグメントに経営資源を集中化することによって,その市場セグメントにおける競争で有利なポジションを獲得することをめざす。また特定セグメントの消費者のニーズに関心や分析を集中することによって,ニーズについての豊富な知識を獲得することが期待され,それを新製品開発や広告,チャネル管理に反映させることで,その市場セグメントにおける強力な存在感を確立することもできる。

このようにして当該市場セグメントのリーダーシップをとることができれば,企業の投資収益率も高くなる。したがって,この集中型は,経営資源が限られた中堅・中小企業によって採用されやすい。

ただし,この集中型マーケティングは,多くのセグメントでマーケティング活動を展開している分化型と比べ,競合企業による当該セグメントへの参入やそのセグメントにおける需要の変化などに伴う市場のリスクを分散させることが難しいという問題がある。そこで,このリスクを分散させるために,前述の分化型への移行を考えるか,あるいは,次に述べるような他の製品事業に展開して,同じタイプの市場セグメントを捕捉することが必要になる。

複数製品事業での同じセグメントの追求 企業が多様な製品事業を展開しているとき,それぞれの製品について市場セグメントをどのように選択して組み合わせるかという

問題が発生する。

そして、この組合せは次の2つのパターンに分かれる。

1つは、いずれの製品事業においても、共通した市場セグメントの取り方をするパターンである。これは、各製品について集中型であれば、すべての製品について、年齢や性別などでの特定のセグメントを追求するのが典型的である。分化型であるならば、展開しているすべての製品について、基本的にフルカバレッジ戦略を採用するというアプローチになる。

例えば、チョコレート、スナック菓子、アイスクリームなどのさまざまな製品事業を展開している菓子メーカーが、いずれの製品についても、子供だけでなく、若年層や中高年齢層向けの製品を開発し、広告やチャネル開拓などのマーケティング活動を展開することがこの例である。あるいは、衣服、靴、バッグ、アクセサリーなどの製品事業を展開している企業が、いずれの製品についても高級志向の強い若い女性層を標的とするというケースもある。

このように異なる製品事業において、捉える市場セグメントを共通にする1つの大きな理由は、それらの製品群を購入する消費者が共通であるということである。同じ消費者であるためにチャネルを共通にすることができるうえに、複数の製品についての広告・販促活動をすることによって、効率的な広告・販促活動を展開できる。さらにいずれの製品についても、同じセグメントを想定したブランド・イメージを形成することで、ブランド・イメージ間の一貫性も得られる。

また、住宅と別荘というように製品事業によって購入する消費者が異なる場合でも、市場セグメントを共通にすることによって、市場開拓についての共通のノウハウを蓄積し、共用することが可能となる。つまり、ある製品事業で得られた市場セグメントについての

知識，例えば広告やチャネル開拓のノウハウを他の製品事業にも適用することで，それを習熟する期間を短くすることができる。

> **異なる市場セグメントの組合せ**

もう1つの組合せパターンは，各製品事業において，セグメントの経済的な魅力と経営資源の制約を考えて，それぞれ適切な市場セグメントを選択するというものである。例えば，ある製品事業では，分化型にしてフルカバレッジ戦略をとり，別の製品事業では，集中型で特定のセグメントに絞り込み，また別の製品事業では，それとは別のセグメントに集中するというパターンである。

このように各製品事業で独立して市場セグメントを決定することで，前述のような製品事業間でセグメントを共通にするメリットは得られない。逆に言えば，製品事業間でチャネルを共通にできない場合や市場開拓のノウハウが異質である場合には，市場セグメントの選択を共通にするメリットが小さくなるため，製品事業ごとに最適な市場セグメントの取り方を採用することになりやすい。

また，さまざまな製品事業を徐々に展開する場合，事業の成長過程や資源の蓄積過程を考えると，最初は参入しやすい市場セグメントから開始して，成長と資源の蓄積に伴って，セグメントをフルカバレッジに広げていくことも必要になる。その成長過程においても，このような選択的な組合せが採用されやすい。

演習問題

3-1 分化型マーケティングが展開されている事例を1つ取り上げて，どのような市場セグメントが捉えられ，どのようなマーケティング活動が展開されているかを考えなさい。

3-2 製品差別化と市場細分化の違いについて説明しなさい。

3-3 マーケティング・マネジメント論のSTPアプローチでは，セグメンテーション，ターゲティング，ポジショニングという順番でマーケティングの計画を立てることが提唱されているが，市場細分化（セグメンテーション）を製品差別化（ポジショニング）より先行的に行う理由について考えなさい。

第4章 製品ライフサイクル

> ***Introduction*** 製品ライフサイクルとは，市場変化の予測を容易にするために，製品開発されてから撤退するまでの全過程を導入期，成長期，成熟期，衰退期の4つの段階に分けて考えるモデルである。これら4つの段階間の違いを捉えることで，戦略転換の必要性や各段階に対応したマーケティング活動の特徴が明らかになる。
>
> ***Keywords*** 製品ライフサイクル，導入期，成長期，成熟期，衰退期，革新者，早期採用者，スキミング戦略，浸透戦略，前期多数派，後期多数派，遅滞者

1 製品ライフサイクルとは

製品ライフサイクル概念

マーケティング論においては，市場は変化するものとして捉えられる。すなわち，時間の経過に伴って競争の場としての市場が変化すると考える。このような市場の特徴は，マーケティング活動を計画するうえで重要な意味をもつ。というのは，市場が変化すれば，マーケティング活動の当初の計画が期待どおりの成果をあげられない可能性が高くなるからである。極端に言えば，市場は日々刻々と変化するものとして考えてしまうと，ある時点での市場分析は別の時点では役に立たず，ある時点で有効とされたマーケティング活動は，別の時点では有効かどうかわからないという問題が発生し

図 4-1　製品ライフサイクル

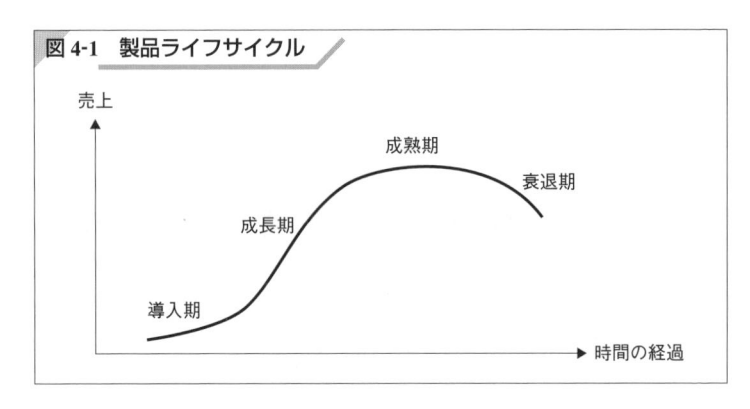

（図：横軸「時間の経過」、縦軸「売上」、S字カーブ上に「導入期」「成長期」「成熟期」「衰退期」が示されている）

てしまうのである。そこで市場の変化についての予測を容易にするために用いられるのが、**製品ライフサイクル**という概念である。

製品ライフサイクルという考え方が、市場変化の予測を容易にするために採用しているアプローチの1つは、製品が開発されてから市場を撤退するまでの全過程を段階に分けて考えることである。すなわち、ある製品カテゴリーの総売上額は、図4-1のようにS字型のカーブを描くが、それを売上成長率に基づいて、**導入期、成長期、成熟期、衰退期**の4つの段階に分けるのである。

導入期とは、製品が市場に導入され、しばらくの間売上は低迷するが、やがてその需要がゆっくりと成長する期間である。この段階では、製品導入に伴う費用が大きいため利益は少ない。次の成長期とは、製品が急速に市場に受け入れられ、売上が大きく成長する時期であり、また収益も向上する期間である。そして成熟期とは、製品がすでに潜在的な買手のほとんどに受け入れられているため、売上の成長率が衰える期間である。この期間には、収益は安定するか、または競争激化により減少する。最後の衰退期は、製品の売上が低下傾向を示し、収益が減少していく期間である。

これらの4段階で捉える製品ライフサイクルのモデルには2つの

想定が置かれている。1つは、これら4つの段階の順番が共通していて、製品によって順番が変わるということは考えない。それゆえに各段階において、次にやってくる段階が何であるかを予測することができる。2つ目に、売上成長率は連続的に変化しているが、それぞれの段階のなかでは市場の状態が安定していると考えるのである。つまり各段階における共通した市場の特徴を捉えることで、その段階に何をすべきかを考えることができる。

したがって製品ライフサイクルでは、4つの段階間での違いに注目し、段階間で戦略を転換する必要性を強調するとともに、各段階に対応したマーケティング活動の特徴の記述をするというモデルになっている。

売手側の変化

なぜ競争の場としての市場の状態が時間の経過とともに変わるのであろうか。その1つの局面は売手側にあり、売手間の競争や技術、費用の条件が変化するためである。

まず、業界内の企業の数や規模分布、参入障壁といった産業構造が変化する。基本的なパターンとしては、導入期において、最初に製品開発をした企業の独占状態があり、成長期になり、さまざまな企業の参入が相次ぎ、成熟期にはそれらが競争によって淘汰され、寡占に向かう一方で、参入障壁が形成されるという産業構造の変化をたどることになる。そして、この独占、多数の企業による競争、寡占といった産業構造の変化が、そこで繰り広げられる競争に対応したマーケティング活動を要請することになるのである。

さらに、売手の技術や費用の条件が変わる。これは時間の経過とともに、製品開発や生産についてのノウハウが蓄積されるとともに、業界における支配的な技術という意味でのドミナント・デザインが確立されることに基づいている。

これらの変化は，第2章の製品差別化のところで説明した売手の等費用曲線の移動として次のように考えることができる。まず，導入期や成長期の間では，新製品における技術革新や生産プロセスの革新がさまざまなメーカーで発生するため，垂直的属性についての費用が引き下げられ，等費用曲線が時間の経過とともに移動して，垂直的差別化が次々に発生する。それに伴って，その製品を購買する消費者が増えることになる。ただし，複数の垂直的属性の間で技術革新が発生する程度が異なるために，初期の段階では，複数の垂直的属性の間の比重は，この技術革新によって目まぐるしく変化する可能性がある。つまり，初期の段階ではドミナント・デザインが確立されないために，さまざまなタイプの製品が開発され，企業間ではこうした技術革新の競争が活発になりやすい。

　それに対して，製品ライフサイクルの後半では，こうした垂直的差別化をもたらす技術革新の頻度が落ち着き，ドミナント・デザインが確立されると，生産における規模の経済性や生産プロセスの革新において優位性を確保する企業が，等費用曲線を移動させることで，消費者のより高い満足をもたらし，高いシェアを獲得するようになる。他方で，製品開発による垂直的差別化の限界とともにメーカーにとっての競争の焦点は，複数の属性の間で消費者がどれを重視するかという問題に関わる水平的差別化や市場細分化に移っていくと考えられる。

消費者側の変化

　製品ライフサイクルの各段階における市場状態の違いをもたらすもう1つの局面は，消費者側の変化にある。それは，さらにいくつかの要因に分けることができる。

　まず1つは，消費者個人における変化であり，時間の経過とともに，製品についての新鮮さがなくなったり，製品知識が蓄積されて

製品の理解度が変化したりすることである。例えば，反復的に購入される食品などの場合には，新製品や話題の製品ということで購買されていた製品が，時間が経つにつれて，新製品としての興味を失うというのはよく経験する現象である。また，耐久消費財では，製品ライフサイクルの後半になるほど，製品の属性のうちで何が重要かという意見が収斂し，その意見が広く流布されるようになるために，消費者は社会的に蓄積された知識を使うことができるようになる。

2つ目には，購買する消費者層そのものが変化することが考えられる。革新的な製品が誕生して，真っ先に購入する消費者は，そのような革新性を好む消費者で，しかも製品知識が普及する前の段階で購入するので，情報処理能力の高い人のグループということになる。それに対して，製品ライフサイクルで後半になるほど，保守的で情報処理能力の劣る消費者が製品を購入するようになる。

そして3つ目は，製品ライフサイクルの後半になるほど，需要の多様化が発生することである。この需要の多様化は，おもに多様な選好をもつ消費者層に分化することとして捉えられるが，それは第3章で説明したように，消費者の属性間の無差別曲線が多様に分化することで，市場細分化をもたらすことになる。

このような需要の多様化が製品ライフサイクルの後半で現れるのは，製品を購買する消費者の数が増えることに伴って，選好の平均から外れた消費者の人数も増えるために，それにメーカーが対応しても採算がとれるということが考えられる。また，製品ライフサイクルの後半になるほど，上述のように保守的で情報処理能力の劣る消費者層が多くを占めるようになるため，情報処理能力を必要とする垂直的属性よりも直感的に反応できる水平的属性の評価に比重が移るようになり，しかも水平的属性のほうが，選好のばらつきが大

きくなりやすいことも影響する。

2 導入期のマーケティング

> 導入期の特徴

製品ライフサイクルの4つの段階では、それぞれにおいて異なる戦略課題が発生するために、それぞれに適したマーケティング活動を考えなければ、企業はその製品の売上や利益のポテンシャルを十分に実現することはできない。そして、その最初の段階である導入期は、次のような特徴をもった段階となる。

まず、導入期では、製品の市場規模が小さいうえに、製品があまり知られておらず、消費者も今までの生活や購買の習慣を変えることに消極的であるために、売上の成長が遅いという特徴を示す。

ただし、消費者が新製品を目にしてから試用するまでの時間には個人差があり、多くの消費者がなかなか新製品を受け入れないなかで、革新的な消費者のグループは、新製品に対する抵抗感を抱くどころか、新製品ということでの付加価値を認める傾向がある。そこで企業とすれば、まずこの消費者層に対して働きかけることが重要となる。

そのような消費者は「**革新者**」と呼ばれ、新製品の試用時期が最も早い消費者であり、冒険心にあふれ、新しいアイデアを進んで試みる。その試みが失敗する危険性も高いが、革新者には、それに伴う損失に耐えうる十分な資金があることと、それにも増して、複雑な技術上の知識を理解する高い情報処理能力があることが推測される。彼らは、技術革新を社会に取り込む役割を果たしている。

ごく少数の革新者に続いて、新製品や新技術を採用するグループ

は「**早期採用者**」と呼ばれる。革新者は，地域や学校，職場におけるコミュニティから独立した存在であるのに対し，この早期採用者は，これらのコミュニティにおけるオピニオン・リーダー的存在であり，新しいアイデアを比較的早期に採用し，周囲の潜在的な追随者に情報やアドバイスを提供する。このグループは，周囲の人たちへの情報発信に価値を置くことが，革新者とは異なる。

このように導入期段階では，製品の購買者が革新者と早期採用者に限られることから，市場規模が小さく，市場の拡張スピードも遅いという特徴が見られる。その小規模な市場を先行的に技術革新や製品開発を行った企業がしばらく独占し，やがて他の企業が追随するのが一般的であるが，市場規模が小さく，成長の見込みも不確実であるために，その追随企業の数もまだ少ない。さらに多くの企業が参入するのは，市場の拡張がはっきりする成長期になってからである。

技術革新と市場開拓

導入期は，新技術や新製品の開発に成功した企業が新製品を市場に出すことから始まるが，この技術革新の競争において先んじることが重要となる。新製品の開発に成功し，最初に市場参入をすれば，生産プロセスにおけるノウハウを他社よりも蓄積するという経験効果に基づく有利なコスト競争を展開できる。さらに，カップ麺なら「カップヌードル」というように最も早く製品化した先発ブランドとして，消費者から当該製品カテゴリーの代名詞として認識されやすい。このことは後の成長期や成熟期において，長期的に高いブランドのポジションをもたらすことになる。

現代の企業では，新製品の開発が企業の創業と重なるケースは少なく，すでに大規模化した企業が，新技術や新製品の市場導入を行うことが多い。すると，複数の大企業が，ほぼ同時に新しい技術を

めぐって激しく先陣争いをしているのが普通であり，技術革新のスピードアップが不可欠となっている。

さらに導入期のマーケティング戦略としては，技術革新に加えて，市場開拓の課題も重要である。とくに新技術や新製品については，消費者の知識も少なく，購買するときにリスクを知覚しやすいため，知識とリスクの問題を解決する必要がある。

ただし導入期の段階では，革新者と早期採用者という2つの消費者グループが標的となるために，彼らの情報処理能力の高さを利用することができる。すなわち，革新者や早期採用者は，新しい技術や製品についての情報収集を積極的に行い，もたらされる情報を処理する能力もあるため，企業は，技術や製品についての情報を広告や販促活動を通じて提供することが有効となる。

とくに広告では，製品の技術や機能，成分などの情報を伝えるような内容の広告を専門雑誌のような革新者や早期採用者が利用する媒体において展開することになる。また，この段階における広告や販促活動の特徴として，競合企業に対する製品差別化をあまり強調せず，むしろ新たな製品カテゴリーの普及を優先させることが多い。

これらの情報提供や製品カテゴリーの普及をめざす広告や販促活動は，自社の製品の需要増加だけでなく，競合企業の製品需要も増加させる危険性があるが，ここで市場シェアをめぐって競争するよりも，製品市場が拡大し，成長期に移行することで得られる経済的なメリットのほうがはるかに大きいため，まず市場全体のパイを大きくすることを優先する。さらに言えば，先行的に参入した企業ほど，その市場シェアの高さから，製品クラス全体の需要増加が自社製品の売上増加に結びつく可能性も高い。また，広告で製品差別化のために製品の違いを強調すれば，製品知識がスムーズに普及しないという問題もある。

ただし，消費者における製品知識やリスクの問題がそれほど大きくなく，市場の拡張が明確に予測できる場合には，成長期や成熟期における競争優位を導入期の段階から確立するために，広告において競合製品に対する差別化を強調する場合もある。

成長期への迅速な移行

導入期のマーケティング戦略としてのもう1つの課題は，成長期への移行を迅速に達成することである。ここでは革新者や早期採用者という限られた消費者だけでなく，より幅広い消費者からの製品需要を高めることが重要になる。例えば，飲料や化粧品などでは，販促活動として試用のためのサンプル（見本品）を広範囲の消費者に無料で配布することで，より保守的で情報処理能力の低い消費者でも，まず経験をしてもらうことによって製品を理解してもらい，新製品の知識やリスクの問題を克服することが行われる。

また，導入期では当該製品のチャネルを新規に構築する必要があるが，需要量が革新者と早期採用者に限られ，そのために供給量も限られている状況では，大規模小売業者の店頭に製品を置くことが容易ではない。しかし成長期への移行を早めるためには，大規模小売業者に製品を取り扱ってもらい，多くの消費者の目に触れ，入手可能な状況を作り出す必要がある。そこで，チャネル開拓に向けた努力が必要になる。

そして，この成長期への迅速な移行について，とくに重要な意思決定となるのが製品価格である。まず導入期の段階では，生産量も少ないために生産コスト・部品コストが高く，そのコストを価格に反映させると市場が広がらないという問題が発生しやすい。

革新者や早期採用者は，新製品に対する需要の価格弾力性が小さく，少々高い価格の製品でも購買するという特徴をもつため，この導入期の段階だけを考えれば，企業は，高いコストを反映した高価

格の設定を行うことができる。例えば記録方法の革新を伴ったPC周辺機器では,販売の開始直後は高価格が設定され,時間が経過するとともに,部品コストの低下や競争によって価格が引き下げられる。

このような価格設定を**スキミング戦略**（上澄み吸収戦略）というが,導入期の購買者である革新者や早期採用者の価格弾力性がとくに小さい場合に,導入期の購買者層を競合他社よりも早く捉えることで利益を確保しようとする戦略である。製品価格が外部調達する部品のコストによって左右される状況で,自社の生産量を増やすことによる部品コストの低下の恩恵を他社も得られるときに,この戦略が採用されやすい。そのような状況で,低価格で市場を拡張しようとすれば,部品コストの低下のメリットを競合他社も得られるので,市場への参入を招き,市場シェアも下がってしまうからである。

それに対して,成長期を早めに迎えるためには,企業は,革新者や早期採用者を越えて,価格弾力性の高い消費者グループに市場を広げる必要がある。そこで短期的な生産コストを下回る低価格にして,市場を急速に成長させて,規模の経済性が達成される段階において利益が出るように価格設定を行う場合がある。この価格設定は**浸透戦略**と呼ばれ,革新者などを除けば消費者の多くが価格に敏感であり,高価格が普及のボトルネックとなる状況で選択される。さらに,開発や生産拠点への投資が巨額になる場合にも浸透戦略が採用されやすい。というのは,生産における規模の経済性が強く現れるため,生産数量を早期に増加させることが重要であり,しかも潜在的な競合企業に対する参入障壁を形成するためにも,販売数量の増加を先取りした価格設定が行われるからである。

3 成長期のマーケティング

市場の拡張

成長期は売上が急速に上昇するのが特徴である。早期採用者はその製品を気に入り、さらに多くの新しい消費者が製品を買い始める。この市場成長と利益機会に引かれて、新しい競合他社が市場に参入する。そうした企業は製品差別化を追求するなかで、新しい製品特徴を訴求し、広範囲の消費者に向けた広告を行い、チャネルを拡充する。

この段階で企業が重視するのは、市場におけるブランドの地位を強化し、平均以上の売上成長を達成することで、市場シェアを高く引き上げることである。また、この成長期に獲得した市場シェアが、次の成熟期においても維持されると期待される。そこで、企業は市場への啓蒙を続けながら競争に勝ち抜くために、広告や販促活動にかける費用を導入期と同じか、あるいは市場の広がりとともに高いレベルで増加させる。ただし、他方で売上が大きく伸張するために、広告・販促費用の対売上比率は低下する。

この成長期における市場の拡大を支えるのは、購買者が少数の革新者・早期採用者から、前期多数派へと、いよいよ市場の多数派へと広がるためである。

新技術や新製品を採用する消費者は、早期に採用する順番に、革新者、早期採用者、**前期多数派**、**後期多数派**、**遅滞者**というグループに分類することができる。そして採用者数を経時的にプロットしていくと、図4-2のように釣鐘型の曲線になり、革新者、早期採用者、前期多数派で約50％の累積分布シェアを占めている。また、前期多数派へと移行すると、購買者の数が時間を追うごとに急速に

図 4-2　新製品採用の時間分布

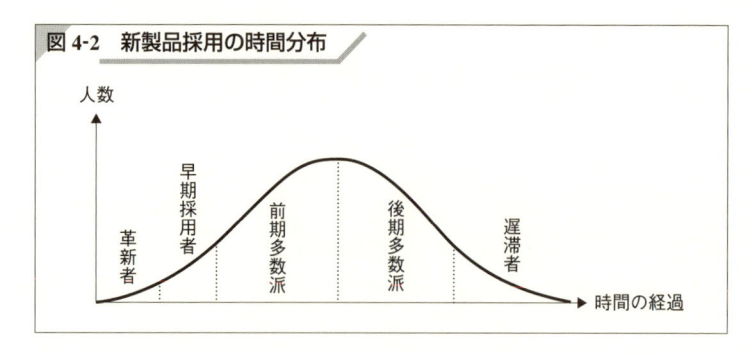

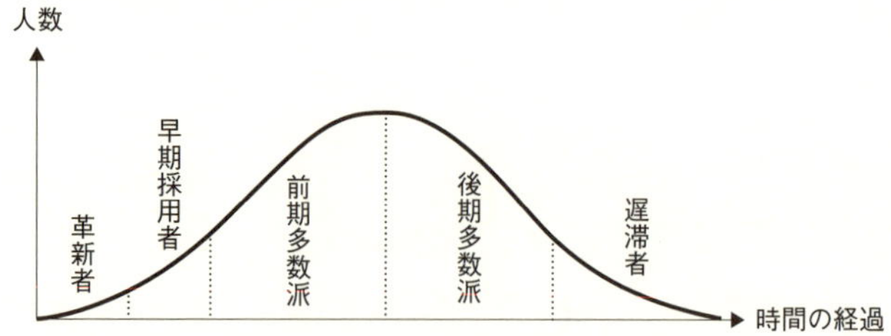
人数
革新者
早期採用者
前期多数派
後期多数派
遅滞者
時間の経過

伸び，それは製品の売上高の成長として現れる。しかも，これは社会における新製品採用者の百分比であり，製品の反復購買を含んでいないが，反復購買が頻繁に発生する製品の場合，それまでに採用した消費者が反復購買をする分も加算されるため，市場での売上額の伸びはより大きくなる。

参入の発生　市場拡大は，外部の企業にとっては成長機会や利益機会と映るため，その市場への参入動機が高まることになる。導入期の間は，市場の成長可能性が明確ではなく，しかも業界標準となるドミナント・デザインも定まらないため，市場への参入に慎重な企業が多かったが，成長期になれば，こうした市場や技術の不確実性が減少するということも影響する。具体的には，後発的に参入する企業は，先行する企業の技術を模倣したり，その改良を加えたりすることができるため，研究開発コストを低く抑えることができる。

また，市場成長の目処をつけたのちに生産規模を決定し，生産設備への無駄の少ない投資を行うことができる。さらに，消費者に新技術や新製品を理解させたり，採用するリスクを緩和したりすることは，導入期において先発企業が行っているため，後発的に参入する企業は，それらの高コストの広告・販促活動を省略して，自社の

ブランド名だけを消費者に浸透させたり、製品差別化のための訴求に専念したりすればよく、効率的な広告・販促活動を展開することができる。しかも、後発企業は、導入期の注意深い観察から、どのような消費者がどのような製品属性を評価しているかという知識を利用することができるため、自らそれを試行錯誤的に学習しなければならなかった先発企業よりも、効率的にマーケティング計画を立てることができる。

他方で、先発企業には、前に述べたような先発ブランドとしてのイメージや経験効果があるために、後発企業は、それを凌駕するだけの大規模な広告投資や早い段階でのシェア獲得による生産性向上が必要になる。

市場シェアの変動

このように競合他社が参入すれば、市場シェアの低下は不可避である。それはたとえ、ブランド・イメージにおいて劣る企業が参入したとしても、その影響は少なくない。このことを数値例で説明してみよう。

反復購買がなされる製品カテゴリーにおいて、あるメーカーAが導入期に1社で市場を独占していたが、成長期に入り、メーカーBが参入してきたとする。Aの製品はブランド・イメージが高く、前回購買した消費者の80％は、次回もAの製品を購買するとしよう。残りの20％は、多様性や変化を求める消費者で、次回はBの製品を購買する。それに対して、後発企業のBのブランドはAほど強固でなく、前回Bを購買した消費者の70％しか、次回にBを購買せず、残りの30％は次回にAに切り替えるとする。

この状況で、Bの製品が登場した第1期のシェアは、Aが100％、Bが0％であるが、次の購買がおきる第2期のシェアは、第1期のAのシェアのうち20％がBに流れるためにAが80％、Bが20％と変化する。さらに第3期のAのシェアは、第2期のAの80％

第4章 製品ライフサイクル

図4-3 市場シェアの推移

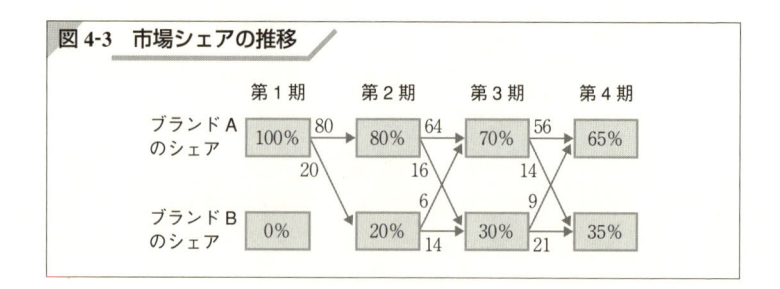

	第1期	第2期	第3期	第4期
ブランドAのシェア	100%	80%	70%	65%
ブランドBのシェア	0%	20%	30%	35%

（第1期→第2期：A→A 80、A→B 20／第2期→第3期：A→A 64、A→B 16、B→A 6、B→B 14／第3期→第4期：A→A 56、A→B 14、B→A 9、B→B 21）

のうち，その80％が維持され，他方でBの20％から，その30％が流れ込むために，$0.8 \times 0.8 + 0.2 \times 0.3 = 0.7$ で70％となる。ちなみに第3期のBのシェアは30％である。そして，第4期も同様に計算すれば，Aのシェアは65％，Bのシェアは35％となる。

実際には，成長期では新規に購買を始める消費者が次々に現れるが，彼らが店頭の陳列比率に影響されるとして，その時点でのシェアと同じ比率でAかBの製品を購買すると考えると，このAとBの市場シェアは上記の推移と変わらないものの，その成長率によっては，Aの売上も成長することが考えられる。すなわち，Aは，たとえブランド・イメージにおいて優位であっても，また売上を伸ばしていたとしても，Bの参入によって市場シェアを大きく落とすことになるのである。

そこで，このシェア低下を少しでも抑えるためには，ブランド・ロイヤルティを高めることで自社のブランドから離れていく消費者の比率をより小さくするとともに，他社が開拓した市場において，自社のブランドへの転換が発生するようにマーケティング活動を行うことが重要となる。

製品差別化の重視

成長期において後発的に市場に参入する企業は，単なる模倣者とは限らない。とくに，既存製品事業において技術開発や生産の能力が高く，マーケティン

グ活動のノウハウを蓄積した大企業は、何らかの技術革新を付加して市場に参入することも多い。すると、先発企業であっても、導入期における高いシェアと先発ブランドのイメージだけで、このような大企業に対抗するのは難しく、技術革新をさらに追求していく必要がある。また製品ライフサイクルの前半では、まだ技術の改善余地も大きいと考えられる。

したがって成長期に入っても、技術革新が活発に行われ、製品技術の優位性に基づく垂直的差別化が重要な目標となる。そして、製品技術についての垂直的差別化が行われると、競合他社によって追随され、さらに製品差別化が行われるということが繰り返され、この成長期の過程で、技術的な参入障壁が形成され、後半になるほど参入する企業が少なくなっていくのである。

また、製品には複数の垂直的属性が含まれていることが一般的であるが、企業のなかには特定の垂直的属性についての技術革新に経営資源を集中させる場合がある。それは中小企業が限られた経営資源を有効に利用するために焦点を絞った技術開発を行う場合もあれば、大企業でも既存の製品事業で培われた技術を活用するために、特定領域の技術革新を進める場合もある。

このような特定の属性についての技術革新が消費者に受容されるならば、それは垂直的属性に基づく水平的差別化になる。市場が拡張する過程で、需要が多様化したり、製品の評価基準が変化したりすることで、このような水平的差別化が可能になるのである。

また、成長期において市場の多くを占める前期多数派は、革新者や早期採用者のグループと比較すれば、製品についての知識が少なく、情報処理能力も高くない。そこで、導入期に見られるような情報提供型の広告を行っても効果的とはいえず、むしろ情緒的にブランド・イメージを伝えるような広告に切り替える必要がある。この

ような広告は，製品全体の需要を高めることなく，競合他社に対して広告で製品差別化を行ううえでも有効である。なお，この後の成熟期においても同様に情緒的な広告が有効であることから，情報提供型の広告は導入期の限られた段階でしか見られず，一般的に音楽やタレントを使ったイメージ広告がよく用いられるのは，こうした理由による。

さらに，前期多数派の消費者に製品を販売するためには，非常に幅広いチャネルを展開する必要がある。他方で，上記のようにこの前期多数派の消費者は製品知識が多くないために，小売店を通じた販促活動が効果的になる。すなわち，チャネルによる製品差別化もこの成長期になって重要性を増すのである。

4 成熟期のマーケティング

成熟期の特徴

市場で販売されているほとんどの製品が成熟期にあるため，大多数のマーケティング担当者が対処するのは，成熟期のマーケティングで生じる問題である。

成熟期は，売上の成長率が低いレベルに下がり，やがて売上がわずかな増減を伴いながら横ばいになる段階である。成熟期になって新規に購買者となるのは，後期多数派と遅滞者という消費者のグループであり，時間の経過とともに新規購買者が減少するため，売上成長率が低下するのである。売上がまだ低下に向かわないのは，反復購買や買い替え需要，多様な品種の追加購買が発生しているからである。

成長期から成熟期への移行は，売上成長率が低下したことで気が

つくが，企業がそれに気づいた時点では，すでに成長予測に基づいて生産能力を増強させるための投資が行われていることが多い。この成長率の予測を読み誤ることが，過剰な生産能力を発生させ，企業間の競争の激化を招くことになる。すなわち，広告・販促費が増やされ，製品改良や製品多様化のために製品開発予算が増額される。また，過剰生産能力から価格競争も発生しやすく，小売業者へのプライベート・ブランド供給も始まる。

こうした競争の激化から，競争力の弱い企業はその製品事業から撤退する一方で，市場シェアの獲得・維持を重視する基盤のしっかりした企業がその市場を奪っていく。最終的にその産業を支配するのは，技術，品質，コスト，ブランドによって競争優位を形成する少数の大企業であり，そうした企業が高い市場シェアを確保し，利益を得て，これらの支配的な大企業の周囲を特殊な市場に特化したニッチ企業が取り巻くという状況が作られる。

需要の多様化

成熟期になると需要の多様化は一層進むようになる。それは後期多数派を加えて，当該製品を購買する消費者がますます増えたことで，選好の平均から外れた消費者数もある程度のまとまりをもつようになり，それをメーカーが需要の多様化として捉えやすくなるからである。

しかも，後期多数派は，前期多数派よりも情報処理能力が劣る消費者であるために，垂直的属性に関わる優劣について情報を集めて，優れているかどうかを判断することが，どちらかと言えば苦手である。そのため水平的属性の「好み」に基づく全体的な印象やイメージから判断する傾向が強くなる。この水平的属性は，消費者間での評価が一致しない属性であるために，好みの違いに基づく需要の多様化が発生しやすい。

さらに，導入期・成長期を通じて繰り広げられてきた垂直的属性

をめぐる技術開発の競争から、成熟期には、新技術や改善の余地が以前よりも少なくなっており、垂直的差別化を打ち出せる技術革新を出しにくいと考えられる。

また、成熟期の競争的な淘汰によって、大企業間の競争という状態に変化しているため、あるメーカーが一時的に垂直的差別化に成功しても、別のメーカーが高い研究開発能力から速やかに追随して、垂直的差別化の効果が持続的ではなくなっている。他方で、大企業であれば、製品デザインの設計能力や広告での訴求能力、マーケティング・リサーチ能力を企業として蓄積しているために、それらの能力を活かした水平的属性についての水平的差別化に向かう傾向が強まる。こうした水平的差別化の強化は、垂直的差別化の有効性が他社の追随によって小さくなり、製品の同質化に伴う価格競争が発生する脅威から企業を守る効果がある。そして、これらの売手側の条件は、水平的属性を強調したマーケティング活動を通じて、消費者側における需要の多様化を刺激することになる。

市場細分化の強化

需要の多様化が顕著になれば、特定の選好を示す市場セグメントを捉える市場細分化戦略が有効になる。需要の多様化は成長期においてすでに現れているため、市場細分化が成熟期になって初めて利用されるというわけではないが、成熟期においては、市場細分化戦略がより強化されやすくなり、それは新たな市場セグメントの開拓へと企業を駆り立てるのである。

また、効果的な市場細分化戦略を用いることで、成熟期を長く維持し、利益が得られる期間を長引かせることができる。とくに市場シェアにおいて上位を占める大企業の場合では、他の製品事業と共通に利用できる製品デザイン、広告、チャネル、マーケティング・リサーチに関わる企業の能力をフルに活用して、さまざまな製品事

業で次々に新たな市場セグメントを抽出し，それに対応した新製品開発や広告・販促活動を展開することで，競争優位を持続的なものにすることができる。

他方で，大企業間の激しい競争のなかで市場シェアをほとんどとれない中堅・中小企業は，需要の多様化によって発生する，大企業が捉えきれない小規模な市場セグメントを捉える戦略で存続をはかることになる。ただし，このようなニッチ市場では需要者が少ないために，製品が需要者に行き渡るまでの期間も短く，また大企業が市場機会を求めて参入する脅威もある。そのため，このニッチ市場をねらう戦略のみで成熟期を長く生き残るのは困難となる。

Column ③　寡占モデルと製品ライフサイクル ● ● ● ━━━

寡占とは少数で市場を占めるということであるが，その寡占市場の特徴は，個々の企業の市場シェアがかなり大きいため，それぞれの企業の供給量の調整や価格の設定，あるいは製品差別化の行動が市場全体に無視できない影響を与え，したがって各企業はそれを意識して行動せざるをえないことにある。

寡占市場の最も単純なケースは売手企業が 2 社のみから成り立つ複占市場である。クールノー・モデル（Cournot's model）は，複占者の双方が相手の生産量を与えられたものとして，相手と自分の生産量の和が市場価格を決めるという需要曲線に直面しながら，自己の利潤最大化をもたらすように生産量を決めるという前提である。すなわちクールノー・モデルでは，各企業の戦略変数はその企業の生産量である。

一方，価格が企業の戦略変数である場合が，ベルトラン・モデル（Bertrand's model）である。供給者が価格を戦略変数にすると，製品差別化の有無によって均衡は大きく異なる。製品差別化がなく，同質的な製品を供給しているときに，費用条件が同一であれば，他者よりも低い価格をつけると需要を奪うことができるから，わずかの価格引下げによって利潤を増やすことができる。したがって，すべての供給者がこれと同様の行

動をとると，結果として価格は限界費用に一致する。完全競争と同じ状況が複占でも生じる。他方，製品差別化があるときのベルトラン均衡は，相手が価格を上げるとき，価格競争を意識して，多少低めに値上げし，需要増加による利潤の拡大を求めることになる。

そして，製品ライフサイクルの成長期には，ライバル企業の生産能力を予測しながら自社の生産能力を決めていくので，クールノー的生産能力競争が起りやすい。それに対して，成熟期には，ベルトラン的な価格競争が生じやすいと考えられる。

5 衰退期のマーケティング

衰退期の特徴　衰退期になると当該製品クラスの売上が急激に下がり，数多くのブランドが市場を去るか，あるいはそれを検討する状態に陥る。

売上が低下するもっとも大きな理由は，製品の代替を発生させる技術革新である。例えば，液晶テレビやプラズマテレビの登場は，ブラウン管テレビの衰退期を発生させた。また，消費者の嗜好の変化による製品市場の衰退もある。それは，狭い製品カテゴリーでは，ブームの終焉という形で消費者が見向きもしなくなるものもあれば，消費者のライフスタイルの変化とともに，消費者が購買しなくなった製品もある。とくに後者では，かつては世代に関係なく購買されてきた製品が，若年層に選好されなくなり，高年齢層だけが購買するような製品がその典型である。

製品ライフサイクルにおいて衰退期を迎えると，製品事業を維持する強い理由がないかぎり，その事業を継続することは，企業にとって大きな負担となる。というのは，市場が縮小して工場の生産稼

働率が低下することによって製品当たりの生産費用が上昇する一方で，需要が減少して在庫が過多となることで，販売価格の引下げを余儀なくされ，損失が発生するためである。

しかも，衰退期には，こうした目に見える損失だけでなく，隠れた損失も発生することが多い。すなわち，衰退期の製品は頻繁な価格調整と在庫調整を要するために，経営者層や営業担当者の時間を消耗し，本来は，他の製品に関するマーケティング活動の意思決定に有効に使うべき時間を少なくしてしまうのである。また衰退期には，積極的に代替の製品事業を探して，その製品の開発や販売に注力すべきであるのに，既存事業と新規事業とが競合することをおそれて，その切替えの意思決定が遅くなる危険性がある。

衰退期の戦略

衰退期において取りうる戦略には3つある。まず1つ目の戦略は，当該製品に対するマーケティング活動の水準を落として，市場から撤退することである。衰退期に入ったとき，最も選択されやすい戦略であるが，この場合に留意すべきことは撤退障壁である。

とくに日本の場合，流通業者との安定的な関係を構築することが多く，このチャネルが撤退障壁になることがある。例えば，メーカーとしては非効率な製品事業として撤退したくても，流通業者にとっては，顧客がついているために売上に貢献する製品であるとして，その製品事業からの撤退に反対するのである。しかも，その流通業者とは，他の製品取引が存続するために，チャネルを切り替えることもできない場合，それが撤退障壁となる。

2つ目の戦略は，コアになっているブランド・ロイヤルティの高いユーザーに焦点を絞って，彼らに製品やアフターサービスを提供し続けることである。これは，衰退期において，最も有利な市場セグメントが存続するとき，そこに経営資源を集中することである。

ただし，この戦略が可能な条件として，成長期・成熟期の間にトップシェアを維持しており，そのようなコア・ユーザーからブランド・ロイヤルティを獲得していること，下位の企業は撤退して，競合企業はいないこと，そして，その市場セグメントが縮小しないことという条件が必要になる。

　そして，3つ目の戦略は製品の再ポジショニングを行うことである。これは，製品市場の縮小が，技術革新や消費者のライフスタイルの変化によって発生し，その製品本来の使用目的では市場の再拡大が望めない場合に，その製品の別の使用目的を付与し，まったく別の市場に販売するものである。売上が落ちた菓子を子供の嗜好品ではなく，大人が郷愁を感じるものや地域の土産物として販売するのは，再ポジショニングの例である。

　しかし，この再ポジショニングで捉えられる市場は，ニッチ市場になりやすいことに注意すべきである。既存製品を再利用するという制約から自由度の限られた戦略となるため，市場分析や技術革新に基づく新製品戦略よりも，小さなニッチ市場をねらうことになりやすいのである。

6 製品ライフサイクル概念の問題点

製品ライフサイクルの形状と段階の問題

　製品ライフサイクル概念については，製品売上の推移が，必ずしも製品ライフサイクルで想定されるようなＳ字カーブを描くわけではないという批判がある。第1に，ある製品の周期が1つのサイクルを描くとしても，Ｓ字形にならない場合がある。例えば，前評判が高く，事前に製品在庫を準備していたゲーム機やゲームソ

フトでは，導入期をスキップして，いきなり高い成長率を示すことがある。また，成長期の間に「成長の踊り場」，すなわち成長の停滞期を挟んだり，衰退期に積極的な販促活動が展開され，それが功を奏して，再び成長期に転じたりする場合もある。

しかも，時間的経過に伴う製品売上高の変動は，多くの要因によって規定される。これらの要因のうちで季節変動，人口増加，マクロ的な個人消費水準の変化，価格変化などによる売上高の変動部分は，製品のライフサイクル概念とは直接関連のないものである。したがって，製品ライフサイクルを予測に使う場合には，これらの影響要因を取り除いて考える必要がある。しかし，これは容易なことではなく，例えば，売上の減少が，景気後退によるものか，あるいは衰退期によるものかは，判断しづらいことが多く，衰退期に入っても，しばらくは景気回復に望みをつなぎ，撤退が遅れることも起こりうる。

また，製品ライフサイクルでは，段階間での状況の違いを捉えるものの，その段階がいつ移行するのかを決める基準があるわけではない。例えば導入期と成長期とを分ける売上成長率を定義すれば，それに基づいて成長期への移行時期を決めることができるが，その定義が変われば，成長期への移行時期も変わることになるため，定義ひとつで戦略が変わるというのは，合理的な戦略決定とはいえない。

以上のような限界があるとしても，製品ライフサイクル概念は，製品ライフサイクルの全過程を計画化することの重要性を示すという意味があり，さらに厳密なタイミングまでは示せないとしても，段階間でのマーケティング活動の切替えについての指針を導き出すうえで，有用な概念であると考えることができる。

製品ライフサイクルの集計水準

製品ライフサイクル概念には，産業のライフサイクル，製品カテゴリーのライフサイクル，ブランドのライフサイクルというように，製品の集計水準ごとにライフサイクルを考えることができるという特徴がある。例えば，自動車の製品ライフサイクルは，自動車産業，高級車（製品カテゴリー），レクサス（ブランド）の各集計水準で考えることができる。

ただし，本章で検討したように各段階が異なる競争環境を表していることを重視する場合には，個々のブランドの製品ライフサイクルよりも，個々のブランドの競争態様をより鮮明に表す製品カテゴリーの集計水準での考え方が基準となる。つまり，通常，製品ライフサイクルを予測に使う場合には，製品カテゴリーのライフサイクルで考えている。

とはいえ，製品ライフサイクル概念をブランドに用いるのは，間違いというわけではない。ブランドのライフサイクルも，製品クラスと同様に，S字カーブという形状は同じで，導入期，成長期，成熟期，衰退期という段階区分も同じであることから，段階間での異なるマーケティング計画を考える枠組みとして有用だからである。その際には，製品カテゴリーの段階とブランドの段階の2つが，マーケティング計画の策定に影響すると考えることになる。例えば，缶コーヒーの製品ライフサイクルにおいては成熟期であっても，メーカーが新たなブランドを開発すれば，競争環境や消費者需要の基本的な特徴は成熟期のものである一方で，新ブランドの製法についての知識を普及させること，最初に試飲する購買層を特定すること，経験させるためのサンプルを配布することといった導入期の戦略もあわせて考えることができる。

ただし，ブランドのライフサイクルを考える場合，全過程のタイ

ムスパンは短くなり，その形態も個々のマーケティング活動や競合状況の影響を受けて，不規則になりやすいことに留意すべきである。

演習問題

4-1 製品を1つ取り上げて，製品ライフサイクルの各段階においてマーケティング活動がどのように変化したのかを考えなさい。

4-2 製品ライフサイクルの段階によって広告戦略がどのように変化するかを説明しなさい。

4-3 製品の集計水準の違いによって，製品ライフサイクルの各段階の特徴がどのように異なるかを説明しなさい。

第II部

行動からみるマーケティング

Contents
- 第5章　消費者行動
- 第6章　新製品開発
- 第7章　マーケティング・ミックス
- 第8章　戦略的マーケティング論
- 第9章　マーケティングの組織と資源

　第II部では，第I部で述べた製品差別化，市場細分化，製品ライフサイクルというマーケティングの基本概念に基づいて，不特定多数の消費者の行動を分析し，新製品開発，広告，チャネルなどに関わるマーケティング活動の計画を立てたり，企業の資源配分に関わる意思決定を行ったりするための行動の局面を考える。

　このような行動局面の理論に対応するのが，マーケティング・マネジメント論と戦略的マーケティング論である。これらの理論では，マーケティング戦略が分析と計画の逐次的段階を経て行われると想定することに特徴がある。すなわち，マーケティングの計画や戦略を立てるときに，企業は対応すべき市場を選択し，その市場を分析して，とるべき行為の計画が決定され，さらにその計画が適切に実施されるかどうかを管理するという一連のプロセスで行われると理解されている。また，そのために市場を分析する手法がさまざまに工夫される一方で，それに対応した最適なマーケティング手法や最適な資源配分が検討されるのである。

第5章 消費者行動

Introduction 消費者行動論は，消費者が製品を選好して選択に至るまでの消費者の心理的なプロセスについての仮説モデルを考え，製品の選好や選択の状態を捉えたり，その影響因を推測したりして，複雑な消費者の行動を分析する考え方である。このような計測可能な行動的要素として捉えることで，定量的な調査・研究が展開される。

Keywords 消費者行動，購買意思決定プロセス，内部探索，外部探索，広範囲問題解決，限定的問題解決，定型的問題解決，情報統合の方略，フィッシュバイン・モデル，製品関与，精緻化見込みモデル，バラエティ・シーキング

1 マーケティングと消費者行動

消費者行動の意味

第Ⅰ部では，ある製品における市場の状態を製品差別化，市場細分化，製品ライフサイクルの3つの特徴から捉え，これらの特徴がメーカーの競争行動をどのように規定するかを考えてきた。すなわち，これら3つの特徴で捉えられる市場の状態は，メーカーのマーケティング行動の必要性を規定する条件であるとともに，マーケティング行動の特徴に影響を与える条件となっている。

消費者行動の分析とは，このような市場の状態を1人の代表的な

消費者を想定し，その消費者がどのように行動するかという視点から捉え直すことである。この場合の「行動」とは，購買という表面に現れる行為だけでなく，消費者が製品やブランドについてどのように感じ，どれを選好するのかという心理的な動きも含んだものとなる。したがって，消費者行動を分析するというのは，市場の状態やメーカーのマーケティング行動が消費者にとってどのように見えているかを分析することになる。そして，そのような消費者の行動を捉える理論を消費者行動論という。

マーケティング論において消費者行動を分析するのは，次に述べるような3つの意味がある。

まず1つは，消費者行動を捉えることによって，製品差別化，市場細分化，製品ライフサイクルといった市場の状態をより詳細に説明することができる。これらの市場の状態は，消費者の最終的なブランド選好や製品の選択を中心として考えているが，消費者行動論では，選好や選択に至るまでの消費者の心理的なプロセスがどのように形成されたのかということまで考慮することができる。それは，選好や選択のプロセスを適切に捉えたり，それをマーケティング活動と関連づけたりするうえで有用な理解となる。

2つ目には，これらの市場の状態を消費者の行動の測定可能なデータとして分析できるというメリットがある。市場の状態についての価格と数量の理論モデルは，諸条件から隔離され，理論的な可能性を想定した市場のメカニズムを説明するためのものであり，現実の価格や数量と対応させることには限界がある。それに対して消費者行動のモデルは，市場の状態に関連づけられる消費者のさまざまな行動的要素に捉え直して，測定可能な行動変数から考えることができる。

そして3つ目には，消費者行動の分析をメーカーのマーケティン

グ計画の策定に利用することができる。メーカーは消費者の購買に至る行動プロセスに対して，製品や広告などを通じてさまざまな影響を与えようとするが，その際に消費者がどのような反応を示すかを知ることが重要となる。そこで，消費者の行動を測定可能なデータとして捉えて検証することで，メーカーはマーケティング行動と消費者の反応との関係についての予測を行い，それに基づいた効果的なマーケティング計画を考えることができる。

消費者行動論の特徴

消費者の行動を精緻に捉えることは重要であるが，現実における消費者の心理はきわめて複雑であり，1人の人間のなかでも多様なパターンがあると考えられる。しかも消費者行動を捉えるときに，1人の代表的な消費者を想定するとはいっても，そのような代表的な消費者が現実に存在するわけではなく，ある平均的な消費者の姿を想定しているにすぎないが，実際には，その市場セグメントのなかでも，個々人の間で一人一様の行動が存在するはずである。

しかしそのような複雑で多様な行動をそのまま捉えようとするのは難しく，複雑で一人一様のモデルでは，分析の道具としても適さない。そこで消費者行動を考えるときには，次のような想定を置くことが多い。

まず消費者は1人で自分のための購買の意思決定を行うものであり，他人と共同で意思決定することはないと考える。ただし，消費者ではなく生産財の購買者を想定する生産財マーケティングでは，購買者が企業となり，組織として共同での意思決定を行うため，組織購買行動論としての理論が展開されている。消費者を想定する場合でも，家族のために製品を購買したり，家族と共同での購買意思決定をしたりすることも現実には少なくないが，消費者行動を捉えるときには，基本的にそのような影響を考慮せず，その人自身のた

めの購買意思決定を1人で行うと考えるのが一般的なモデルである。

そして，消費者間での違いは考えるとしても，個々の消費者間の行動における異質性は市場セグメントの違いとして捉えて，ある市場セグメントの内部における消費者の行動は同質的であると想定したモデルを考えることが多い。

さらに消費者行動論では，製品の購買ごとに行われる購買意思決定のプロセスを基本として考えることが多い。たとえブランド・ロイヤルティが形成され，毎回同じブランドを選択するとしても，その都度，購買意思決定を反復するものとして考え，そこでは前回までの購買は学習の蓄積として考慮されるとしても，過去の購買の蓄積から売手との信頼関係などの特別な関係が形成されるということを重視しない。また，そのような信頼関係の構築を期待して，将来の取引関係を考えた購買意思決定もしないことになる。

さて，消費者行動論では，こうした想定のもとで，複雑で多様な消費者の行動をある程度単純なモデルに基づいて考えることで，消費者が情報を受け取り，選好するという一連の行動のある局面に関わる諸問題を深く考え，実証可能な仮説を導き出そうとするものである。

その意味で，消費者行動のモデルは，仮説的なモデルであって，さまざまな状況における消費者行動を，1つの概念モデルで論理的かつ一意的に説明できるものではない。むしろ仮説的な性格をもつさまざまなモデルを考え，検証することを通じて，マーケティング戦略や市場の調査目的に応じた仮説の発見や構築に寄与することがめざされている。

2 消費者の情報探索

消費者の購買意思決定プロセス

消費者行動論では、消費者の**購買意思決定プロセス**についてのモデル化を行ってきた。その代表的なモデルは、図5-1のように「問題認識」→「情報探索」→「代案の評価」→「選択」→「結果の評価」という時間的経過を追った購買意思決定の情報処理のモデルであり、これらの各段階の情報処理に影響を与える心理的な状態、環境要因、個人差要因などが組み込まれている。

このモデルでは、例えば、ある消費者が「のどを潤したい」という問題解決の必要性を認識する事態に直面し、その解決のために「ソフトドリンクを飲みたい」という消費目標が設定されたのちに、この消費目標を達成するために、ブランドや店舗についての情報を集め、ブランド選択の意思決定を行うという一方向のプロセスをたどることが想定されている。

また、このモデルでは、プロセスの起点が消費者の動機や需要にあり、目標をしっかり自覚した問題解決の行動として消費者行動を考えていることがわかる。そしてこのモデルにおいて、多様な消費者行動は、まず各段階の特徴の違いによって説明される。とくに消費者行動研究において焦点となったのは、情報探索の段階と代案の評価・選択の段階である。

内部探索

消費者が問題を認識した後、問題を解決するために何を購買するかについての必要な情報の探索を行う。その際、まず消費者自身の記憶に貯蔵されている知識を検索する。この記憶への情報探索を**内部探索**という。

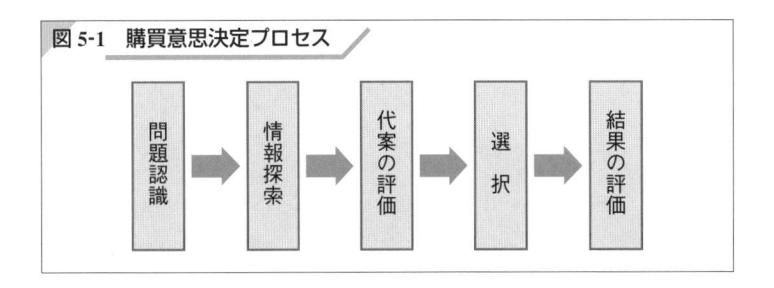

図 5-1 購買意思決定プロセス

問題認識 → 情報探索 → 代案の評価 → 選択 → 結果の評価

　記憶を構成する要素は，感覚記憶，短期記憶，長期記憶である。感覚器官が受容した情報は，ほんのわずかな時間，感覚記憶として保持され，無意識のうちに分析される。その結果，情報が目標と関連していると知覚されると，短期記憶に送られる。短期記憶の情報は，必要に応じて解釈や意味づけが行われ，コード化・カテゴリー化される。

　例えば，あるノート PC が「1 kg」であるという性質が，持ち運ぶ場合に「軽い」と思う場合，「1 kg」という性質は「軽い」という属性としてコード化（符号化）される。つまりコード化とは，消費者が物理的な性質に対して意味づけを行っていることである。さらに「持ち運ぶ際に軽い」「バッテリーが長くもつ」といった個々の属性を逐一評価するのではなく，「ビジネス用のノート PC」に関するひとまとめの知識として情報をカテゴリー化することが行われる。そして，短期記憶に一時的に保存された知識の一部は長期記憶に送られる。短期記憶は単に情報を保持するだけでなく，積極的に情報処理するところでもあるため，作業記憶とも呼ばれる。

　情報が短期記憶から長期記憶に転送されることで，日常的な意味での記憶が作られ，必要に応じて思い出すことになる。多くの場合，長期記憶は知識が相互に結びついて発達するため，新たな情報は既存の知識構造と結びついて，連想のネットワークとして保持される。

この連想ネットワークは，例えば，炭酸飲料→コカコーラ→赤いシンボル・くびれたビン→アメリカという関連する連鎖で成り立っている。

またこの連鎖には，ブランド・ネーム，ブランドの属性，ブランドの広告，製品カテゴリー，ブランドや広告に対する評価も保持される。これをブランド連想として捉えると，消費者のブランド・イメージは，ブランドと関連した種々の連想がリンクされている連想のネットワークであり，それは消費者の長期記憶に保持されたブランドと連係した知識の集合と見ることができる。

ところで，短期記憶に保持された情報は，保持できる情報量に限界があるため，注意が向けられなければ消滅する。しかし情報処理を繰り返すことによって，より長い時間保持することができる。他方で，長期記憶は情報を永続的に貯蔵するためにかなりの容量をもっており，製品やブランド，シンボルなどの言語的・感情的な意味の記憶や時間・場所と結びついた個人的なエピソードの記憶が貯蔵される。とくに製品についての情報や使用経験は，この長期記憶に保持される。

長期記憶に多くの知識をもっている消費者は，知識の少ない消費者に比べて，多くの次元から製品を知覚し，ブランドの違いを明確に表現することができる。知識が増えるにしたがって，消費者は情報を効果的に処理し，購入を検討するために想起する製品の集合をその情報から有効に形成することができる。

そこでメーカーは，マーケティング活動を展開するにあたり，消費者の知識の差を念頭に置くとともに，消費者の長期記憶に情報が貯蔵されるように努力することが重要になる。例えば広告では，ターゲットとする消費者について，消費者の情報への注意や関心の程度，内容の理解度，メッセージの受容可能性などをよく調査したう

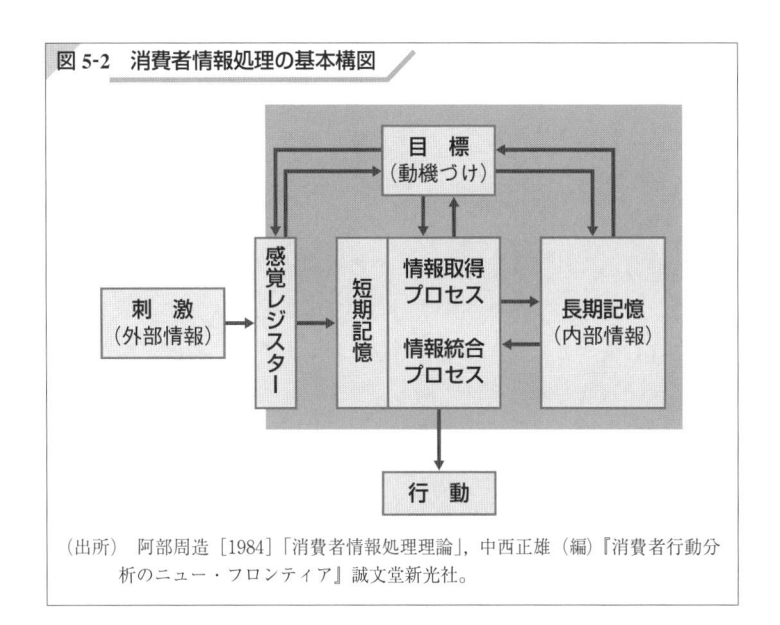

図 5-2 消費者情報処理の基本構図

```
                    ┌──────────┐
                    │  目　標  │
                    │(動機づけ)│
                    └──────────┘
                   感
           ┌──┐  覚  ┌──┐  ┌──────┐  ┌──────┐
  ┌──────┐ │  │ レ  │短│  │情報取得│  │      │
  │ 刺 激 │→│  │→ジ→│期│→│プロセス│→│長期記憶│
  │(外部情報)│ │  │ ス  │記│  │        │  │(内部情報)│
  └──────┘ └──┘ タ  │憶│  │情報統合│  │      │
                   ー  │  │  │プロセス│  └──────┘
                      └──┘  └──────┘
                         ↓
                    ┌──────┐
                    │ 行　動 │
                    └──────┘
```

(出所) 阿部周造 [1984] 「消費者情報処理理論」, 中西正雄 (編) 『消費者行動分析のニュー・フロンティア』誠文堂新光社。

えで適切な広告活動を行い，短期記憶やさらには長期記憶に保持されることをねらったり，個人的なエピソードの長期記憶と関連づけられやすい情報をもたらしたりすることが重要となる。こうして長期記憶に組み入れることができれば，消費者が購入を検討するときに想起する製品の集合（想起集合）に当該ブランドが追加されることになるのである。

外部探索　消費者が製品の購買意思決定を行うとき，長期記憶に貯蔵されている情報だけでは意思決定に必要な情報が得られなければ，消費者は情報の**外部探索**を行う。情報の外部探索とは，消費者が能動的に店舗やパンフレット，インターネット，知人などから情報収集を行うことである。これは消費者が情報を必要としているときに，その場で，もしくはある特定の場所で，情報を集められるということが前提となる。それゆえ，

例えばテレビ広告は，消費者が情報を欲しているときに，たまたまテレビで流れた広告だけが収集の対象となるものでしかないため，外部探索に対応する情報として非効率であり，むしろ前述のように記憶に蓄積され，内部探索において利用される情報であると考えることができる。

さて消費者の外部探索は，すべての購買意思決定において発生するものではなく，また外部探索の努力量も製品や状況によって変化する。そして，この外部探索の行動に最も影響するのは，購買意思決定における情報の必要性である。

例えば，一般的に製品価格が高くなるほど，消費者は購買意思決定の失敗を避けたいと強く思うため，外部から情報を積極的に集めようとする。また，風邪をひいた人が医薬品店で風邪薬についての特徴を聞くのは，風邪薬の選択がその時点での重要な問題であり，その失敗を避けたいと思っているからである。同じように低価格のTシャツでも丹念にデザインを見比べるのは，その消費者がファッションの選択を重視しているためである。このように製品の重要性が高くなるほど，情報収集を行う価値が高まるため，外部探索が発生しやすい。

ただし，たとえ高価格で重要な製品であっても，製品の品質がメーカーやブランドによって大きな違いがない場合には，消費者は外部探索に時間をかけないが，品質に大きなばらつきがあれば，店舗で製品を比較するなど，外部探索をする傾向が強くなる。それは品質のばらつきから，製品選択において失敗するリスクが大きく知覚されるためである。

さらに，外部探索の行動量は，消費者の記憶が十分にあって，内部探索で必要な情報が得られるほど少なくなる。例えば，前述の風邪薬の例でも，その消費者が過去の利用経験から効き目についての

知識をすでにもっているなら，医薬品店で店員から情報収集せずに，特定のブランドを指名買いするはずである。このように購買頻度が高い製品のように経験の蓄積があるものは，内部探索の影響が強まり，外部探索の努力は少なくなる傾向がある。

　そして，外部探索に影響を与えるもう1つの要因として，情報収集の費用がある。例えば，タクシーを利用しようとするときに，道を行くタクシーを何台も比較する人は少ない。タクシーのサービスという点では，品質のばらつきが知覚され，情報を収集する価値が高いとしても，タクシーを何台も探して比較するコストのほうが大きいために，この比較は現実的ではないからである。あるいは，同一製品においても，多くの店に製品が陳列されているか，消費者が多くの店が集まっている地域に住んでいるかなどによっても，情報収集の費用は異なり，情報収集の費用が大きくなれば，外部探索の行動は抑制されることになる。また，近年では，外部探索の手段としてインターネットが利用されるようになり，インターネットに関しては，消費者の居住地による情報収集費用の差はほとんどなくなっている。

　これらのことは，マーケティングにおいて次のような重要な意味をもつ。すなわち，製品差別化を形成するための消費者へのコミュニケーションとして，消費者が外部探索をあまり行わない製品については，広告によって消費者の記憶に影響を与えることで，内部記憶を通じたブランドの特別な選好を形成することが重要になる。それに対し，消費者が外部探索を積極的に行う製品では，小売店舗における店員のアドバイスやパンフレットなどの販促的な情報が消費者の製品購買における意思決定に影響を与えやすいため，メーカーは，こうした小売業者による情報提供の活動を統制する必要性が生まれる。この場合には，チャネル管理による製品差別化が重要にな

るのである。

外部探索の範囲

購買意思決定プロセスは、現在の状態から望ましい状態へと、製品を購買することによってその乖離を埋めようとする問題認識から始まる。そして認識される問題の解決に向けて行われる外部探索のパターンは、**広範囲問題解決**、**限定的問題解決**、**定型的問題解決**の3つに分類される。

まず広範囲問題解決とは、購入経験のない製品の購入に際して、ブランドや選択基準についてほとんど手がかりをもっていない状況での意思決定である。つまりこの場合、消費者は、どれが望しいかという情報だけでなく、それを判断する基準についても情報を必要とする。したがって、広範囲問題解決においては、より多くの情報を収集するとともに、外部探索する情報源、ブランド数、店舗数、属性数が多くなり、外部探索に要する時間も長くなる。例えば、初めてPCを買うときには、さまざまなメーカーのPCの特徴についての情報だけでなく、どのような基準でPCを選ぶべきかについての情報を得るために、周囲の人に相談したり、雑誌やインターネットで情報を集めたりする。さらに問題解決の範囲が広い例として、「仕事のストレスから解放されたい」という問題認識において、旅行やスポーツ、飲食店、趣味などに関わる多くの製品やサービスが検討対象になり、またその選択基準から考えるというケースがある。

2つ目の限定的問題解決は、購買がある程度繰り返された段階での決定で、特定のブランドに対する強い選好はないが、ある程度の選択基準や態度は形成されているような問題解決である。この場合、製品の特徴などの情報を外部探索する必要はあるが、選択基準が決まっているので、広範囲問題解決に比べると特定の基準について効率的に外部探索をすることが可能になり、それだけ外部探索にかける努力や時間も少なくなる。

そして3つ目の定型的問題解決は，購買が何度も反復された状況にあって，選択基準は明確に構造化され，しかも特定ブランドに対する強い選好も形成されている場合の問題解決である。この場合，想起される選択肢が1つだけの定形的な購買意思決定がなされることが多いので，購買問題はきわめて単純な仕方で認識される。すなわち，情報の外部探索の程度はわずかであり，1つのブランドについてわずかの属性が検討されるくらいであり，探索に要する時間もきわめて短い。

3 代案の評価と選択

情報統合の方略　購買意思決定プロセスにおける代案の評価とは，消費者が選択の候補とする代案（ブランドなど）に対して取得された情報をもとに，どの製品が最も望ましいかを評価することである。製品間で消費者が知覚する違いがまったくない同質的な製品の市場では，消費者は，どの製品でも代替的であるため，価格だけを比較して購買する製品を決めることになる。ところが，現実には製品はさまざまな特徴において異なっているために，消費者は，欲求に基づいた選択基準によって選択対象となる製品やブランドについて，価格やデザインや諸機能などの多数の属性を検討して決定することになる。

ただし，この多数の製品属性から消費者はどのようにしてただ1つの製品を選択するのだろうか。それは消費者の間で，さらに1人の消費者においても個々の状況に応じて，さまざまな方法が採用されていると予想される。人間がコンピュータのように多数の属性値から最適な選択を導き出すと仮定しても，多数の属性値を処理して

最適な答えを算出するルールを与えてやる必要があるが,さまざまなルールが仮説的に考えられ,1つに定められるものではない。なお,消費者行動研究では,この情報を処理するルールのことを「**情報統合の方略**」と呼ぶ。

そして,製品について「好ましい」「好ましくない」といったことは,情報を探索し,統合するプロセスから導かれる製品属性への評価の結果としてもたらされると考える。例えば,あるブランドが好きである場合,そのブランドに関する属性情報を何らかの方法で情報統合した結果として好きになっていると捉えるのである。

この情報統合の方略は,補償型と非補償型の2つに大きく分けられ,後者の非補償型は,さらに感情依拠型,連結型,分離型,辞書編纂型などに分けられる。

補償型は後述するフィッシュバイン・モデルが代表で,ブランド選択では全体的評価が最良であった選択肢が選ばれるものであり,また,1つのブランドについての総合評価がなされることになる。

一方,非補償型では,すべての属性を考慮に入れた総合評価が行われない。そのなかで感情依拠型は,過去の購買経験や使用経験から最も好むブランドを習慣的に選ぶ方略であり,この場合,新たな情報探索はほとんどしないのが特徴である。連結型は,各属性について必要条件が設定され,1つでも必要条件が満たされないものがある場合には,他の属性の値にかかわらず,その選択肢の情報処理は打ち切られ,その選択肢は除かれるという方略である。分離型は,各属性について十分条件が設定され,1つでも十分条件を満たすものがある場合には,他の属性の値にかかわらず,その選択肢が採択されるものである。そして辞書編纂型は,最も重視する属性において最も高い評価値の選択肢が選ばれ,それが複数あれば,次に重視する属性において,最も高い評価値の選択肢が選ばれるということ

が順に行われる。

そして、ブランドの選択肢が少ない場合、補償型の情報統合の方略が採用され、選択肢の数が多くなると非補償型が採用されやすい。というのは、選択肢数や属性数が多くなると、情報処理の負荷がかかってしまうため、それによる認知的緊張を回避するように情報処理の負荷の少ない非補償型の方略が採用されると考えられるからである。

フィッシュバイン・モデル

さまざまな情報統合の方略のうちで、補償型として最もよく知られているのが、**フィッシュバイン・モデル**である。製品に対する消費者の評価を、その製品に関わるさまざまな属性の重要度と、各属性についてその製品が有している程度についての主観的評価（信念という）との積和によって捉えるのが、このモデルの基本的な考え方である。

例えば、自動車を買う際に、ある消費者が価格と燃費の2つの属性で意思決定を行い、その消費者は燃費よりも価格を評価しているとして、価格の評価を+3とし、燃費の評価を+1という値をおくことにしよう。そしてその人が自動車のブランドAとブランドBを購買の選択肢として考えていて、ブランドAについては、「価格が安い」と思っているが、「燃費がよい」とはあまり思っていないとすれば、それぞれを+3と−1という信念の強さで表すものとする。それに対し、ブランドBについては、「価格が安い」ことも「燃費がよい」ことも少しはそのように思っていて、それらについてはともに+1の信念の強さであったとする。

フィッシュバイン・モデルでは、各属性の評価と各属性への信念の値の積和を選択肢ごとに求め、最も高い値の選択肢が最も好まれると予測する。したがってこの数値例では、

$$
\begin{array}{r}
\text{価格} \qquad\qquad \text{燃費} \\
\text{（評価）（信念）（評価）（信念）（総合評価)} \\
A = (+3) \times (+3) + (+1) \times (-1) = \quad +8 \\
B = (+3) \times (+1) + (+1) \times (+1) = \quad +4
\end{array}
$$

となり，この人についてはブランドAのほうがブランドBよりも好むと予測できる。

購買後の評価

消費者は数ある製品の選択肢について情報処理を行い，最適の選択肢を選び出す。そして購入した製品を消費することによって，当初の欲求を満たしているかどうかを知覚する。すなわち，購買後の評価が選択以前の期待水準を上回っているものであれば満足し，そうでなければ不満足となる。

ここで自分の購買した製品が失敗であったと認識すると，怒りや後悔，あきらめなど，さまざまな負の感情が生じ，次回に同じブランドを購買する可能性は低くなる。また，失敗の原因が不良品であったり，設計ミスであったりして，メーカーによって統制可能であったにもかかわらず発生した問題から不満が生じると，消費者はメーカーに苦情を訴えやすい。

そして，消費者が知覚するこれらの満足や不満足の結果は，自分自身のそれ以後の購買意向に影響するだけでなく，口コミなどによって他の消費者へとその評価が伝わることもある。したがって，これら一連の消費者行動を通じて得られた情報は，購買が完了すると不要な情報として捨てられるわけではなく，次回やときには他人の記憶に入り，購買意思決定に影響する。

ところで，購入前にすばらしい製品と思って買ったが，他にもっとすばらしい製品を見つけたら，心理的な緊張が高まるであろう。人は，相互に関係ある複数の情報の間で整合性を見出せないと緊張

を高め,「認知的不協和」という事態をむかえる。この認知的不協和が生じると,新たな行動を起こすか,態度を変えるかして,不協和を低減しようとする。すなわち,買った商品を返品して後から見つけた製品を買うか,あるいは,買った製品の長所を強調する情報を集めたり,逆に選ばなかった製品の短所を探したりすることによって,自分が買った製品のほうがよいと正当化しようとして,この認知的不協和の解消に努める。自分が買った自動車の広告をじっくり読んだり,レストランで長時間並んで入った場合ほど,より多くの満足感を味わったりするのは,こうした認知的不協和の具体的な例といえる。

Column ④ コンジョイント分析

新製品の開発にあたっては,製品属性に対する消費者の反応を予測しつつ,効用(満足度)が最大になるような製品コンセプトが探索できれば望ましい。その手法の1つとしてコンジョイント分析という方法がある。

コンジョイント分析では,消費者に製品属性のプロフィール(各属性の組合せ)を示し,製品全体としての選好順序を質問する。この製品属性のプロフィールは,属性によって製品コンセプトを記述したものであり,製品の選好順序を知ることを通じて,消費者にとって何が重要な属性かを知り,かつ各属性水準の部分効用を推定できる。

例えば,ビールの全体効用は,コク,にがみ,アルコール度,容量からの各部分効用,価格の負の部分効用から構成されるとして,ビールの順序的な選好反応は,各属性の水準(例えばビールのコクの程度)に対する部分効用の和によって決まると考える。

このようにコンジョイント分析は,属性の組合せや属性水準の異なる仮想的なプロフィールに対する選好順序を測定することで,属性と効用の関係を推定する。

このコンジョイント分析は新製品のコンセプトの評価に大きな力を発揮する。とくに製品機能の良否を客観的な属性の数値でもって容易に表すこ

とができるケースでは，各属性や機能の向上が消費者からみてコストに見合うかどうかを判定するツールになる。いわば，効用の大きな属性の組合せと価格とのバランスはどのようなものかを知る手がかりを与える手法である。

また市場セグメントを導出するうえでも有効である。個人別に部分効用を推定すると，各属性別の部分効用の状態の類似性から，同質的なセグメントを抽出することができる。ビールでいえば，コク志向やアルコール度志向の顧客タイプのように市場のセグメント化ができる。性別，年齢，パーソナリティーなど，他の消費者属性との関わりがわかれば，消費者対応のマーケティング計画を策定することができる。

4 製品関与とバラエティ・シーキング

購買意思決定プロセスと製品関与

消費者の購買意思決定は，「問題認識」→「情報探索」→「代案の評価」→「選択」→「結果の評価」というプロセスで展開するというのが基本となるが，製品の種類や購買の状況によって，各段階の比重が異なったり，ある段階が詳細に行われたりするなど，多様なプロセスを考えることができる。例えば，缶コーヒーを買うときと新車を買うときとでは，各段階に費やす時間や情報探索段階での情報収集量などに大きな違いがある。

このような製品種類や購買状況による購買意思決定の違いについては，消費者の製品への関与水準の違いによる影響が重要な意味をもつ。この製品への関与という概念は，消費者がある製品について，どれほど重要性やリスクを感じるかという程度を表し，一般的には消費者がある種の製品に「こだわり」をもつという意味で説明され

る。そして、この製品への関与の水準が情報処理の行動に影響を与えることが知られている。

すでに外部探索の時間や範囲について製品の重要性が影響することを説明したが、消費者の製品への関与とは、この重要性を知覚している状態である。したがって、関与水準が高い状況では、情報処理が精緻化されることになる。このことは、**精緻化見込みモデル**（elaboration likelihood model：ELM）として概念化されてきた。このモデルの考え方によれば、関与水準が高いとき、情報処理を詳細に行うよう動機づけられ、与えられた情報のメッセージの本質的な内容を理解しようとして受容が起こり、結果として情報メッセージに説得されるということが起こる。この場合、この情報処理の仕方は中心的経路をたどるとされる。それに対して、関与水準が低いとき、消費者は情報処理を行うように動機づけられず、情報メッセージについて本質的でない周辺的な情報を処理してしまうことになる。例えば、自動車のテレビ広告に対して、関与水準が高く、情報処理を行うよう動機づけられていると、自動車の性能など属性についての情報を処理することになる。その一方で、関与水準が低く、情報処理について周辺的な処理を行う場合は、テレビ広告の音楽や背景など、自動車には本質的に関係のないメッセージを処理してしまうということが起こる。つまり、広告で流れている音楽が好きであるから、その広告に好意を持つようになり、そのことが、結果的にはその広告のブランドに対して一時的に好意的な態度をもつことになるというのである。

このことはメーカーがチャネル管理や販促活動を通じて消費者に情報を伝えるうえで、市場セグメントを合わせて考える必要性をもたらしている。すなわち、製品への関与が高い状況では、メーカーは、チャネル管理をしっかり行い、パンフレットなどの印刷媒体や

販売店員による情報提供を有効に利用して，自社ブランドを説明し，消費者のブランド選択に影響を与えることが必要となる。しかし，そのようなチャネル管理の対象となる店舗で製品の情報を提供したとしても，低関与の消費者しか買いに来ないとするならば，メーカーの期待する効果は限られたものとなる。情報処理能力の低い消費者に豊富な販促情報をもたらしても，情報処理を動機づけることは難しいからである。そこで，むしろ製品とは直接関連しない周辺的な情報を消費者に与えることが，消費者の広告・販促活動への態度に影響を与えることになる。つまり，好感度の高いタレントを広告に使うことなどが頻繁に行われる。

バラエティ・シーキング　製品についての関与が低い状況で，ブランドが多様に存在するとき，消費者はブランド・スイッチを頻繁に行う場合がある。そのような行動を**バラエティ・シーキング**と呼ぶ。例えば，缶コーヒーを買うとき，自動販売機やコンビニエンス・ストアで新しいブランドを見つけると，ついそのブランドを選んでしまうことがあるが，これは典型的なバラエティ・シーキングの例である。そして，このような行動は，特定のブランドを一貫して選好し，購買するブランド・ロイヤルティが高い場合とは正反対の行動をとることを意味している。

ただし，このようなバラエティ・シーキングは，以前に購買したブランドの品質などに不満があってブランドを換えたのではなく，目新しさ，変化，多様性といった要素を求めたいという気持ちから発生している。したがって，消費者のバラエティ・シーキングが起きやすい状況では，ブランド選択においてブランドの新鮮さといった属性が重視されていると考えられる。

そしてファッション製品などを除けば，こうしたブランドの新鮮

さだけが考慮され，その他の属性についての情報収集や評価がほとんど行われないことから，製品への関与が低い状況において発生しやすいと考えられている。

　また，ブランドのスイッチが頻繁に行われるためには，それだけ多様なブランドがあることが前提となる。しかし，そのブランド間の違いがほとんど知覚されなければ，ブランド・スイッチをしても消費者は変化や多様性を知覚できず満足を得られないので，バラエティ・シーキングが発生しない。つまり，製品への関与が低い状況でも，ブランド間の差異がなければ，深く考えることなく，入手しやすいいつものブランドを習慣的に買うことになりやすい。

　さて，メーカーとすれば，消費者のバラエティ・シーキングに対する考え方は3つに分かれる。まず1つは，市場シェアにおいて下位のメーカーが上位メーカーの市場シェアを浸食するために，消費者のバラエティ・シーキングを促すことである。すなわち，新製品を次々に出し，ブランドの新鮮さを消費者に訴え，バラエティ・シーキングをとる消費者を増やすことをねらうのである。ただし，その新製品も時間が経って新鮮さが薄れると売上が落ちていくために，新製品を頻繁に出し続けなければ，市場シェアを安定的に広げることはできず，またそのコストのために利益が出にくいことが問題となる。

　もう1つの対応は，上位メーカーなどに見られるもので，バラエティ・シーキングに合わせて新製品を出さずに，既存ブランドのロイヤルティを高めて，ブランド・スイッチを発生しにくくするものである。これは消費者における製品カテゴリーへの関与の低さをブランドへの関与を引き上げることで克服し，バラエティ・シーキングの発生を抑え，市場シェアの浸食を避けるものである。また競合メーカーがブランドの新鮮さを訴求しても成功しないように，既存

ブランドの伝統性や安心さを訴求することも行われる。

　そして3つ目の対応は，消費者のバラエティ・シーキングが若い世代の消費者を中心に広がっていて，しかもメーカーの主要なターゲットがこうした消費者層である場合における上位メーカーの対応である。この状況では，消費者のバラエティ・シーキングを抑制する方法はもはや限界があり，むしろそのような消費者層が集まるコンビニエンス・ストアでも，新鮮なブランドを陳列するようになるために，上位メーカーも小売店における棚スペースが縮小されて，既存ブランドの市場シェアが浸食される可能性が高くなる。

　そこで上位メーカーでは，防衛的に消費者のバラエティ・シーキングに対応した新製品を出し続ける一方で，ブランド・ロイヤルティとの両立をはかる戦略を展開する。その1つの方法は，新ブランドと既存ブランドを並行的に供給して，バラエティ・シーキング行動をとる消費者層ととらない消費者層の両方を捉え，それぞれの間で広告やチャネルを使い分けるのである。例えば，新ブランドについては，若い世代の市場セグメントを対象に，新鮮さや新製品を訴求する広告を展開し，コンビニエンス・ストアなどを主要なチャネルとして競合メーカーがチャネルに参入しないようにする一方で，既存ブランドは，より幅広い消費者層に，伝統性や安心さを訴求する広告で，スーパーマーケットなどのチャネルで販売するのである。

　あるいは，ブランドは共通にして，同じブランド名のもとで，新製品を次々に出す方法がとられる場合もある。これは，消費者のバラエティ・シーキングが発生しても，1つのブランドのなかでの新規性や多様性の追求となるようにするものであり，バラエティ・シーキングとブランド・ロイヤルティとを両立させることである。ただし，消費者のバラエティ・シーキングが競合メーカーのブランドに広がらないようにするためには，小売店頭の陳列において圧倒的

に有利なスペースを確保できていることや他社を圧倒する広告量で強いブランド・ロイヤルティを形成できていることが条件となる。この方法は，若い世代の消費者層が需要の中心となる飲料や菓子の上位メーカーにおいて採用される傾向がある。

補論 マーケティング・リサーチ

多数の消費者における行動をある仮説モデルのもとで行動を予測したり，複雑な消費者の行動からある行動的な特徴を捉えた仮説モデルを構築したりするために，定量的な調査・研究がよく行われる。マーケティングや消費者行動の分析のための調査・研究をマーケティング・リサーチと呼ぶが，定量的リサーチはその中心となる。

標本抽出

定量的リサーチでは一般的に母集団の全数調査を行う代わりに，母集団からの無作為に抽出された代表的な標本を調査する。例えば，日本の消費者市場（母集団）をリサーチするために，数千人の無作為に抽出された消費者（標本）の行動を調べたりする。

この母集団からの標本の無作為抽出とは，理想的には母集団から同じ確率で標本として選択されること，そしてそれぞれの選択は前の選択とは独立していることを意味する。このような単純無作為抽出は，母集団を代表する標本を抽出して，その標本についての推論結果を母集団について一般化するために必要になる。

抽出された標本から計算される統計量と母集団統計量との違いは標本誤差と呼ばれるが，確率標本（確率抽出によって選ばれた標本）は，確率抽出に基づく標本誤差を確率的に評価できることに特徴がある。

そして実際には，少ない労力と経費で精度の高い調査が行えるように，次のような種々の標本抽出法が考えられている。

① 系統抽出法——n 個の標本のうち，最初の1組だけを乱数表による単純無作為抽出法で選び，あとの $(n-1)$ 個は機械的に等間隔で標本を選ぶ方法である。等間隔抽出法ともいう。系統抽出法は母集団リストが完備しているとき，抽出の手間が少なくてすむという特徴がある。

② 集落抽出法——母集団をいくつかの集落に分割し，集落を抽出単位とする無作為抽出を行い，抽出された集落に含まれる母集団の構成要素をすべて標本とする方法である。この抽出法は，集落のリストと抽出された集落に関する要素のリストがあれば有効であるので，母集団全体のリストが準備できない場合に利用される。

③ 層化抽出法——標本抽出にあたって，母集団をいくつかの部分集団に分け，その部分集団ごとに代表するサンプルを選ぶ方法である。

④ 有意抽出法——標本を確率的に選ぶのではなく，調査者が，主観的に，経験や判断に基づき，母集団を最も代表とすると考える個体を選んで標本を抽出する方法である。

さらに，2種類の抽出方法を組み合わせる方法もある。例えば，母集団をいくつかの集落に分け，第1段階として集落のレベルで抽出単位とする無作為抽出を行い，次いで選ばれた集落の中から最終単位を系統抽出法で選び出す方式などがある。

いずれの抽出方法を選ぶにしても，調査対象全体の集まりである母集団から標本を抽出する方法の基本は，抽出された標本がどれだけ忠実に母集団の縮図になっているかにある。

定量的リサーチのプロセス

定量的リサーチのねらいは，多くの標本にまたがる変数間の一般的なパターンの発見や検証である。定量的リサーチは，通常，次のようなプロセスをたどる。

① リサーチ課題を多くの標本から推計できるような形で設定する。
② 概念モデルあるいは構成概念に基づいて，どのような変数を取り上げるかを決める。
③ 各変数についてのデータを収集する。
④ 変数間の関連パターンを統計的に検討する。
⑤ 変数間の関連パターンの意味を解釈する。

さらに試行錯誤的な反復作業が加わることもあるが，定量的リサーチのプロセスは，リサーチ課題 → 概念モデル → データ収集 → 推論というように流れるのが基本となる。

測定尺度

定量的リサーチにおける特定の属性を変数化するには，その属性の状態に関する測定尺度を設定する必要がある。ここでとくに重要な点は，変数の測定尺度によって，分析に適した統計手法が異なる点である。そしてこの測定尺度については，以下の4つの種類がある。

① 名義尺度——この値は符号としての意味しかなく，測定対象を他と区別するために表すものである。同一種類には同じ数値を，異なる種類には異なる数値が与えられる。
② 序数尺度——個体になんらかの基準で順序をつけ，与えられた数の大小関係のみが意味をもつ尺度。ブランドの選好順位やブランド・ロイヤルティの程度の測定などに利用される。
③ 距離尺度——数値の差の等間隔が保証されているので，数値間の加算・減算ができるが，この数値間の乗除算は意味をもたない。

第5章　消費者行動

④比例尺度——距離尺度の特性をもつと同時に，絶対原点（ゼロ）が一意に決まっている尺度である。この数値間の加減乗除の四則演算が可能である。価格や売上高が代表例である。

定量的リサーチの特徴　定量的リサーチでは，多数の分析単位の間で見られる変数間の関連の一般的パターンを発見したり検証したりする。この一般的パターンとは，各分析単位において同じ現象が見られるということではなく，問題になる変数間の関連が多くの分析単位の間で見られるということである。

例えば，ブランド志向の強い消費者ほど，衣料品への支出額が多くなるというパターンで考えてみよう。このパターンが一般的かどうかは，多数の消費者におけるブランド志向と衣料品への支出額との間の統計的な関連として確かめることができる。つまり，ブランド志向が高い人は衣料品への支出額が多い一方で，ブランド志向が低い人は衣料品への支出額が少ないという傾向があるかどうかを調べ，その結果から推論することができる。

因果関係の必要条件　変数 X が変数 Y の原因であるというとき，少なくとも3つの条件が必要である。①X と Y は共変動する。②X と Y の共変動を説明する他の変数が存在してはならない（X と Y の相関が擬似相関ではない）。③X は Y に先行しなければならない。この共変動とは，2つの変数 X と Y がともに変動する状態である。2つの変数の共変動をデータから推論するための技法として，よく相関係数が利用される。

相関係数にもさまざまな種類があるが，最も代表的な測度はピアソンの相関係数であり，これは距離尺度または比例尺度で測定される2つのデータを X, Y とすると，X と Y の関係がほぼ直線関係と想定できる場合においてその関係の強さを表す測度であり，その値の絶対値が1に近くなるほど，2変数の関係は強く，その値が正

の値であれば，正の関係（Xが大きくなるとYも大きくなる），負の値であれば，負の関係（Xが大きくなるとYは小さくなる）にあることを示す。

2つのデータX，Yが序数尺度である場合，2つのデータの関連性を測る相関係数としてスピアマンの順位相関係数やケンドールの順位相関係数が用いられる。

さらに，2つの変数A，Bがそれぞれ名義尺度である場合，A，Bの関係はクロス表の形式で表される。これについて，A，B間の関連の強弱を測る測度が関連係数であり，関連性の有意性を検定する方法が独立性の検定であり，普通，χ^2（カイ2乗）検定法に基づき，コンティンジェンシー係数が使われる。

定量的な因果関係の推測技法

定量的な因果関係の推測として，一般的に多変量解析が利用される。多変量解析とは，多くの個体について，2つ以上の多種の変数が与えられている場合，これらの変数を個々に独立させずに各変数間の相互関連を分析する手法である。それは，多くの原因（説明変数）が1つの結果（被説明変数）をもたらす事象を処理するための多数要因モデルと，多くの結果が少数の原因によって生じているような事象を考える多数帰結モデル，それに複数の原因が複数の結果を規定する多数要因・帰結モデルの3つに大別することができる。多数帰結モデルは，因果関係のみならず，測定データを要約したり，変量や対象を分類したりする性質を併せ持つこともある。また，多数要因・帰結モデルは，データの背後にある現象の構造を明らかにすることにも目的が置かれる。

①多数要因モデルの技法──多数要因モデルにおいて説明・被説明変数ともに，距離尺度か比例尺度で測定されているとき，通常の回帰分析を利用する。

②多数帰結モデルの技法──多数帰結モデルの代表的な技法は因子分析である。因子分析は距離尺度で測定された変数を想定してその技法が作られているが，序数尺度の変数の場合でも等間隔を想定することで利用されることが多い。

③多数要因・帰結モデルの技法──複数の要因と複数の帰結の因果関係を表す因果図式を分析する技法の1つとして，正準相関分析がある。従属変数の組と説明変数のそれぞれについて合成変数を作り，その相関を調べるのが正準相関分析である。また，潜在変数を導入し，相関の高い変数グループを整理して，潜在変数間の因果関係を推定する技法としては，共分散構造分析がある。

Column ⑤　因子分析とクラスター分析

　因子分析とクラスター分析は，多変量解析の代表的な手法である。

　まず，因子分析は，すべての変数に共通に影響を与える共通因子と個々の変数に固有に影響を与える独自因子によって表すことを通じて，多変量データを少数の共通な潜在（観測できない）因子の線形結合として集約し，構造の単純化を意図するものである。

　因子分析では個体iの変数jによって表される値（例えば受験者iの英語の標準化した得点）は，すべての変数に共通な共通因子（例えば他の科目とも共通する基礎学力因子）と，変数jに固有な独自因子（例えば基礎学力とは独立な英語に固有な学力因子）で表されると想定する。そして，それぞれの共通因子が変数とどの程度関与しているかを示す係数が因子負荷量である。各変数の因子負荷量は因子との相関係数であるので，因子負荷量を用いてどのような共通因子があるかを推論することになる。

　一方，クラスター分析は，主として生物学の分野で発展したモデルであり，個体間の類似性の指標がなんらかの方法で測定できるとき，これらの個体や変量をいくつかのまとまり（クラスター，集落）に分割する手法で

ある。いわゆる樹状図（デンドログラム）によるクラスター分析は，階層的手法とも呼ばれ，変量間のすべての組合せについて距離を計測し，最小の距離をもつ2つの変量値を1つの新しいクラスターに，順次まとめていく。

それに対して非階層的手法は，同一のクラスターに含まれる多変量間の分散は小さくし，異なるクラスターに含まれる分散は大きくなるように誘導し，最終的にクラスター間の距離分散が最小になる個体の所属を見つけ出す方法である。

演習問題

5-1 消費者のバラエティ・シーキングに関わる仮説を考えて，その仮説を検証するための定量的リサーチを設計しなさい。

5-2 複雑で多様な消費者行動を単純な仮説的モデルで捉えることによるメリットとデメリットを説明しなさい。

5-3 インターネットの普及によって消費者行動が大きく変化したという説があるが，その説についてどう考えるか。肯定か否定かの立場を明確にして，その論拠を説明しなさい。

第6章 新製品開発

> ***Introduction*** 　新製品開発は，広告やチャネルなどの他のマーケティング手段を規定するという意味で，マーケティング活動のなかで最も重要な位置を占めている。新製品開発の成功には，企画・意思決定段階や技術開発段階における管理・動機づけや組織の問題を適切に処理することが重要である。
>
> ***Keywords***　　新製品開発，製品クラス，製品ライン，技術革新，製品革新型新製品，技術革新型新製品，改良型新製品，先発者優位，ドミナント・デザイン，潜在需要情報の収集，イノベーションのジレンマ，ネットワーク外部性

1　マーケティングにおける新製品開発

新製品開発の重要性

　マーケティング活動のなかで最も重要な位置を占めているのが，**新製品開発**である。現実に画期的な新製品が誕生することによって，その新製品を開発した企業が産業のリーダー的な地位についたり，あるいは消費者のその種の製品に対する考え方が大きく変わったりすることがある。これは新製品の登場によって，競争構造が変わったことを意味しており，このようなマーケティング戦略に大きな転換をもたらす力が，新製品開発には潜んでいる。

　さらに，新製品の登場によって新たな産業が生まれるケースもあ

る。例えば,自動車産業や携帯電話産業は,自動車や携帯電話という新製品開発を起点として生まれたものである。このように新製品によって新しい製品事業が生まれ,いくつもの企業がその製品事業に関わるようになることはよく発生する。

　また,製品の広告やチャネルなどの戦略を考える場合に,その製品をどのようなものにするかという製品戦略が決まらなければ,適切な意思決定はできず,その製品が競合他社の製品と同質的で大した特徴もない製品では,とりうる広告戦略やチャネル戦略も限られたものとなる。つまり,製品戦略は,広告やチャネルなどの他のマーケティング手段より先行的に決められるものであり,また,他のマーケティング手段にひときわ強い影響を与えるものという意味で,マーケティング戦略を考える起点となる。それゆえ,マーケティング・マネジメント論では,4Pという形で,製品戦略を広告,チャネル,価格設定と同列に示すことがあるが,広告,チャネル,価格といった他の要素とは次元が異なるものであると考える必要がある。

製品と製品ライン

　製品は,他の製品とは機能やデザイン,品番,名称において多少とも違いがあるものという単位で考えることになる。そして,これらの違いのうちで他社との違いは,製品差別化をもたらす基盤となる。

　また機能的に代替できる同じ種類の製品群のことを**製品クラス**というが,企業から見れば,同じ製品クラスに属する複数の製品を販売していることが多い。そのような1つの企業が販売する同じ製品クラスの製品群を**製品ライン**という。なお,流通業者が製品ラインというときには,その流通業者が販売する同じ製品クラスの多様なメーカーの製品群になる。

　新製品開発とは基本的に製品という単位での開発を考えることであるが,新たな製品ラインを創り出して販売する場合のように,製

品ラインという単位で新製品開発が行われる場合もある。例えばパスタソースにおいて同じブランドで多くの種類を出して，その製品ラインの多様性を消費者に訴求したり，小売店頭における陳列を演出できるようにしたりするのは，製品ラインを単位とした新製品開発になる。

なぜ新製品開発をするのか

ほとんどの製造業者では，技術者を雇用して新製品開発に多くの費用を投じている。とくに大企業であれば，すでに開発された製品だけを生産・販売して，新製品開発をまったく行わないということは，まず考えられない。むしろ，他社と新製品開発で競争しているのが一般的である。では，なぜ企業は新製品開発に熱心に取り組むのだろうか。それに影響する要因として，競争や消費者需要，既存資源などのいくつかの要因が考えられる。

競争の要因

企業は製品差別化を通じた競争を展開するが，この製品差別化の中核となるのが，新製品開発である。広告やチャネルによる製品差別化を展開する場合でも，その基盤として，消費者の特別な選考を獲得する製品を開発することが出発点となる。言い換えれば，魅力的な新製品を開発せずに競合他社と同質的な製品を出しながら，広告やチャネルだけで製品差別化を構築しようとしても，消費者の行動に影響を与えることは難しく，効果的な製品差別化にはならない。

さらに，新製品開発には企業にとって費用と時間がかかるために，製品差別化を持続化させる効果がある。広告で製品差別化する場合には，競合他社が同じように広告に投資をして，別の切り口での広告を展開することで，その差別性が薄れる可能性が高い。しかも広告による追随は，製品開発の追随よりも速やかに行うことが可能である。

なおチャネルによる製品差別化は，2つの捉え方が可能である。まず取引が比較的自由に切り替えることができる状況では，チャネルをいち早く構築することで製品差別化を達成しても，追随する企業もすぐにそのチャネルを利用できるために，チャネルによる製品差別化は持続しないことになる。逆に，日本のように取引が継続的で，取引先を自由に切り替えることができない状況では，競合他社がチャネルによる製品差別化に追随することは難しくなる。ただしこの場合には，先行的にチャネルを構築した企業がつねにチャネルによる製品差別化を達成できることになり，競争手段として戦略に合わせて柔軟に利用できる手段ではなくなる。その点から新製品開発のほうが，製品差別化手段として使いやすいといえる。

　さらに，企業間の競争が市場細分化を含んだ展開になるとき，新製品開発は活発化する。それは市場をより小さく細分化し，それぞれのセグメントの需要に適合した製品を開発して供給することが，消費者のより高い選好を得て，競争力のある製品にすることができるからである。たとえ市場を細分化することで，各製品における販売規模が縮小しても，それらの製品販売の合計が以前よりも大きくなり，しかも，それらを共通の生産ラインで製造し，共通のチャネルで流通させることで効率化を達成できる場合には，市場細分化に基づく新製品開発が行われやすい。

　また，このような効率化のメリットが大きくない場合でも，競合他社が特定の市場セグメントに焦点を合わせた製品で参入してくる場合には，そのような後発企業に市場シェアを奪われる危険性が高くなるために，その防衛として市場を細分化して，それぞれの市場セグメントに対応した製品を開発する必要性が生まれる。

　そして，製品ライフサイクルがあるために，どの製品でも新製品として開発されてから時間が経てば，成熟期や衰退期を迎えること

になる。すると企業としての成長を維持するためには、成長期の製品をもつ必要があり、その成長期の製品を生み出すために、新製品開発を展開する必要がある。つまり、企業が製品ライフサイクルに基づいたマーケティング戦略をとる場合には、既存の製品事業を維持しながら新製品開発を行うことで、企業の成長を確保しようとするのである。

このように製品差別化・市場細分化・製品ライフサイクルが重要な位置を占める現代の市場では、新製品開発を通じた非価格競争が活発に展開されることになる。そして、新製品開発を通じた製品差別化をより効果的かつ持続的にもたらすために、**技術革新**に基づいた新製品開発が求められ、それは以下のような技術革新による競争を促進させることになる。

> 技術革新による競争

技術革新に基づく新製品は、機能的な優越性や非代替性が消費者に評価されやすく、しかも競合企業が技術的に追随するまでに費用と時間がかかり、特許などで模倣を防ぐことができる。

ただし、現代では、競合企業が大企業であることが多いために、このような技術革新をめぐる競争は継続的なものになる。すなわち、他社の技術革新に基づく新製品が市場に出されてから追随・模倣のための技術開発が行われるのではなく、製品ライフサイクルを考慮して、技術の動向を予測して、各企業が技術革新に多くの投資を継続的に行うのである。したがって、たとえある企業が先行的に技術革新に成功しても、同じように技術開発に取り組んでいる別の企業がすぐに同様の技術革新で追随したり、模倣する場合でも、それまでの技術力の蓄積から短期間で製品化したりすることが可能になっているのである。つまり、大企業間では技術力がともに高く、格差が少ないために、たとえ技術革新に基づく新製品開発でも、追随・

模倣にかかる時間が短くなっている。

　そうなると企業はますます技術革新に基づく新製品開発の競争に注力しなければならなくなる。競合企業が技術革新のための継続的な投資をする状況において，技術革新を怠れば，競合企業による製品差別化に太刀打ちできず，シェアや利益を大きく落とすことになるからである。

　他方で企業は，新製品開発において必ずしも革新的な新製品だけを市場にもたらすわけではない。競合企業が技術革新に基づいて画期的な新製品を開発したとき，他の企業は，その新製品を模倣した製品，つまり競合企業の製品と大して差がない製品でも市場に対抗して出すことが必要になるからである。このときに重要なことは，競合企業の製品と差別化された製品を開発することよりも，競合企業が市場を独占する期間をいかに短くするかということになる。そのような短期間での対応が可能となるのも，企業に技術開発の蓄積があるからである。それゆえ技術革新の競争が展開されることは，革新的な新製品だけでなく，模倣的な新製品開発も活性化することになるのである。

　したがって，新製品開発をめぐって，強力な差別化を追求する一方で，他社にいち早く追随・模倣をするという競争行動が展開されることになり，新製品といっても代替物がほとんどない革新的な新製品から既存の製品を模倣した新製品まで，多様なタイプを含むことになる。

製品間のシナジー効果　このような競争の要因による新製品開発でも，その企業が販売する他の製品の販売を促進させる目的で新製品開発が行われる場合がある。それは，製品間のシナジー効果を期待した新製品開発であり，これは開発される当該製品について見れば，必ずしも製品差別化や市場細分化で競争

力のある製品ではないとしても，他製品との間にシナジー効果をもたらすことが期待される新製品開発である。

その1つは，同じ製品クラスのなかでのシナジー効果を期待する場合である。この新製品開発は，いわゆる「売れ筋」ではないことがわかっていながら，あえて選択幅の広さや店頭での存在感を示すために提供される新製品である。例えば，製品の多様性を前面に出してシリーズ化されたアルコール飲料などでは，その製品ラインにおける多様性（これを製品ラインの「深さ」という）で製品差別化をねらうために，多様な新製品が開発される。つまり，多くの新製品を一度に出したり，その製品ラインに新製品を追加したりしたうえで，それらをまとめて消費者や流通業者に提案することで，個々の製品ごとに提案するよりも，より大きな販売への効果を期待するものである。

そしてもう1つのタイプは，シナジー効果が，その企業が販売する他の製品クラスにおいて期待される場合である。その典型は，ゲーム機とゲームソフト，プリンターとインクというような補完財としての新製品開発である。そのうちの一方の製品事業が，その産業構造から収益を期待できない場合であっても，売上が連動する別の製品による高い利益が期待される場合や，一方の製品が十分に供給されないと他方の製品普及の防げとなる場合には，その補完的な製品についての開発を行うことになる。したがって，一方の製品事業と他方の製品事業が産業構造の違いによって期待される利益率が異なる状況では，両者の製品需要が補完的であれば，個別の事業としての判断ではなく，シナジー効果を考えた新製品開発が行われるのである。

新製品を需要する消費者

新製品と既存の製品が店頭に並んでいるとき、新製品を選択する傾向が消費者にはある。企業はそのような消費者の新製品に対する需要を期待して、新製品を開発する。ただし、消費者の新製品に対する需要は、最寄品と買回品とでは異なった形で形成される。

まず食品や日用雑貨のような最寄品の場合、消費者は製品を選択する場合に、製品の利用経験による知識を使う傾向がある。新製品というのは利用経験による製品の知識が欠如しているために、従来利用していた製品よりも高いリスクを知覚しているはずである。にもかかわらず、消費者が既存の製品よりも発売されたばかりの新製品を選択するのには次のような理由がある。

それは第5章で述べた消費者のバラエティ・シーキングの行動が現れるためである。例えば缶コーヒーの新製品が出ると、多くの消費者がその新製品を試してみるというのはその典型である。このバラエティ・シーキングの行動が生まれるのは、次のようないくつかの条件が満たされている場合である。

まず、製品の価格が低く、新製品を試しに購買して、たとえその選択が失敗だったとしても、それで被る損失が小さいために、失敗のリスクがあまり意識されないという条件が必要である。さらに購買する製品を決めるときに、店頭で収集される情報にあまり依拠しないという特徴も必要となる。これらの特徴がある製品では、購買する製品を決めるときに、まず試用してみて、その経験の情報を以後の製品購買において利用する傾向がある。このような経験に基づいて購買する製品を決定するような製品のことを経験財という。

また、既存の製品についての満足度やブランド・ロイヤルティが高くない場合には、新製品が既存製品よりも高い満足をもたらすことへの期待が生じやすいので、消費者が新製品を利用してみること

で情報を収集する傾向が一層強まる。

　さらに，消費者の行動的特徴として，新しいものへの興味・関心や冒険心があれば，従来とは異なる新製品が出たときに，その新製品を購買するということも考えられる。これは，一般に年齢層が高く保守的な消費者よりも，若く革新を好む消費者のほうが，新製品を選好するという傾向をもたらす。なお，このような消費者は新製品のリスクを低く評価したり，新製品というだけでポジティブな評価を行ったりする。

　ただし，その前提には，製品間で消費者の知覚できる特徴や品質の違いがあることが必要である。もし製品に違いがなければ，別の製品へスイッチしても新鮮さや変化を感じられないことになるからである。

　そして，こうした消費者の行動的特徴について企業が戦略的に関与して，新製品への需要を高めようとする。具体的には，広告などで新製品への期待を高めて，新製品の試用を動機づけるのである。こうした企業のマーケティング活動は，新製品を使った製品差別化の追求から生まれるものであり，それが消費者の製品購買におけるバラエティ・シーキングを促進させることにつながるのである。つまり，消費者の新製品に対する選好は，消費者の行動的特徴と企業のマーケティング活動の相互作用によって共振化すると考えることができる。

　さて，衣料品や家電製品のような買回品の場合には，最寄品とは異なる理由で，消費者の新製品に対する需要が生まれる。

　買回品は最寄品よりも一般に高価格であり，購買頻度が少なく，しかも製品選択において，衣料品のようにデザインが重要であったり，家電製品のように製品の現物から得られる情報や表記された仕様の情報が重要であったりするために，消費者は経験の情報を使う

のではなく，店舗において購買する製品の情報を収集する。このような製品のことを探索財というが，探索財では，消費者は試用のためのバラエティ・シーキングが生まれにくい。

その代わり，衣料品の場合には，同じ衣服を続けて着ることを避けるために，消費者は本来的に多様性を追求することになる。しかも流行があるために，新製品に対する需要が前提となる。また，家電製品や自動車などは，製品・部品の技術革新が発生しやすく，その技術革新が明確な仕様の向上として現れることから，消費者が技術革新を取り入れた新製品を選好することになる。

したがって，買回品においては，消費者が多様性や技術の新規性を求めることに基づいて，新製品への需要が生まれることになる。企業としても，消費者の新製品需要に応えるために新製品開発に取り組む一方で，新製品による製品差別化を追求するために，このような消費者の新製品への需要を促進させるように，消費者に流行や技術革新の情報を積極的に伝えるマーケティング活動を展開する。

既存資源の有効利用

企業では，市場競争や需要の分析を起点として新製品開発を行うだけでなく，自社で保有している技術などの資源に基づいて新製品開発を行うことがよくある。このような保有資源に基づく企業の行動については第9章で詳しく説明するが，新製品開発の動機として，既存資源の有効利用のためというのがあることを理解しておく必要がある。

その既存資源として代表的なものとして，過去に開発された技術がある。すなわち，企業が新製品開発のために研究開発を継続して行うとき，その過程で生まれた技術のすべてを当初の目的の新製品に使えるわけではない。あるいは研究開発で生まれた技術をある製品に使うとしても，その技術の潜在的な可能性のすべてを使い切るわけではなく，つねにその技術を別の製品開発にも転用できる可能

性が残されている。そこで企業は、未利用技術や技術についての未開拓の応用可能性があるとき、それを活用する目的で新製品開発を行うことがある。これは企業にある資源としての技術を有効に使うことを動機づけられた新製品開発である。

同様に生産ラインやチャネルから新製品開発が動機づけられることもある。つまり、ある製品のために生産ラインを建設したり、販売チャネルを開拓したりしたとき、その生産ラインに余裕があり、それをもっと効率的に利用するためや、営業費用をかけて構築した販売業者との取引関係を有効に利用するために、新製品を付加するのである。これは既存の製品ではそれ以上の生産が過剰在庫をもたらし、流通業者も取引拡大を期待できない場合に発生する。

そのほか、既存製品にブランドが付与され、そのブランドがそれまでのマーケティング活動によって消費者の特別な選好を得ているとき、そのブランドのもっている潜在的な可能性をより引き出すために、そのブランドを付けた新製品開発を行う場合がある。例えば、スポーツシューズについてブランドを構築し、消費者のブランドに対する強い選好を作り上げたとき、企業は、消費者のブランドに対する強い選好を利用するために、スポーツバッグや腕時計の新製品開発を行い、それらに同じブランドを付けて販売することを考える。つまりブランドという既存資源をより有効に利用するために、新製品開発が動機づけられるのである。

そして一般的に、これらの既存資源は、製品の市場占有率において上位の企業になるほど、社内・事業部内に豊富に保有していることが多いため、上位の企業が積極的に新製品開発を行う傾向が生まれる。

2 新製品の革新性

新製品開発のタイプ

メーカーが創り出す新製品には、次に述べる3つのタイプがある。

1 製品革新型新製品

第1のタイプは、新たな製品産業を創り出すような革新的な新製品のタイプである。このタイプを規定しているのは、製品そのものの革新性であり、同じ製品クラスとして想起される製品が従来にないという意味での革新性が重要である。ただしそれがもたらす産業の規模はさまざまである。例えば、自動車がなかった時代において自動車を開発するというのは、後世に巨大な産業をもたらしたが、他方で、利用者が限られるためにそれほど市場規模が大きくならない製品事業も数多くある。

2 技術革新型新製品

第2のタイプは、既存の製品事業において技術的に新しい製品のタイプである。上記のような製品革新型の新製品が出て製品産業が確立されたのちに、競合他社が追随して出したり、自ら製品を改良したりする場合に、従来の技術の延長にはない不連続な技術革新を行うというタイプである。この革新性は、製品に使われている技術について捉えられる。例えば、自動車産業において、ハイブリッド車のように従来の製品と代替的な機能をもつが、使われている技術が不連続な革新を含む場合がその典型である。

3 改良型新製品

第3のタイプは、既存の製品産業において、上記のような不連続な技術革新を伴わず、製品技術の漸進的な改良にとどまる新製品の

タイプである。これは，自社の製品のモデルチェンジとして出す新製品や競合他社の出した新製品に追随・模倣して出す新製品であり，製品に使われる技術は，従来からの技術やその延長でしかない。

> 新製品の革新性

これら3つのタイプの新製品開発は，革新性によって区分されていることがわかる。すなわち，製品革新型と技術革新型は革新性が高く，改良型は革新性が低いと考えることができる。なおこれらの分類は，革新性の大きさによる識別であるために，その程度によってはどちらに属するのか判別が難しいものがあるが，ここで重要なことは，マーケティング論では革新性の低いものを含めて新製品開発として考えることである。

新製品開発で一般にイメージされるのは革新性の高いものであるにもかかわらず，マーケティング活動として革新性の低いものを新製品開発として含めて考えることに，はたして意味があるのだろうか。あるいは，企業の新製品開発として比重が大きいのは，革新性の低いモデルチェンジや他社に追随して行う新製品開発であるが，そのような第3のタイプの新製品開発がどうして行われるのだろうか。

まず，製品革新型のように製品市場を新たに創出する場合や技術革新型のように製品に使われている技術に革新性がある場合，そのような革新的な新製品をいち早く開発することで，次のようないくつかの効果を期待できる。

1つには競合企業が追随するまでの期間，その製品市場を支配することができる。製品革新型では，自らが創出した製品市場であるために，競合製品が登場するまでの間，唯一の供給者となる。技術革新型においても，革新的な技術を競合企業が同じように開発するまでの期間，革新的な技術によって，卓越した市場の地位を確保す

ることができ，そのために高い利益が期待される。

また，たとえ競合企業が後から追随してきても，先行的に新製品の市場を開拓し，技術開発に成功していることから，**先発者優位**のメリットを享受できる。まず先行的に製品の生産を始めているために，生産ラインにおけるノウハウの蓄積が進み，経験効果に基づいて後発の企業よりも効率的に生産できることになる。さらに，先行的に製品を出したことで消費者へのインパクトが強いうえに，広告によるイメージの蓄積が競合企業よりも長くなるので，革新的な製品や企業というイメージが，製品差別化においてより強く働く。

しかも，新しい製品市場を創出する場合には，先行してチャネルを確保することになるため，チャネル開拓の自由度が大きく，有力なチャネルを確保できることになる。競合企業は，すでに継続的な取引関係がつくられたところに取引に後発的に参入するか，あるいは，それよりも下位のクラスの販売店を開拓しなければならない。

そして，同様のことは，消費者を捉えることについても当てはまる場合がある。それは耐久消費財のように購買頻度が高くない製品クラスでは，革新的な製品や技術で革新性をとくに好む消費者を最初に捉えることができる。このような革新者は一般的に価格志向が低いため，高価格を受容し，しかも情報収集に積極的で，また製品についての知識が豊富であることが多いため，相対的に広告費用を抑えることができる。したがって，企業規模が小さく広告予算が限られる企業でも，革新的な新製品をこうした情報処理能力の高い消費者層に訴求することで，導入期の市場を捉えることができる。他方で，大企業でも，革新的な新製品を次々に出すことで，こうした革新者と呼ばれる消費者層に対して企業の革新的なイメージや期待をもたらし，これらの消費者層をより効率的に捉えることができる。

改良型の開発理由

以上の理由から，企業は革新的な新製品を積極的に開発しようとする。ただし，このような革新的な製品や技術を開発することは，多大な開発への投資を伴う。しかも開発に成功しても，その開発投資に見合った成果が得られるかどうか不確実であるという問題にも直面する。そこで，企業は革新的な新製品だけでなく，既存製品の改良や模倣による新製品の開発にも取り組むことになる。

第1の理由は，たとえ後発的に参入することになっても，競合企業の製品差別化を放置するよりは望ましいことにある。前述のように，革新的な新製品が登場すれば独占市場に近い状態となり，それによる高い利益率が確保されるため，他の企業は追随してその市場に参入しようとする強い動機づけが働く。

また，そうなると競合企業が追随してくることが最初から予想されるため，革新的な新製品を出した後も製品の改良を続け，後発的に参入してくる企業との製品差別化競争に備える必要がある。あるいは，競合企業の後発的な参入が市場細分化を伴うことも考えられるため，この製品の改良では，市場細分化による既存の製品を少し修正しただけの新製品であることも多い。

さらに，既存製品がある状況において，企業が後発的に改良や模倣の新製品を出すことには，次のようなメリットがある。

まず後発的に参入する場合には，技術開発のリスクが軽減されていることが多い。それは他社によって先行的に技術革新が達成されるため，後発的に参入する企業は，その技術革新を模倣したり，修正を加えたりすることで，新製品を開発することができる。つまり，他社が試行錯誤を通じて獲得した技術における学習を低費用で行うことができる。とくに，多くの企業が技術革新を展開し，そのなかで競争に勝ち残った技術（これを**ドミナント・デザイン**という）が確立

した後に参入すれば，製品技術の標準をめぐる競争の費用や淘汰される技術開発に投じた費用の損失を回避することができる。また，部品・原材料メーカーや生産設備メーカーが先行する製品で蓄積した経験を有効に利用することもできる。

さらに市場開拓の費用も改良型の新製品では節約される。まず，従来になかった新しい製品クラスを生み出すような新製品では，消費者にその製品の必要性を理解させるためには，広告や小売店頭での説明に費用をかける必要がある。また技術革新を含んだ新製品では，その技術革新を消費者に伝え，その有用性を理解してもらうために，やはり広告や販促活動に費用をかけなければならない。最初のうちは情報処理能力の高い革新者が相手であっても，さらに市場を広げて保守的な消費者層を開拓する段階では，この費用が大きな負担となる。

しかも最初の市場開拓では，消費者の反応についての経験がないため，誰に何をどう伝えると効果的かがわからない場合がある。有望な市場セグメントや訴求すべき新製品の特徴は，最初の期待とは異なり，マーケティング活動の試行錯誤を通じて発見することもよくある。

ところが改良型の新製品では，先発企業が市場を開拓し，製品や技術についての理解を浸透させたあとの市場投入であり，既存製品において需要者の特性，訴求点，訴求方法も学習されていることが多いため，市場開拓のための広告や販促活動にかける費用を節約することができる。

企業規模による違い　企業の規模によって，改良型の新製品開発への期待は異なる。まず大企業が改良型の新製品開発に取り組むのは，後発的に参入しても先発企業に対して不利にならない条件があるためである。すなわち，大企業では豊富

第6章　新製品開発　143

な広告予算と他の製品について先行的に構築されたチャネルによって，先発企業の形成したイメージの蓄積という先発者優位に対抗できる製品差別化が可能となる。しかも幅広く展開されたチャネルを通じて大量販売が期待でき，大量生産による効率性を達成できるために，後発参入であっても先発企業の経験効果に対抗することができる。

また卸売業者との継続的な関係を築いていれば，卸売業者からの要望で，競合企業に追随して改良型の新製品を出す傾向が生まれやすい。それは取引先でないメーカーが革新的な新製品を出すと，卸売業者は製品の仕入先を変えることよりも，継続的な取引を維持するために，新製品開発を取引のメーカーに働きかけることを選ぶからである。またメーカーも製品ラインのフルライン化を通じて，それに応じることが多い。

このように大企業は改良型新製品開発でも有利な競争を展開できるが，このことは革新的な新製品開発をしないという意味ではない。というのは，大企業が先発業者となる場合，この先発者優位を後発的に参入して克服するのは容易なことではないからである。それだけに製品革新型や技術革新型の新製品開発が重要となるが，革新的な新製品開発は高費用・高リスクであるために，経営資源を特定の領域に集中させて革新的な新製品を開発する一方で，残りの領域は効率的な改良型の新製品開発を行うという選択となりやすい。

それに対して中小企業の場合，製品差別化に関して，大企業のように広告やチャネルによる差別化が難しいため，新製品による差別化が重要になり，しかも，先発企業に追随して参入しても，先発者優位を克服することが難しいため，革新的な新製品を開発することが一層重要になる。また規模が限られるために，生産能力の余剰を利用する必要性は低く，チャネル戦略のために改良型新製品でフル

ラインにすることも要求されない。

ただし，中小企業でも，改良型の新製品開発を進める場合がある。それは，後発的な参入による効率化を追求する場合であり，技術開発や市場開拓における試行錯誤を回避したり，部品メーカーや機械メーカーにおける学習の蓄積を利用したりして，技術開発や市場開拓の費用を節約するためである。とはいえ，このような条件は大企業の後発参入のほうが有利であるために，中小企業としては，大企業と競合しにくい価格志向の強い市場セグメントを対象として，製品の機能を単純化するというタイプの改良型新製品開発を行う傾向が表れやすい。

3 新製品開発における需要情報収集プロセス

新製品開発の3つの段階

企業が新製品開発で成功するためには，次の3つの段階における問題を適切に処理する必要がある。

①企画段階——市場から情報を収集し，新製品の企画やアイデアを創出し，起案する。
②意思決定段階——新製品開発の費用やリスクを判断して，開発を行うかどうかの意思決定をする。
③技術開発段階——目標を達成するような新製品を実際に開発する。

さらにこの後，開発された新製品を市場に出す段階における問題もあるが，これは広告戦略やチャネル戦略の役割となる。そして新製品開発の成否は，上記の3段階をどのように遂行するかに依存していると考えることができる。

ここで重要なことは，新製品開発の成功が開発者の能力や開発者による偶然の発見だけで決まるとは考えないことである。新製品の企画段階や意思決定段階のようにマーケティング論として考えるべきポイントがあり，技術開発段階においても，開発者個人の自発的な働きだけでなく，その動機づけや管理・組織の問題などを含めて捉えることが重要となる。

> 潜在需要情報の収集

新製品を開発するとき，先行的に消費者の潜在需要についての情報収集と分析をすることが一般的に行われる。とくに新製品が既存の製品のいずれとも似ていないような革新性を伴うほど，新製品として何を開発するかという問題からスタートすることになる。

例えば，食品や日用雑貨品などの産業では，機能性飲料や消臭剤のように新たな製品クラスを創出するような新製品がこれまでに数多く開発されてきた。このような製品革新型の新製品開発に成功すれば，製品差別化において強い地位を築くことができる。しかし，新製品が従来にないほど革新的であればあるほど，その企画を考えるとき消費者の潜在需要を幅広く収集することが求められる。それは既存の生産ラインや利用可能な技術・原材料という制約があるとしても，新製品企画が幅広い可能性や自由度をもって行われるためである。

他方で，このような新たな製品クラスを創出しないような新製品開発でも，消費者の潜在需要についての情報収集と分析が重要となる場合もある。例えば，既存の製品クラスにおいて画期的な技術を導入する技術革新型の新製品開発では，既存の技術に対する差別化をより効果的に訴求するために，消費者の潜在的な需要に立ち返って，新製品の訴求する特徴を捉え直すことがよく行われる。また，既存の製品クラスで既存技術の延長で開発される改良型の新製品開

発においても,競合する製品に対する製品差別化を鮮明にするために,やはり消費者の根源的な需要から,製品の意味を捉え,それに基づいた新製品開発を試みることがある。

例えば,缶コーヒーの新製品を開発するときに,「消費者はどのような味の缶コーヒーが好きか」という視点ではなく,「消費者はなぜ缶コーヒーを飲むのか」「消費者は缶コーヒーに何を求めるのか」という根源的な次元から需要を捉えると,「くつろぎ」「目覚まし」などの製品コンセプトが導かれ,そのような製品差別化を達成するための新製品開発を行うというパターンになる。

ただし,消費者の潜在需要を収集・分析することは容易ではない。とくに製品の革新性が大きいほど,その収集や分析は難しくなる。消費者は製品として見たり利用したりすることで,その製品に対する需要を知覚し表現することができるが,従来にない新製品についての潜在需要というのは,消費者が未知のものに対する需要であるために,それを表現できないのである。具体的に言えば,実際の飲料を味わうことで,それが好みに合っているかどうかを表現することはできても,これから開発する飲料の理想的な味覚を表現するのは困難であり,「さわやかな味」というようなさまざまな可能性を含んだ表現にならざるをえないということになる。

また,製品クラスが確立されている場合でも,消費者にはその製品クラスが提供する便益について固定観念が形成されているため,それとは異なる根源的な潜在需要がないかを聞いても,それを表現するのは難しい。例えば,どのようなシャンプーが理想的かと聞かれても,消費者は「髪をきれいに洗える」という常識的な回答か,あるいはテレビ広告で聞いた既存の製品コンセプトを答えることにとどまり,どの既存製品にも具体化されなかった機能に対する潜在的な需要を表現できる人はほとんどいない。

すると，消費者からどれほど情報を集めても，そこから消費者の潜在需要を探り当てて新製品を開発するのはたいへん難しいことになる。しかも，新しい製品クラスを創り出すという課題に挑戦するときには，この潜在需要の可能性の広がりは，さらに大きくなる。すなわち，消費者が漠然ともっている不満を解決する新製品にはさまざまな可能性があり，その潜在需要を収集する対象さえも決まっていないことがある。つまり，消費者に何を聞くべきか，また誰に聞くべきかさえ決まっていない状態で，潜在需要を探ることになる場合もある。

　したがって，消費者の潜在需要に基づいて新製品を企画することは，それによって新規の市場を発見したり，競合企業に対する強い製品差別化をもたらす製品の条件となったりする可能性がある反面，消費者から情報を収集すればただちに導き出せるような容易なことではないのである。

情報収集における与件設定

　企業が新製品開発のために消費者の潜在需要についての情報収集を行ううえで重要なことは，第1に，消費者における潜在需要について広範囲の可能性から情報を収集することである。そして第2に，捉えるべき潜在需要は未開拓のものである必要があるため，消費者の行動から未開拓の需要を先入観なく捉えて抽出することである。とくに後者において開発者の能力やセンスが問われることになりやすい。

　ここで，消費者の潜在需要についての可能性を広範囲に捉える行動と潜在需要について深く分析する行動とがしばしば矛盾するという問題が発生する。それは開発者の情報処理能力に限界があるために，広範囲に考えることと深く考えることとの間にトレードオフが生じるためである。

この問題に対して企業は,潜在需要についての情報収集や分析において,何らかの与件を設けて収集や分析の範囲を絞り込むことがある。このような範囲の絞り込みによって,情報収集や分析における関心や努力を集中させるのである。それによって考察の範囲が制約されるとしても,関心の集中化によって潜在需要を深く見直すことが可能となり,結果として,潜在需要を捉えることを期待するのである。

　そして,この情報収集・分析の絞り込みでは次の2つの種類の与件設定が行われる。

　1つは技術的な与件である。典型的には,製品の具体的なイメージがない状況で技術革新が生まれたとき,その技術を使うという前提で,新製品開発のための潜在需要の探索が行われる。ここで技術を与件とすることで,その技術のもたらす便益についての潜在需要を深く考えることができる。これはプロダクト・アウトの新製品開発と呼ばれて,需要について情報収集と分析が足りないような批判を受けることがあるが,必ずしもそうではなく,この技術的与件が新製品開発の出発点において使われるかぎりは,マイナスの影響をもたらすとはかぎらない。すなわち,新製品開発の出発点として,対象とする需要の絞り込みと深耕のために技術的与件が利用され,その開拓された潜在需要から技術問題が提起されれば,今度はそのための技術革新を要求することもよく発生する。

　例えば,液晶についての技術革新に成功した後に,その液晶技術を用いた新製品を開発するとき,液晶画面で消費者がどのような便益を得るのかについて情報収集と分析を行うというケースがある。このときビデオカメラに液晶画面を使うという前提で考えると,撮った直後に映像をみんなで見て楽しむという需要,撮影のときにファインダーをのぞき込まず楽な姿勢で撮れるという需要,映り具合

を確認しながら自分自身を撮影できるという需要などが，技術的与件から導かれる。これらは液晶画面という技術があることで引き出される潜在需要と考えることができる。また，それらの需要に焦点を合わせたとき，その用途のための液晶画面の技術革新が必要になる場合も起こりうる。

そしてもう1つは，情報収集や分析における仮説的な与件である。これは消費者の潜在需要についての情報を収集する場合に，先入観に対する逆説的な仮説やある市場セグメントを抽出する仮説を設定し，問題の焦点を絞り込んで，収集される情報の質や量を高めるとともに，考える範囲を限定して深く分析することである。これは潜在需要の情報収集において，開発者が日常の生活や業務のなかで収集される情報だけでなく，消費者に質問票調査やインタビュー調査をすることで情報を収集する場合にとくに必要となる。というのは，これらの調査を設計するためには，先行的に何らかの仮説や対象となる市場セグメントが絞り込まれている必要があるからである。

例えば，逆説的な仮説として，「男性も飲料においてカロリーを気にする」「シャンプーで髪の汚れを落とすことはあまり重視されない」「低果汁飲料を大人も飲む」という仮説をまず立てて消費者の潜在需要を探るのである。これらはそれまで常識として考えてきた前提を疑うことであり，このような与件を設けることで，先入観によって妨げられていた潜在需要の可能性をむしろ広げることができる。少なくともこの仮説的与件によって，他の潜在需要については当面考えず，考察をその周囲に集中することができる。もちろんこれらは仮説にすぎないために，その後に質問票調査やインタビュー調査で，仮説の適否を確認する作業が必要となる。その際に調査を市場セグメント別に行うことで，特定の市場セグメントにおいて仮説が当てはまるかどうか，あるいは仮説が支持されないとしても，

そこに従来の予想とは異質な傾向がないかを検討するのである。

組織的な情報収集プロセス

これまで述べてきたように、消費者の潜在需要における広範な可能性に対して、技術的与件や仮説的与件を設定することで、その広範さを制御し、関心の集中化やデータでの検証を通じて、潜在需要を深く捉えることがよく行われる。こうした行動は、開発者・企画者個人のプロセスだけでなく、新製品の企画を検討する組織においても、しばしば見られる。

企業では新製品の企画・開発に複数の人間が関与することが一般的である。そして消費者の潜在需要についての情報収集や分析において、幅広く収集し、さまざまな可能性を考えるうえでは、複数の人間が関わることのメリットが発揮されやすい。ところが、潜在需要について複数の人間で深く検討しようとするとき、潜在需要の曖昧さや多義性が問題になる。すなわち、潜在需要のある局面についての理解や表現が多様で曖昧なものとなるために、新製品のコンセプトについてのコンセンサスが形成されず、次の調査や技術的な開発の段階に移行できないのである。

この場合においても、前述の技術的与件や仮説的与件が利用されることになる。すなわち、技術や仮説を通じて、個々のイメージの齟齬を認識し、絞り込まれた問題について、共通の起点や前提のもとで検討を行うことが可能になるのである。

さらにその検討において、理解の収斂化をはかるために、潜在需要に対応する新製品のコンセプトについての具体的で明確なイメージの提示がなされる場合があり、そのような具体的な提示物をプロトタイプという。例えば、機能的なノートPCについての潜在需要を探るときに、紙箱のプロトタイプを示して「このサイズのPC」を開発するといえば、携帯性についてのイメージの齟齬を克服して、

その潜在需要を具体的な表現で深く掘り下げることができる。同様に若い女性に好まれる飲料について,「このようなかわいいパッケージ」と示すことで,どのような方向性に向かうべきかが明確になるのである。

このプロトタイプは,潜在需要の可能性の範囲を制限するものではあるが,深く掘り下げるべき方向性を明確にして,組織の求心力を高める手段として新製品開発の最初の段階ではしばしば用いられる。

4 新製品開発の意思決定プロセス

新製品開発の意思決定とリスク

これまで述べたように,新製品開発では,まず消費者の需要情報の収集と分析を適切に行うことが重要である。ただし,開発者が消費者の需要をうまく捉えていたとしても,次にその新製品の企画を遂行するかどうかを決める意思決定が適切に行えないならば,新製品開発で成功はできない。例えば,ある企業が新たな製品クラスを創出するような革新的な新製品の開発と販売において成功したとき,実は競合企業では過去にその製品のアイデアを見込みがないとして却下していたという話は決して珍しいことではない。あるいは革新的な新製品が出ても,競合企業が過少に評価して,すぐに追随した新製品を開発できずに,先行する企業の独走を許してしまうケースもある。

このように新製品開発の意思決定において失敗を犯すのは,新製品開発のリスクが大きく,企業がそのリスクを適切に評価できなかったからである。新製品の開発と販売には多大な費用がかかる反面,

その成果は不確実で,投じた費用を回収できないこともよく発生する。それだけに企業は意思決定を適切に行わなければならないが,それが慎重になりすぎる場合には,新製品を開発できずに競争優位を築けない企業となり,逆に冒険的になりすぎる場合には,資源の分散によっていずれも成功させられず,失敗による損失から企業が存続できない事態となってしまうのである。

さて,新製品開発に関わるリスクは,大きく分けて次の3つが考えられる。まず1つは,消費者が新製品の革新を受容するかどうかに関わるリスクであり,これは製品革新型や技術革新型の新製品において発生するリスクである。2つ目は,新製品の生産・販売数量に関するリスクである。これは改良型も含めてすべての新製品開発で考慮すべきリスクとなる。そして3つ目は技術開発のリスクであり,技術革新型の新製品開発でとくに意識されるリスクである。

新製品受容の不確実性

新製品が新しい製品クラスを創出するような場合や従来とは連続性のない技術革新をもつ場合には,消費者がその新製品を受容するかどうかは不確実になる。つまり革新性が大きい場合に,情報処理能力の限られた消費者が新製品や新技術の有用性を理解できないという事態が予想されるのである。

第4章の製品ライフサイクルにおいて述べたように,新製品は,情報処理能力が高い革新者と呼ばれる消費者から,しだいに情報処理能力の低い保守的な消費者に普及するという過程をたどる。ところが,その新製品のねらうべき市場セグメントが,保守的な高年齢層のように革新者とは外れた消費者層である場合には,この新製品を早期に採用する消費者はほとんど存在しないということになる。あるいは,その新製品の機能やデザイン,価格設定が革新者の選好を適切に捉えていない場合や,情報処理能力の高い革新者ですらも,

製品や技術が先進的すぎて理解できない場合にも，新製品の市場導入は失敗することになる。

さらに，その新製品の開発や生産に多大な投資が必要であり，保守的な消費者層にまで販売市場を広げる必要があるとき，この保守的な消費者層が新製品を受容するかどうかが問題になる。そのとき，新製品や新技術の有用性がそのような消費者に理解されない場合には，新製品の売上が伸びずに，新製品に投資した資金を回収できないことになる。

したがって企業は，新製品開発の意思決定をするとき，この消費者の受容に関心を払うことになる。しかし，消費者にとって未知の製品や技術への反応であるために，予測が難しいという問題に直面する。

そこで企業は，その予測の精度を少しでも上げるために，革新者や早期採用者の消費者と接触して情報を収集することに努める。またそのような消費者は，製品についての専門知識が豊富で先進技術への関心も高いために，革新の方向性についての有用な情報を企業にもたらすことが期待される。そのような革新を受容し，自ら革新を提起するような消費者のことをリード・ユーザーという。あるいは，企業が流通業者の仕入担当者や販売員にそれと同じ役割を求めることがある。

ただし，この場合に「**イノベーションのジレンマ**」と呼ばれる問題が発生する場合がある。そもそも企業が情報を収集するように関係を構築したリード・ユーザーや流通業者の担当者は，既存の製品分野に深く関わっているために，その意味では，既存分野の需要情報や革新への評価情報は収集しやすいが，新規の事業や市場に関する情報を彼らから収集しにくい。すると企業では，既存事業における新製品については，彼らから情報を得て，リスクを低く評価する

一方で，新たな製品クラスを創出する場合や技術革新を受容するのが従来とは異なる消費者層であるような革新性の高い新製品については，リード・ユーザーや流通チャネルが異なるために，情報収集が十分にできずに高いリスクを知覚することになる。したがって，既存事業で消費者や流通業者からの情報を吸引できるような成功した企業になればなるほど，新規市場を対象としなければならない新製品開発のリスクが相対的に大きく知覚され，その結果，そのような革新的な新製品は，既存事業で有利なポジションについていない企業によって実現されるという傾向が生まれてしまうのである。すなわち，新製品受容の情報収集において既存のリード・ユーザーや流通業者に依拠するほど，イノベーションのジレンマに陥りやすいことが予想される。

> 需要規模の不確実性

市場におけるリスクとして，消費者が受容しないリスクに加えて，需要に見合った生産量を過不足なく決定できないことによるリスクがある。これは消費者がたとえ受容したとしても発生するものであり，また革新的な新製品だけでなく，改良型の新製品でも考えなければならない。

新製品開発では，生産量に関する意思決定がとくに難しい。例えば，新製品の普及のスピードが予想以上に早い場合には，急速な需要拡大に対応する生産規模の拡充が追いつかない事態となる。そのとき需要の拡大を知ってから生産ラインの拡充の意思決定をしていたのでは，生産が間に合わず，流通段階における在庫不足が発生する。すると，消費者は小売店頭にないために購買できず，その購買できない期間にその新製品への関心が弱くなったり，メーカーに対する不満を大きくしたりする可能性がある。また，それまで新製品の販売に協力的であった流通業者にとって，新製品の十分な在庫を用意できないメーカーとの信頼関係も失われることになる。さらに，

供給不足に陥った新製品の広告は消費者や流通業者の不満を募らせるだけの効果しかないために，広告を抑制することになるが，そのために製品差別化も不十分になりやすい。

新製品のなかには，予想以上のヒット商品になって店頭から製品がすぐに消えてしまうという現象がしばしば発生するが，企業にとってそれは決して好ましいことではない。むしろ，消費者や流通業者との信頼関係を損なうデメリットが大きいのである。

そのためメーカーは新製品の販売においては，供給不足が発生しないように十分な生産量を確保しなければならないが，需要量を事前に予測することは難しく，他方で，過剰在庫の心配もある。すなわち，予想した販売量に達しない場合には過剰在庫をもたらし，それは在庫処分のための大きな損失をもたらしたり，流通段階での低価格販売が発生して，流通業者との関係を損なうことになったりする。

しかも，この在庫不足に続いて在庫過剰が発生するケースも多い。それは，新製品の予想以上の需要による在庫不足が発生し，それに対応して急いで生産ラインを拡充したものの，その生産体制が整う頃には，消費者の関心が薄れたり，競合企業の参入によって新製品としての製品差別化が弱められたりして，今度は在庫過剰が発生するのである。

このように生産量の意思決定を適切に行えないと，需要に対する過不足のいずれの場合においても，企業にとっての損失が発生することになる。そして新製品開発では，過去のデータを参考にして需要予測ができないことから，この損失が発生するリスクがとくに問題となりやすい。話題になった新製品でもこうした意思決定に失敗したことで，企業に利益をもたらさないことは少なくない。

技術開発の不確実性

新製品開発のなかでも従来にない新しい技術を用いる新製品開発では、その開発投資にかかわらず技術開発に成功しないことも考えられる。それは開発において期待された性能を引き出せない場合や期待された期間内に開発ができず、後発での参入になり、競合企業の独走を許してしまう場合などがある。

そのような技術革新の失敗を避けるために、企業は十分な開発投資を行う必要があるが、その成功が予測困難であるほど、投資のリスクは大きくなる。したがって、そのような技術開発のリスクを受容して、投資の意思決定を行えないならば、技術革新を有した新製品開発は困難になる。言い換えれば、リスク回避的な企業では、技術革新への投資に消極的になり、既存の確立された技術に基づく改良型の新製品開発を行う傾向が強くなる。

しかも候補となる技術が複数ある場合には、技術開発の意思決定が複雑になり、特定の技術開発に資源を集中するのか、あるいは複数の技術について資源を分散させるのかという選択を迫られることになる。そして、これらの意思決定を適切に行えるかどうかが、新製品開発において成功する条件となる。

さらに、ある種の技術については、たとえ技術革新に先行的に成功しても、その技術が業界標準になれるかどうかという問題が発生する場合がある。その典型は、当該技術に**ネットワーク外部性**がある場合であり、消費者や部品、ソフトウェア、記録媒体などの周辺の産業を含めたメーカーにとって、その利用者が増えれば増えるほど、利用者にとって有利になるという状況である。例えば、ビデオテープやDVDといった映像記録媒体では、複数の規格がメーカーによってもたらされたが、消費者の製品選択においては、このネットワーク外部性が大きく影響し、市場において支配的な記録媒体の

ほうを消費者は選択するようになる。

このように技術が競争的に淘汰され、勝ち残った技術がドミナント・デザインとなる。そしてドミナントが確立される前の段階では、たとえ技術革新に成功しても、その新製品を普及させることができないケースが発生する。そのような産業では、企業が技術革新や市場での普及に加えて、競合企業や周辺産業の企業に当該技術を採用させて、ネットワーク外部性が先行的に形成されるような戦略をとる必要がある。すなわち、このようなネットワーク戦略の意思決定が、このドミナント・デザインをめぐる競争では重要となる。

5 新製品開発の組織的条件

新製品開発の組織的条件とは

新製品開発では、消費者需要の情報収集や開発投資の意思決定に加えて、研究開発部門において新製品やそれに必要な技術が実際に開発されるかどうかが重要になる。例えば、新製品を次々と成功させる企業は、研究開発部門において連続的に新製品を開発する能力が高く、効率的に開発を進める能力を備えていることが多い。これは新製品開発のために研究開発部門における組織的な条件が整備されているかどうかという問題である。

そしてここでは、この組織的な条件として、①新製品開発プロセスの設計と、②研究開発組織の管理、の2つの問題について検討することにしよう。

新製品開発プロセスの設計

研究開発部門における新製品開発では、有効な新製品が開発されるまでの期間を短くすることが重要となる場合が多い。ただし、

これは潜在需要の情報収集や開発の意思決定が済んだ後の実際に開発や設計をする期間のことである。自動車の新製品開発を例にとると，その開発期間が短いというのは，その1つの開発にかかった技術開発者の作業時間が短く，その人件費が節約されるということであるために，効率的な開発体制ということになる。

また，開発期間が短いことは，新製品の発売時点により近い段階において，最新の消費者需要や技術を開発に織り込むことができるというメリットもある。とくに部品の技術革新が激しく，その部品の技術革新によって製品のコンセプトが大きく変わったり，製品価格に影響したりする場合や，消費者の製品デザインに対する選好が大きく変わりやすい場合には，こうした迅速な新製品開発は重要となる。

さて，このような開発期間の短縮化には，研究開発部門における集中的な努力の投入による場合が多いが，産業によってはそれに加えて，新製品開発プロセスの再設計という方法が用いられる場合もある。

その最も典型的な方法は，新製品の開発を，部品，ソフトウェアなどの開発や生産ラインの開発を含めて考え，それらの開発プロセスを並行させるとともに，それらの開発担当者との間で情報を共有化させるものである。これはコンカレント・エンジニアリングと呼ばれることもあり，部品を組み立てるタイプの製品やソフトウェアを利用する製品，あるいは生産技術の開発も重要な産業で用いられる方法である。

このように開発プロセスを並行化させ，その間の情報共有をすることで，部品の開発からソフトウェアや生産技術の開発までの全体の開発期間を短縮させることができる。また，従来では後に置かれていた開発プロセスにおいて新しい技術が開発されたとき，それ以

前の開発プロセスでの設計変更が必要となる場合があったが、プロセスの並行化と情報共有によって、このような設計変更に伴う開発期間の遅延化を減らすことができる。そしてこのことは後のプロセスでの設計変更の柔軟性をもたらすことになるため、新製品の技術革新を導入しやすいというメリットも生まれる。

ただし、開発プロセスの並行化のためには、情報が迅速に伝わるような情報技術の導入に加えて、それぞれの開発プロセスを担当する部門や企業との間での情報共有を可能にする組織的な条件が必要となる。例えば、それぞれの部門や企業での独立性が強い場合には、他のプロセスに合わせた設計変更に対して消極的になりやすいため、部門間や企業間で共通の目標をもち、共同で問題を解決する志向が強くなければならない。また情報を正確に伝えるためには、その変更の背景となる情報を含めて相互に理解する必要があり、他のプロセスについての理解が前提となる。すなわち、そのような情報共有の体制がとれている企業では、プロセスの並行化によって、開発期間の短縮化を達成できることになる。

さて、開発期間の短縮化をもたらす開発プロセスの再設計には、開発プロセスの並行化だけでなく、もう1つの代表的な手法がある。それはモジュラー型開発と呼ばれる手法で、製品をいくつかのサブシステム（モジュール）に分割し、その組合せによって製品がつくられるようにするものであり、新製品開発もそのモジュールごとに分業して行うのである。例えばデスクトップPCは、CPU、メモリ、ハードディスク、ディスプレイなどのサブシステムをモジュールとして、その組合せによって製品がつくられる。

この手法も開発プロセスを並行的に進めることができるため、全体の開発プロセスは短縮化される。ただし、プロセスの並行化とは異なり、モジュール間の接合部分は標準化されているため、開発プ

ロセス間の情報共有は最小限になる。むしろそうすることで，それぞれの開発プロセスの分業化・専門化が追求されたり，複数の企業による競争が展開されたりすることによって，迅速性に加えて効率性や品質の向上，技術革新が期待されるようになる。

このモジュラー型開発は，部品や原材料が複雑に絡み合って製品の品質・性能を規定するような製品では適用できない。つまり製品の技術的特性によって，モジュールに分割しやすい製品と分割しにくい製品とがあることになる。

また，モジュールへの分割が容易な製品になるほど，部品が調達できれば代替的な製品を組み立てられることになるため，製品の技術による製品差別化が難しくなりやすい。そのため，モジュラー型開発を行う企業は，全体の設計の迅速性と効率性を追求して，価格競争を積極的に展開するか，製品差別化が可能となるように，キーとなる部品の内製化を行ったり，製品のデザインやブランドによって差別化したりすることが必要になる。あるいは，製品の小型化などによって，モジュール間の調整の技術を高度化させて，あえてモジュラー型開発の程度を抑制する戦略をとる場合もある。

研究開発組織の管理

有効な新製品開発を進めるためには，研究開発部門における開発担当者の動機づけが重要となる。この動機づけに関しては，動機づけによる意識の高さとどの方向に動機づけるかという方向性が重要となる。

まず前者の動機づけによる意識の高さについては，開発担当者における技術革新への積極性で捉えられる。ただし企業にとっては，彼らの意識を高めればよいという単純な問題ではない。企業では，技術革新型の新製品だけでなく，既存技術の延長による改良型の新製品開発も重視していて，両者の新製品開発が同じ研究開発組織で行われる場合もあるからであり，開発担当者の技術革新への志向を

適切に管理することが重要になる。

　この開発担当者による技術革新の動機づけのために，技術革新の評価と成果報酬を設定することがまず考えられる。ただし，革新的な技術になるほど，努力に対して成果を伴わない可能性が高いうえに，実現までに時間がかかるために，この評価は容易ではない。

　例えば，開発担当者の新製品や技術の開発を積極的にさせるために，開発された新製品による売上や利益などの成果指標で評価すれば，開発担当者は，確実に成果が実現されるような改良型の新製品開発を志向して，成功するかどうかわからない技術革新については消極的になることが予想される。また，製品革新型の新製品開発も，市場開拓のリスクが高いうえに，営業部門や広告担当部門などの他の部門の協力が前提となるために，成果が期待どおりに達成されるとはかぎらず，やはり消極的になる可能性が高い。

　それに対して，開発成果に連動しない報酬体系を採用すると，開発担当者が，成果に結びつかない自己実現のための研究開発に向かう傾向が生じ，新製品の開発が効果的・効率的に行われない可能性が高くなる。

　そこで，通常は両方を総合した評価を行うことになるが，そうなると個々の担当者に裁量性が生まれて，全体としてのバランスをとるのが難しくなる。またそうならないように開発担当者の役割を製品革新型と技術革新型，改良型の新製品開発に分けることも可能であるが，その場合には，開発担当者の能力育成やモラール，さらにこれらの境界領域の新製品開発がおろそかになるなどの問題を考える必要がある。

　したがって，新製品開発で成功している企業では，このような研究開発組織の管理において，評価・報酬や組織の編成をさまざまに工夫している。また経済的な報酬のみではなく，組織としての評価

を通じて満足感・達成感を満たすことも重要であり，それらの蓄積や複合的な作用を通じて，革新的な企業文化が醸成されるケースも多い。

次に，新製品開発のための技術革新において，どの方向に動機づけるかということが，開発担当者の管理において問題となる。これには分権型と集権型との2つの考え方がある。

まず分権型というのは，どの方向・分野に技術革新を進めるかの決定について，開発担当者や研究開発部門に権限を委譲して，開発担当者の裁量性を重視する考え方である。技術革新は不確実性が高く，試行錯誤を伴うものであるが，これらの問題に対して技術革新の可能性を広く追求させるという考え方である。その一方で開発担当者の行動の自由度を大きくすることで，独自性追求や挑戦意欲を引き出し，そこから革新性を高めることを期待する。

ただし技術革新を伴う新製品開発は，長期的な開発投資が必要であり，その成果も不確実なものであるため，このような分権型のボトムアップで新製品開発を推進すると，企業にとっては資源の分散を招くことになり，効果的な新製品開発ができなくなる可能性がある。また，研究開発部門が責任を負える範囲内での意思決定をして，リスク回避的になることも考えられる。

そこで，企業では集権的に技術革新の方向性や領域を決定して，そこに経営資源を集中させるとともに，企業として開発のリスクをバックアップする。またこのように集権型の開発体制にすることで，事業部間で分割されやすい経営資源や技術を事業部間で移動させたり，生産部門などの他の職能部門の協力・連携をはかったりすることも可能になる。とくに，新製品開発の最初の段階では，試行錯誤が必要であるために分権型の裁量性が与えられるとしても，資源の投入が必要な段階になると，その絞り込みのために集権型の意思決

定が重要になる。

したがって，企業では，分権型と集権型の両方のメリットを考えて，研究開発部門への権限委譲の望ましいレベルを適宜決定することになる。しかも，そのレベルが企業によって異なるのは，新製品開発の成功が，分権型における裁量的な可能性追求の広さによって規定されるのか，あるいは集権型による資源の集中によってもたらされるのか，そのどちらの比重が大きいかに依存すると考えることができる。

演習問題

6-1 新製品開発において成功した製品を1つ取り上げて，新聞や雑誌，インターネットなどの記事を参考にして，その製品開発のプロセスにおける成功要因を考えなさい。

6-2 新製品開発を連続して成功させるためには，どのような組織的条件が重要かを考えなさい。

6-3 新製品開発の担当者は消費者の声を重視すべきではないという説があるが，新製品開発プロセスの特徴から，その理由を説明しなさい。

第7章 マーケティング・ミックス

Introduction マーケティング・ミックスとは，マーケティング戦略の目標を達成するために利用される統制可能な要素の組合せであり，この章では，広告・販促活動，チャネル，価格の各要素について説明する。広告・販促活動やチャネルは，製品差別化を形成する要素となるのに対し，価格は，製品差別化のもとで統制される要素である。

Keywords マーケティング・ミックス，4P，広告，広告費用，販促活動，チャネルの広さ，チャネル管理，チャネルの多段階化，価格設定，価格差別，スキミング戦略，浸透戦略

1 マーケティング・ミックスとは

マーケティング・ミックスと4P

マーケティング・ミックスとは，マーケティング戦略の目標を達成するために利用される統制可能な要素の組合せのことであり，第6章で説明した新製品開発もその要素の1つである。代表的なマーケティング・ミックスの構成要素としては，マッカーシーの**4P**といわれる製品（product），広告・販促活動（promotion），チャネル（place），価格（price）がある。この章では，第6章で述べた製品を除いた3つの要素について説明することにしよう。

さてこの4Pは，マーケティング計画を考えるときにしばしば言

及される。すなわち，市場細分化でセグメントが明確になれば，その標的セグメントに合わせた4Pを適切に計画し，管理することが重要であると説明される。

しかし，この4Pの間における意味の違いに留意する必要がある。まず，製品は，第6章で説明したように，製品差別化の最も基本的な要素として，競争においても，また理論的にも重要な位置を占める。製品差別化を説明する場合でも，製品属性として製品そのものが備えている特徴を中心に説明したが，これは新製品開発による差別化が基本になるという意味を含んでいる。その意味で，製品のPは，マーケティング・ミックスの4Pのなかでも，別格の地位が与えられる要素である。

次に広告・販促活動については，開発された製品の情報を伝えるだけでなく，その製品の評価に影響を与えることで製品差別化を形成する要素となる。とくに広告は消費者の需要を喚起するプル戦略の代表的な手段となっている。

そしてチャネルは，製品差別化に対して2つの影響があり，1つは，チャネルを広く展開することで製品の入手可能性を高め，製品入手の容易さという製品属性を通じた差別化を形成することであり，もう1つは，チャネル管理であり，小売店を通じて販促的な情報を提供することで，広告と同様に製品の評価に影響を与えることによる差別化を実現する。後者の局面については，小売店から消費者に働きかけるという意味でプッシュ戦略という場合がある。

これらの広告・販促活動やチャネルによる製品差別化は，製品開発が済んだ後に行う製品差別化であり，その意味で競争状況に合わせて柔軟に変更できるという特徴がある。とくに，製品ライフサイクルの段階に合わせてマーケティング戦略を切り替えるとき，その中心となるのは広告・販促活動やチャネルという手段であり，マー

ケティング・ミックスの統制可能な要素という特徴が重視される。

　最後に，価格であるが，既述の製品，広告・販促活動，チャネルの3つとは位置づけが異なる。第2章で説明したように，製品差別化とは，消費者の特別な選好を形成して，需要の価格弾力性を引き下げることである。マーケティングにおける価格設定というのは，その前提での価格の調整であるために，価格設定自体は製品差別化を構築する手段ではない。

　したがって，製品の価格は，標的市場に合わせて設定する統制可能な要素であり，消費者の購買に影響を与える重要な意思決定ではあるが，マーケティングが製品差別化を形成する行動であるという基本に基づけば，他の3要素とは分けて考える必要がある。

マーケティング・ミックスの一貫性

　マーケティング・ミックスを考える目的の1つは，各要素を統合的に捉え，一貫した戦略として展開することにある。例えば，新製品開発で重視された製品属性があれば，広告やチャネルを通じて消費者にその製品属性の重要性を認識してもらう必要がある。あるいは，ある市場セグメントの分析から製品が開発されたのであれば，広告のメッセージはそのセグメントに向けて発信されなければならず，既存のチャネルがそのセグメントに利用されないものであるならば，新たなチャネルを開拓するか，逆に製品計画の練り直しが必要になる。

　しかし，各要素の一貫性が得られない原因として，製品，広告，チャネルなどの意思決定がそれぞれ独立した問題として決定されていることがある。その背景には，製品は製品開発部門，広告は広告部門，チャネルは営業部門というように担当部門が分かれていて，それぞれが専門性を追求するということがある。それゆえ拡散しやすい意思決定をマーケティング・ミックスとして一貫した戦略にま

とめることが重要となるのである。

そしてマーケティング・ミックスを考えるもう1つの目的は，要素の構成に関わる意思決定を行うことである。すなわち，企業の限られた経営資源を各要素にどのように配分するかという問題である。

この問題は，産業や企業の条件によって異なるが，最寄品と非最寄品という製品分類に基づく違いがとくに重要となる。

最寄品とは，食品や日用雑貨品のように，購買頻度が高く，消費者が製品を探索することや入手のために出かけることについての労力をかけずに購買することを望む製品である。したがって，最寄品は，近所の小売店やまとめ買いで労力を節約できる店舗で購入される。

そして，この最寄品の場合では，広告による製品差別化が重要になる。また，消費者が入手において労力をかけないようにするために，チャネルを広範囲に展開する形での製品差別化も重要である。他方で消費者は，小売店のもたらす情報やサービスに依存しないため，チャネル管理を通じての製品差別化はあまり必要ない。

それに対して，非最寄品は，衣料品や家電品のように購買頻度が低く，しかも消費者が製品の購買について労力をかけてもよいと思う製品である。非最寄品のうちで製品を比較して購買するものを買回品といい，購買したいブランドが決まっているか限られているために，製品を比較・探索する必要性が少ないものを専門品という。

この非最寄品の場合には，広告による製品差別化とともに，小売店のもたらす販促的な情報やサービスが消費者の購買に影響を与えるために，チャネル管理による差別化も同じように重要になる。その代わりチャネルを広く展開する必要がなく，むしろ店舗を選別する必要があるため，広範囲のチャネルによる差別化は重要ではないという特徴がある。

2 広告・販促活動による製品差別化

広告の効果

広告にはさまざまなものがあるが、ここで考えるのは、メーカーが製品の販売促進のために行う広告であり、メーカー自らが費用を出して、消費者に情報を伝えることで、消費者の製品に対する需要を高めようとするものである。

そのような広告で利用される媒体（メディア）としてよく利用されるのは、テレビ、新聞、雑誌、インターネット、ラジオであり、とくにテレビと新聞は、後の3つに比べて、ほとんどの市場セグメントに幅広く伝える代表的な広告媒体である。これらを利用した広告のほか、チラシ広告、DM（ダイレクト・メール）、屋外看板、POP広告（小売店舗内で掲示される広告）なども、日常生活でよく見る広告であるが、ここではメーカーのマーケティング活動を前提とするため、主としてテレビや新聞などのマス媒体広告を考えることにする。

さて、一般の消費者の立場では、マーケティング活動のなかでも広告が最も目立った活動になり、マーケティング活動として一番先にイメージされやすいものである。例えば、大学生に新製品のマーケティング計画を考えてもらうと、広告のアイデアに偏重した計画が出てくることが多いが、それはたとえ製品が適切に開発されたものでなくても、広告がおもしろければ売れるという幻想を抱いているためと予想される。

確かに、広告が消費者の購買行動に与える影響力は少なくない。他方で、昨日見た広告を挙げてもらうと、ほんのわずかしか挙げら

れなかったり，広告の写真を見せて，それを見た記憶を呼び起こすことはできても，それがどのブランドの広告であったかまではいえなかったりするというのは，広告がそれほど影響していないことを示唆しているともいえる。

広告には効果があるのかという疑問を考えるとき，次の2つの点に留意する必要がある。

まず1つは，広告が消費者の購買行動における情報収集に対応して情報をもたらすものである以上，消費者の製品選択に何らかの影響を与えることは間違いないが，大事なことは，広告に投じた費用に見合った効果があるかという問題である。つまり，広告に効果があるかどうかを考えるのではなく，かけた広告費用に対して販売や収益の効果があるかどうかという視点で考える必要がある。この問題は，どれぐらいの広告費用をかけることがマーケティング活動において望ましいかを考えることである。

そしてもう1つの留意点は，上記のような広告の費用と効果の関係を考えるときに影響を与える広告の質の問題である。広告のことを「作品」と呼ぶことがあるように芸術的な側面もあり，消費者の広告の受けとめ方もさまざまである。すると一定の費用をかけた広告なら，はたして同じような販売の効果を期待できるのかという疑問が発生しやすい。例えば，低費用で制作され，少ない頻度でしか出されなかった広告でも，広告内容が話題になって，消費者に強いインパクトを与えることもあれば，逆に，多大な予算を使って制作され，高い頻度で出されながら，広告の内容が消費者の反感を買って，期待どおりの効果をあげないこともある。

このように広告の質を考慮すると，広告効果に不確実性があることになり，広告の計画や費用の問題を考える障害になりやすい。ただし，この問題については，長期的な視点から一時的な成功や失敗

を平準化させて考えることで対応する。すなわち，メーカーであれば，広告を継続的に行っているはずであるために，少ない費用で制作された広告が一時的に話題になることはあるとしても，それを連続させることは難しい。同様に，広告の内容が一時的に失敗であったとしても，その失敗を繰り返す可能性も低い。むしろ広告の費用をかけることは，ノウハウを蓄積した広告代理店や優秀なコピーライターやデザイナーを利用して，平均的に質が高く，成功する可能性の高い広告を制作できると期待される。つまり，広告の質の問題は，企業の継続的な広告活動のなかでの平均的な水準として，費用の問題に還元されると考えることができる。

広告費用の決定　広告が費用に見合った効果があるかどうかという問題は，どれぐらいの**広告費用**をかけることが望ましいかという問題に置き換えることができる。つまり広告の効果が小さいのであれば，かけるべき費用を少なくすべきであると考えられる。

ところが，現実の企業には広告予算の制約や組織での合意があるために，期待した広告効果に対応する広告費用を自由にかけられるというわけではない。とくに日本企業の多くでは，広告予算を前年度に達成した売上高や利益額をベースに広告支出額を決定することが多く，そうなると広告費用の望ましい水準からの乖離が発生する。そもそも前年度の売上高に比例して広告予算を決定すれば，前年度に低いシェアしかとれなかった企業は，広告予算も少ないために，競合企業のシェアを奪って市場地位を逆転させることができなくなる。

企業としては他にもさまざまな支出があるために，広告費だけを突出して決めることはできず，予算の一定の範囲内に収めなければならない。しかしその制約があるとしても，広告予算を製品事業部

門のブランドの間で配分することができるため，広告が重要なブランドについては，広告支出を高めるという意思決定が可能である。場合によっては，広告費用を分散させないために，ブランドを集約して，特定のブランドに大きな広告費用をかけるという選択も行われる。

それゆえに広告支出額を考えることは重要である。その最適な値（広告量）は，経済学でいえば，広告支出が製品販売のために必要な生産要素であると考えて，広告支出の限界生産力の価値と限界費用とが等しくなるように広告量を決めることである。すなわち，広告量を増やすことによる売上の増加額が広告支出額の増加額を上回るかぎりは，広告量を増やすことで利益を増やすことができ，売上の増加額よりも広告支出額の増加額のほうが大きくなれば，広告を抑えることで利益を増やすことができると考えれば，それらの増加額が等しくなるとき，利益を最大にする広告量ということになり，その広告量に対応する広告支出額が決まる。

ここで広告費用とは，放送局，新聞社，広告代理店等に支払う費用や自社の広告担当部門で使う費用であり，広告の流通費用（放送料など）と制作費用がおもな内容となる。これらの費用の広告量に対する変化は予測可能であるが，問題は，広告で期待される売上の大きさをどう予測するかである。

ここで広告費を変化させることで製品需要量がどれほど変化するかという指標として，需要の広告弾力性 e_A（e_A＝需要の変化率／広告費の変化率）を考えると，広告弾力性が大きいほど広告による需要への効果が大きいことを意味するから，望ましい広告支出額は，広告弾力性の値が大きいほど増えることになる。そして，価格競争が行われ，需要の価格弾力性 e_p（e_p＝需要の変化率／価格の変化率）が大きくなると，広告支出額が減ることも知られている。

これらの傾向は，広告の支出額は競争の状態による影響を受け，基本的に広告による製品差別化が有効に形成されるほど，広告支出額を大きくすることを意味している。

　そこで，企業の広告支出の決定について，いくつかのパターンや考え方が生まれる。それは，競争の状態をどのように認識しているのか，さらに競争の状態をどのように変えたいのかによって，広告支出額が変わってくるのである。もし当該製品事業の競争が安定的で，しかも企業がシェアの維持をねらうのであれば，競争の状態が昨年と変わらないと考えて，前年度の売上や収益を基礎として今年度の広告費を決定することも可能である。それに対して，広告による製品差別化を積極的に形成し，競争の状態や地位を変えたいと望むのであれば，需要の変化を引き起こすのに十分な広告費を支出したり，競合企業の広告支出を考慮して，それを上回る広告費をかけたりすることが行われる。

広告による製品差別化

　製品ライフサイクルの導入期などでは，広告によって製品カテゴリーに対する理解や需要創出をねらう場合があるが，成長期・成熟期の多くの広告は，消費者に情報を伝えることで製品差別化を形成することを目的とすることが多い。ただし，広告による製品差別化の形成プロセスは，次に述べるように多様である。

1 製品の存在を知らせる

　まず，広告には，製品の存在を消費者に知ってもらうという重要な役割がある。製品の技術的性能がいくら優れていても，消費者がその製品の存在を知らなければ，購買される可能性は低くなり，店頭でも見過ごされることになりやすい。そこで，広告を通じてブランド名を消費者の記憶に留めておくことができれば，製品の必要性を感じたときや店頭で製品を選ぶときに，ブランドが想起され，追

加の情報収集や製品の選択が行われやすくなる。

この効果を製品差別化への貢献として捉え直すと，広告が，消費者にとっての「よく知っている」「親近感がある」という製品の属性の水準を引き上げたことになる。このような属性は，どの消費者にとっても望ましいことなので垂直的属性であり，それに基づく製品差別化を形成したことになる。

また，このような効果があるために，スポーツ・イベントなどで使われる企業名やブランド名だけを記した広告板でも，広告効果を期待することができる。あるいは，テレビでブランド名を連呼する広告や新聞・雑誌などでブランド名だけを表示した広告も，この効果をねらっていることが多い。

2 製品属性を伝える

広告による製品差別化への貢献の2つ目としては，製品の属性を消費者に伝えることである。消費者が優劣で評価できる垂直的属性の場合には，属性の水準が他社のものよりも優れていることを伝え，消費者の好みで分散する水平的属性の場合には，属性の水準を消費者に的確に伝えることが課題となる。

これらのうち垂直的属性についていえば，広告によって垂直的属性が優れていることを消費者に理解してもらうことは容易ではない。というのは，大企業の間では技術的な開発力の格差は小さくなっている一方で，消費者は技術的な専門家ではなく，情報処理能力も低いので，その微妙な技術の違いを製品から知ったり，その水準を表す数値を消費者が判断したりすることは難しくなっているためである。

そこで広告を通じてその技術格差を伝えることになるが，問題はその表現力になる。例えば，洗剤の洗う力という属性を伝えるのに，「よりきれいに洗える」というだけでは，その品質を伝えることは

できず，またその情報を消費者が信用してくれない。しかも，各企業が，さまざまな表現でその技術が以前よりも優れていることを表現するために，技術力の相対的な差が消費者には見えなくなる。

したがって，広告では，技術的な格差を消費者に直感的に理解できる形で表現し，伝えることが重要となり，メーカーはそのような広告を適切につくることによって，垂直的属性における優劣を消費者に伝えることをねらうのである。

また水平的属性については，属性の水準の表現がより複雑になる。水平的属性は，人によって多様な意味をもち，しかも，ある属性の水準が消費者の平均的な理想点に近いといっても，それを客観的な数値の形で伝えることができない曖昧なものとなる。例えば，あるレトルトカレーのブランドが，「ほどよい辛さ」を訴求したくても，辛さのイメージは消費者によって多様であり，「ほどよい」という水準を消費者にどう適切に伝えるかが問題となり，他社の製品よりも消費者の理想に近いことを理解させるのは難しい。そこで，メーカーは広告の表現力を駆使することで，水平的属性に基づく差別化の実現を追求する必要がある。

3 製品の評価基準を変える

広告による製品差別化の3つ目の効果は，消費者の製品に関する評価基準を変えることである。これは，これまで無視されてきた製品属性や関心度が低かった製品属性について，広告を通じてその重要性を消費者に認識させることによる製品差別化である。

その1つのパターンとして，優劣で評価される垂直的属性が複数ある場合に，当該メーカーが技術的な優位性を発揮できる属性の重要性を消費者に認識させることが行われる。そのために広告でその技術的な属性のわかりやすいメリットを伝え，多くの消費者がその属性において優れた当該製品を選好するように誘導するのである。

例えば,電気掃除機で軽量化の技術開発で強みをもつメーカーは,軽量の掃除機を開発するとともに,広告を通じて軽い掃除機の魅力をわかりやすく伝えることで,掃除機の軽さを消費者が重視するように導くという方法をとる。

もう1つのパターンとして,好みに関わる水平的属性が複数ある場合も同様に考えることができる。それは,広告を通じて特定の水平的属性を強調し,それが製品全体の評価にとって重要であるように意識させる方法である。

この場合,広告は,属性の認識と消費者の満足度に貢献する度合いを変えることになるが,水平的属性になるほど,消費者の好みの問題であるために,属性の重要度を変える余地が大きい反面,そのような変化を広告を通じていかに引き起こすかが重要になる。

例えば,ビールにおいて,味よりも香りに特徴がある新製品を開発した場合,消費者がビールの香りに関心をもつように,ビールの香りがもたらす満足感を表現した広告を展開する必要がある。その広告を見て,消費者がビールの消費による満足感と香りという属性との関係をイメージできるのであれば,この広告戦略は,ビールの香りという新たな水平的属性を消費者にもたらし,水平的差別化が実現することになる。

Column ⑥ ロシター＝パーシー・グリッド ●●●

ロシター(J. R. Rossiter)とパーシー(L. Percy)は,広告表現や媒体計画を企画するための指針として,購買時点におけるブランド再認と購買前のブランド再生との問題に分けたうえで,消費者の関与と購買動機の2つの要素に基づいてブランドへの態度が規定されるというロシター＝パーシー・グリッドを展開している。

まず購買動機については,情報型動機と変換型動機の2種類に分けられ

る。情報型動機とは，当面の問題や否定的な状態を解決・回避したいとする「負（後ろ向き）の動機」であり，この場合には，製品イメージよりも製品の機能や使用方法など，より具体的な情報提供が重要になる。それに対して変換型動機とは，五感を通じた感覚的満足，知識や能力の向上，他人から受容などのより望ましい状態を求める「正（前向き）の動機」があり，この場合，広告表現では感情やイメージ表現が重要となる。

そのうえで，購買意思決定への関与が高いか低いか，また購買動機が情報型か変換型かによって，以下のような4つの組合せを考えることができる。

①低関与・情報型──消費者に対して初めに問題を提示し，その解決策としてのブランドを提示する。広告の好感度は重要ではなく，メッセージ・ポイントを絞り込み，すぐに理解されることが重要である。

②低関与・変換型──真実味のある情動描写が絶対条件であり，また情動描写はブランドにとってユニークであり，好感のもてる広告でなければならない。

③高関与・情報型──消費者に主張を受容させることが重要であり，広告に対して好意をもたせる必要はなく，客観的で明示的な広告表現を用いる。

④高関与・変換型──真実味のある情動描写が重要で，消費者のライフスタイル・グループに分けて表現する必要がある。また消費者がブランドを自己と一体化できるような広告表現をしつつ，情報も提供しなければならない。

多様な販促活動　販促活動は，セールス・プロモーションとも呼ばれ，消費者・顧客への働きかけを通じて需要を刺激し，製品販売の増加をめざす活動のうちで，広告と営業活動以外の活動を総称したものである。具体的には，サンプル配布，懸賞，試乗会・試飲会，イベントなど，多様なものが含まれ

る。

　ただし，ここではメーカーのマーケティングを考えているため，チャネルを通して製品を販売するメーカーの場合における販促活動に限定して説明する。すなわち，サービス業や小売業が展開するクーポンやポイントカードなども販促活動であるが，ここでは検討しないことにする。また，メーカーの販促活動は，働きかけの対象によって，消費者向けと流通業者向けに分けることができるが，後者の流通業者向け販促活動は，チャネル管理のためのパワー資源として提供されるため，第11章において説明する。

　さて，メーカーによる消費者向けの販促活動には，以下のような4つのタイプに分けることができる。

　1つは，新製品を消費者に認識してもらうように，消費者の経験を促したり，消費者に情報をもたらしたりする販促活動である。典型としては，最寄品におけるサンプル配布であり，製品のサンプルを街頭で配ったり，他の製品や雑誌などの付録にしたりするのは，飲食料品や日用雑貨品などの新製品の導入期において，よく採用される販促活動である。また，1企業や複数の企業でイベント・展示会・試乗会・試飲会などを開催して，消費者に情報を直接提供する機会を設けることも行われる。

　2つ目は，広告と連動して行われる販促活動であり，広告と販促活動の相乗効果をねらうものである。例えば，広告において懸賞を設けて消費者に応募させることで，広告への興味や関心を高めたり，企業としてスポーツや音楽などのイベントのスポンサーとなって，競技場・会場やテレビ放映での広告効果と合わせて，テレビや新聞，雑誌，インターネットにおける広告にイベントを紹介し，広告への注目度を高めようとするものである。

　3つ目は，消費者のなかでもブランド・ロイヤルティの高い人た

ちを組織化するものがある。このような顧客維持の販促活動は，チャネル管理によって小売業者を通じて行うだけでなく，インターネットを使った顧客とのコミュニケーションや，自動車などでの購買者を集めたイベントの開催を通じて，メーカーが顧客関係を維持する活動を展開することも多い。

そして4つ目は，製品に価値を付加したり，実質的な価格を引き下げたりすることで，購買を刺激するための販促活動である。例えば，製品の購入が条件となっている懸賞や製品への景品添付を行ったり，製品を増量したり，他の製品と組合せで安く販売したり，あるいは製品に次の購買のためのクーポンを付けたりすることなど，多様なものがある。

これら販促活動は，懸賞や景品のように製品差別化の形成目的も含まれるが，増量やクーポン添付などは，差別化目的というよりも，形を変えた価格競争として展開されるものである。これは後述するように，価格そのものを変えるよりも，メーカーが統制可能で，しかも一時的に利用できるという特徴に基づいている。

> 販促活動の有用性

販促活動を製品差別化の形成手段として考えたとき，新製品開発や広告と比較して，次のようなメリットがあることが特徴となる。

まず販促活動には，即効性というメリットがある。広告ではブランド・イメージが浸透して効果が現れるまでに時間がかかることもあるが，販促活動は，そのような蓄積を経ずに，製品の利用経験をもたらしたり，消費者に直接働きかけたりするために早い効果が得られる。

また販促活動は，短期間だけの利用や，地域や対象となる消費者を限定した利用が可能となる。しかも，その効果を集客数や応募者数という形で確認しやすいこともメリットの1つである。これらの

特徴を使えば,販促企画を考えてすぐに実行したり,小規模に始めて成果を見ながら拡大したりすることもでき,柔軟な計画の修正が可能というメリットが生まれる。

さらに,この柔軟であることに加えて,多様な手法があり,従来にない新鮮な販促手法を考えることができるという特徴がある。広告の場合には,内容について新鮮な切り口を出すことは容易ではないが,販促活動の場合には,いつどこで何をするかについての自由度が高く,さまざまな可能性がある。

これらの多様なメリットは,製品ライフサイクルの導入期から成熟期にいたるさまざまな段階で販促活動が利用されることをもたらすものである。

まず即効性という特徴から,製品ライフサイクルの導入期において,消費者に製品の理解を促し,成長期に移行するために利用される。次の柔軟性という特徴からは,成長期のように市場の状態が変動し,消費者の特徴も変わりやすい時期において,計画を柔軟に修正したり急速に規模を拡張させたりするうえで有用な手段となる。

そして,多様で新たな手法を展開できるという特徴は,成熟期のように広告による差別化の限界が意識される状況において,利用価値の高さをもたらす。すなわち,成熟期で企業間での技術や広告内容における違いを出せない場合に,新たな販促活動を展開することが有効となるのである。

ただし,販促活動は,小規模で短期間において実施されるものが多く,投資額が少ないために,企業として十分に計画された活動にはならずに,試行錯誤的に企画が実施され,その効果が検証されないことも多い。また,投資額が少ないため,新規の販促手法が競合企業に模倣されやすいという問題もある。そこで,販促活動で持続的な効果をあげるためには,戦略的に計画するとともに,広告と連

動したコミュニケーション戦略としての整合化をはかっていくことで，模倣困難性を高めていくことが重要となる。

3 チャネルによる製品差別化

チャネルの広さによる製品差別化

　製品に対する消費者の特別な選好を形成するのは，新製品開発や広告・販促活動だけではなく，チャネルを通じて製品差別化を達成することもできる。ただし，チャネルによる製品差別化には，**チャネルの広さ**によるものと**チャネル管理**によるものの2つのタイプがある。

　これらのうち後者のチャネル管理による製品差別化は，化粧品や家電製品などにおいて重要な役割を果たすものである。ただし，これは小売業者や卸売業者という他の企業の行動を管理することで達成される製品差別化であるために，まず，他企業の行動を管理しうるチャネル関係を構築することが前提となる。したがって，チャネル管理による製品差別化については，第11章においてチャネル関係の構築として説明することとして，本章では，チャネルの広さによる製品差別化を取り上げることにする。

　このチャネルの広さとは，製品を取り扱う小売店舗数の多さによって捉えることができる。そしてチャネルの広さによる製品差別化とは，当該製品を販売している小売店舗数や自販機台数の多さによって，消費者が製品を入手しやすい状況を作り出すことで，消費者の特別な選好を形成することである。とくに最寄品では，消費者が製品を購買するときに，できるかぎり購買にかかる手間や時間を少なくしようとする傾向があるために，チャネルの広さによる製品差

別化は重要になる。他方で非最寄品でも,有名なブランド製品では,消費者が希少性を重視するために,チャネルの広さを制限することもあるが,そういう特殊なケースを除けば,基本的に製品を入手しやすいほうが望ましいと考えることができる。

> チャネルの広さの決定

チャネルの広さは,メーカーがどれほどの小売店に製品を取り扱わせるかというチャネル設計の問題として考える。このチャネル設計については,製品を取り扱う店舗数によって,製品の売上や流通費用がどのように変化するかを示した図7-1に基づいて,以下のように最適なチャネルの広さを決めることができる。

まず,メーカーは大規模で立地や品揃えがよく,1店舗当たりの売上が大きい店舗に製品を扱わせようとすることが想定されるため,図7-1の製品の売上曲線は,店舗数が増えるに連れて売上の伸びが小さくなると考えることができる。

他方で,製品を小売店舗にまで流通させる費用については,物流設備などの初期投資があることや,大規模な小売店舗になるほど輸送や注文処理についての規模の経済性が作用することから,図7-1の費用曲線のような形状が予想される。つまり,店舗数を増やすほど物流効率の悪い店舗となるために,各店舗への流通費用が徐々に増加し,メーカーの物流や注文処理のキャパシティを超えるあたりから費用は急速に上昇すると考えられる。

そして,他の条件が一定とするならば,メーカーにとっての利益は,製品売上と流通費用との差額で考えることができるため,図7-1の店舗数 R のときに最大の利益を期待することができる。すなわち,売上を伸ばすために,店舗数を際限なく増やせばよいというものではなく,企業の利益を最大にする最適な店舗数が存在することになる。

図7-1 チャネルの広さ

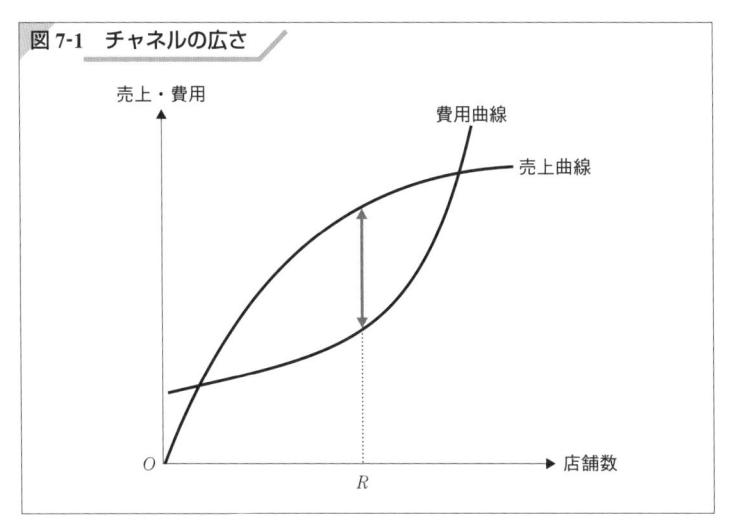

（縦軸：売上・費用、横軸：店舗数。費用曲線と売上曲線が描かれ、店舗数 R の位置で両曲線の差が最大となることを示す。）

　ただし，現実のチャネルの広さをこの最適な水準にするのは，簡単なことではない。というのは，製品を取り扱うかどうかは小売業者の判断によるため，メーカー側の意向だけではチャネルの広さを自由に決められないからである。とりわけコンビニエンス・ストアは製品の陳列スペースが限られるため，メーカーが回転率のよい店舗の数を増やそうとコンビニエンス・ストアに働きかけても，市場シェアの低い製品では取り扱ってもらえない可能性が高い。すなわち，一般的には，市場シェアが低い製品になるほど，最適な水準よりも少ない店舗しか取り扱われず，そのために取扱店舗を増やすことが企業のチャネル戦略における課題となりやすい。

　さらに，現実のチャネルの広さについては，以下の3つの要因が影響することに留意しなければならない。

　まず1つは，製品の市場細分化戦略と整合した小売店舗を選択する必要があるということである。例えば，男性の市場セグメントを対象とする場合には，女性を集客する小売店舗は大規模で好立地で

あっても不適当であり，都会的な消費者層をターゲットとする場合には，地方の小売店舗を避けることが必要になる。したがって，前述の図7-1における説明では他の条件が一定として，市場細分化による効果を除外して考えてきたが，市場細分化戦略がとられている状況では，チャネルの広さはより限定的な水準になる。

そして2つ目には，最寄品を扱う小売店舗は，スーパーマーケットやコンビニエンス・ストアのようにチェーン化した店舗の比重が大きくなり，しかもチェーンに含まれている非効率な店舗を排除しにくいため，前述のように店舗単位ではなくチェーン単位で売上と費用を考える必要がある。つまり，図7-1のような曲線ではなく，チェーン単位で階段状に売上や費用が推移すると想定される。

さらに3つ目には，こうしたチェーンが大規模になるほど，小売業者による購買支配力が強くなるため，費用の問題が物流や注文処理の効率性だけの問題ではなくなることを考慮すべきである。すなわち，大規模な小売チェーン企業ほど流通効率はよくなるものの，仕入価格の引下げなどの厳しい取引条件が要求されるために，それらを含めた費用曲線の形状が変わることが予想され，それに伴って最適な小売店舗数も変化する可能性がある。

チャネルの多段階化

チャネル設計においてチャネルの広さを決定すれば，それに応じてチャネルの長さを決めなければならない。このチャネルの長さとは，製品が消費者に至るまでにいくつの流通業者（小売業者と卸売業者）を経由するかということを表す。なお，このチャネルの長さは，仕入・販売という取引の回数で測るため，自社の営業所や物流拠点などは含めて考えない。

そして，製品を取り扱う小売店舗の数が多くなるほど，卸売業者を介在させた長いチャネルになりやすい。それは次のように説明さ

図7-2 卸売業者介在のメリット

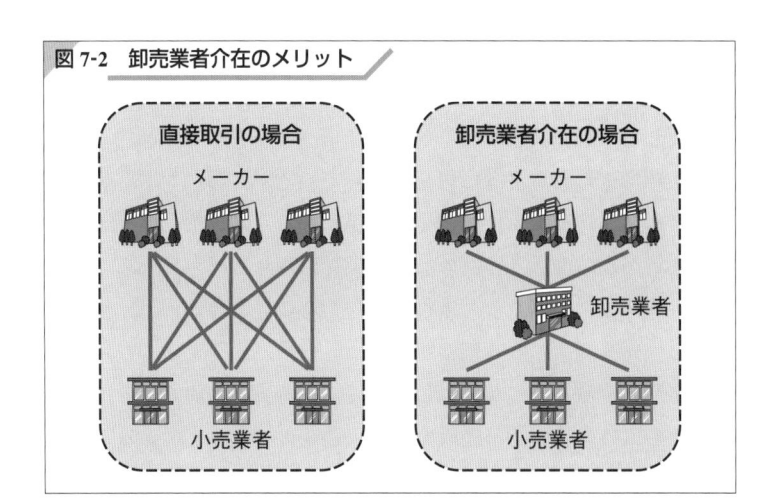

直接取引の場合
メーカー
小売業者

卸売業者介在の場合
メーカー
卸売業者
小売業者

れる。

　まず製品を取り扱う小売業者の数が多い場合に，メーカーがそれらの小売業者と直接取引すると，各店舗との物流や交渉・受注処理の費用が多くかかるようになる。また小売業者にしても，メーカーと直接取引すれば，各メーカーからの製品搬入の受入や各メーカーとの交渉・発注処理の費用もかさむようになる。

　そこで卸売業者が介在し，その卸売業者が多数のメーカーと多数の小売業者との物流や取引を媒介すれば，各メーカーや各小売業者は卸売業者とだけ対応すればよいので，物流や交渉・受発注の費用が節約されることになる。図7-2のように直接取引の場合と卸売業者を介在させる場合とを対比すればわかるように，卸売業者が介在するほうが，物流や取引の総数が少ないことになる。個々の取引における物流や交渉・注文処理の費用が同じだと仮定すれば，卸売業者を介在させることで，流通作業にかかる費用が削減されるのである。そして，小売店舗の数が多くなるほど，その削減の程度も大き

第7章　マーケティング・ミックス

くなるために，卸売業者に流通作業に応じたマージンを支払っても，卸売業者を介在させるほうが有利となるのである。

すなわち，卸売業者を省くことで彼らへのマージンを節約して流通費用が抑えられるように思われがちであるが，製品を取り扱う小売業者が多い状況において卸売業者が介在しなければ，メーカーや小売業者が自らの手で多くの流通作業を処理しなければならないために，流通費用が高くなってしまうのである。具体的には，メーカーから小売業者への販売価格が高くなったり，小売業者の費用負担が増えたりすることになる。したがって，チャネルの長さとは，チャネルの広さを効率的に達成するための条件であると考えることができる。

4 価格設定

価格設定の位置づけ

製品取引において価格は重要であるが，マーケティング・ミックスの1要素としての**価格設定**の問題は，製品の価格に関する問題のすべてを考えるものではなく，製品やチャネルを所与とした状況におけるメーカーの価格設定の問題を考えるものである。したがって，本章では，技術革新に基づく低価格化の実現や製品差別化に基づく高価格の設定は検討せず，それらはマーケティング戦略（第8章）や新製品開発（第6章）の問題として考える。また，メーカーの設定する価格の問題であるために，小売店舗での端数価格やロスリーダーのような小売価格の設定方法については議論せず，メーカーによる小売価格のコントロールについては，第11章のチャネル管理として考えることにする。

さて本章の冒頭で述べたように，価格設定は，マーケティング・マネジメント論において 4P として並置されているが，他の3つのP（製品，広告・販促活動，チャネル）とは位置づけが異なるものである。すなわち，価格設定は，製品差別化を構築する手段ではなく，製品差別化を前提とした価格の調整でしかない。

ただし，ここで重要となるのは，たとえ独占的競争であるとしても，市場競争が行われる状況で，なぜ価格の調整が可能になるかという視点である。それについては，消費者間で需要の価格弾力性が異なることや消費者における製品の価格や品質についての情報処理能力に限界があることから，競争的にある価格範囲が決まるとしても，その範囲内においての価格設定の裁量性が生まれると考えることができる。言い換えれば，消費者が同質的で，しかも正確に価格や品質を判断できるならば，メーカーの価格設定の裁量余地は限られたものになるはずである。

価格弾力性と価格設定

消費者間で需要の価格弾力性が異なるときに，それぞれに合わせて異なる価格を設定することを **価格差別**（第3章の *Column* ②を参照）というが，これは国内と海外，業務用と家庭用，シーズンとオフシーズンというように，市場が明確に区別され，消費者が製品を転売できず，高価格で購買した消費者が不満を示さないという条件でしか行われない。通常の場合には，同時に異なる価格の設定というのは，転売が行われたり，情報が伝わったりするために難しく，製品そのものを変える必要があるため，価格設定だけの問題ではなく，市場セグメント別の製品開発の問題になる。

ところが，需要の価格弾力性が異なる消費者が，新製品の採用時点の違いに基づいて，製品ライフサイクルの別々の段階に現れるとすれば，製品の特徴を変えることなく，価格弾力性に合わせた価格

の変更を行うことが可能になる。

 それは，第 4 章で説明したように，製品ライフサイクルの導入期では，価格弾力性の低い消費者が対象となるために，最初に高価格で販売するという**スキミング戦略**を行う一方で，成長期に価格弾力性の高い消費者層が支配的になれば，価格を引き下げるというパターンである。ただし，このような価格設定においても，高価格で購買した消費者が早期に入手・消費したことに十分な満足を得て，購買後の価格引下げによる不満が発生しないことが条件となる。その意味で，このようなスキミング戦略の価格設定は市場の分析に基づいて計画的に行われるべきものであり，最初に高価格で販売し，売上が期待どおりではないために，価格を引き下げ，消費者の反発を招くというパターンとは根本的に異なる。

 他方で，製品ライフサイクルの段階によって，消費者の需要に対する価格弾力性が異なるとしても，成長段階に早く移行するために，最初から低価格を設定する**浸透戦略**をとる場合がよくある。これは，現在の市場ではなく，将来の市場予測に基づいた長期的な価格設定であり，また，革新者や早期採用者といった限られた市場ではなく，前期・後期多数派を含んだ，より大きな市場を考慮した価格設定となる。このように価格設定を考える市場を製品ライフサイクルの段階別に考えるか，統合的に予測して考えるかによって，価格設定の違いが生まれることになる。

消費者の情報処理能力の制約と価格設定

 消費者は，価格や品質などの外部からの情報を完全に把握したうえで，最も合理的な選択を行えるわけではない。消費者は，価格や品質についての知識を十分に持たず，入手した情報をコンピュータのように処理できないからである。そして，この特徴が価格設定の多様な工夫をメーカーに促すことになる。そのうちのいくつか

を例に挙げてみよう。

1　価格の知覚に対応した価格設定

　消費者は，製品の価格における違いや上昇・下降への反応は，主観的な印象によって左右される。例えば，ある価格が安いか高いかを判断するとき，ある価格域までは価格差がそれほど知覚されないが，その価格域の外では価格差を強く意識するという傾向がある。すなわち，需要の価格弾力性が，ある価格域内では非弾力的となっているのである。

　そこで小売業者では，例えば1000円を超えると価格差が強く意識されるために980円といった端数価格を設定するというような価格設定の工夫を行っている。それに対してメーカーの場合は，小売段階の価格を端数まで統制できないが，消費者が製品に対して許容できる価格帯に留意した価格設定を行うことが多い。つまり，消費者がある価格以上になれば，高価格が強く意識される場合，その水準までに抑えた価格設定を考えるのである。

2　品質の知覚に対応した価格設定

　消費者は製品の品質をさまざまな手がかりから推測するが，その1つの手がかりとして価格があり，高い価格を付けられた製品というだけで高品質を推測したり，低価格の製品を低品質と考えたりすることがよくある。これは，消費者が過去の購買経験から製品の価格と品質との間に正の関係があることを学習しているからである。また，それにしたがって高品質を推測して購買した製品については，多少期待と異なっていても，認知的不協和を避けるために，その製品のよいところを探すようになるため，価格と品質との正の関係は簡単には崩れない。

　そこで，メーカーが高品質の製品で差別化しようとする場合には，消費者のこうした品質知覚の傾向を利用した価格設定を行うことが

多い。とくに消費者が購買以前に製品の特徴から品質を判断しにくく，購買後でも品質が主観的な基準に基づいて判断される状況では，よく利用される価格設定の方法となる。例えば，ビールやアイスクリームでは，他製品と同じ価格にして高品質を訴求するよりも，高価格から高品質を連想させることが有効になりやすい。それに対して，品質を製品の仕様や成分，ブランドなどで判断できる場合には，価格を手がかりとした品質の推測をあまりしないため，このような価格設定は有効ではない。

3 製品の組合せに対応した価格設定

製品によっては，プリンターにとってのインク，シェーバーにとっての替え刃というように，消耗・摩耗するものについての補給品が必要となるものがある。このような製品の購買について，利用期間中における補給品の費用を含めて，消費者は価格を合理的に判断できるわけではない。

すると，メーカーは，この組合せを前提にしながら，裁量的な価格設定が可能になる。例えば，消費者が本体の価格に関心をもつ傾向が強い場合には，本体の価格を引き下げる代わりに，補給品を高く設定して，両者で利益が出るように価格設定をすることができる。ただし，このような価格設定が可能なのは，補給品がそのメーカーの製品であり，他のメーカーが生産する汎用品が利用できない場合に限られる。

また，別のケースとして，自動車やPCのように，オプションや機能を追加することができる製品の場合にも，消費者は，製品購買において，追加されるオプションや機能の費用への関心が本体に比べて低い傾向がある。そこで，メーカーは，本体の価格を低く設定し，追加されるオプションや機能の価格を高くしたうえで，本体の低価格を消費者に訴求し，消費者の購買時点で，オプションや機能

の追加を判断させることが行われる。この場合には，追加のオプションや機能による利益が本体の低利益を補うことになる。

演習問題

7-1 ある製品の広告を1つ取り上げて，その広告が製品差別化においてどのような効果があるかを説明しなさい。

7-2 メーカーがチャネルの広さをどのように決定するのかを説明しなさい。

7-3 インターネット広告は，他のマス媒体の広告とどのような違いがあるかを説明しなさい。

第8章 戦略的マーケティング論

Introduction 　戦略的マーケティング論は，製品ポートフォリオ，基本戦略，市場地位別戦略という3つのモデルから構成される。これらの理論は，経営学の競争戦略論を基礎として，複数の製品事業を包摂しながら，市場競争の状態を分析して資源配分を行うという経営者層の意思決定問題を捉えるための理論である。

Keywords 　戦略的マーケティング論，製品ポートフォリオ，スター，問題児，金のなる木，負け犬，基本戦略，差別化戦略，コスト・リーダーシップ戦略，集中戦略，費用優位，市場地位別戦略，リーダー戦略，チャレンジャー戦略，ニッチャー戦略，フォロワー戦略

1 戦略的マーケティング論への展開

マーケティング・マネジメント論と戦略的マーケティング論

製品の市場が，製品差別化，市場細分化，製品ライフサイクルという3つの特徴をもつ市場として認識されることに基づいて，マーケティング活動計画を策定するという考え方は，マーケティング・マネジメント論として総括される考え方である。これは，企業のマーケティング活動の手順として見ると，差別化された市場において，市場細分化（セグメンテーション）によって切り取られた市場にターゲットを定め，そのターゲットに含まれる消費者の行動を分

析し，その知覚において製品の望ましいポジショニングを達成するように，新製品開発，広告・販促活動，チャネルなどについての活動計画を製品ライフサイクルに沿って策定するというアプローチとなる。この一連の流れにおけるセグメンテーション，ターゲット設定，ポジショニングの頭文字をとって，STPアプローチと呼ばれることもある。

このようなマーケティング・マネジメント論では，個々の製品についての消費者行動の分析に基づいて，最適なマーケティングの計画を策定することが重視される。その一方で，製品多角化を行っている多くの大企業では，個々の製品についてのマーケティング計画の問題に加えて，複数の製品事業間での資源配分が問題となる。とりわけ製品差別化や市場細分化を推進するにしても，それらには費用がかかり，企業の資金的制約もあるため，複数の製品事業での費用の配分問題を考える必要がある。また大企業間での競争が激しくなると，特定分野の新製品開発や広告に経営資源を集中させることで，競合企業に対する製品差別化を形成しようとする傾向や，製品差別化が限界に来ているならば，生産における規模の経済性に基づく低コスト化で価格競争に負けないようにする傾向が現れる。このとき資源をどの製品分野に集中させるかは，重要な問題となる。

他方で，経営学において資源配分を考える競争戦略論が展開されたことから，マーケティング論においてもこの競争戦略論の資源配分の考え方を導入した企業レベルでの戦略的マーケティング論が展開されるようになるのである。

戦略的マーケティング論の特徴 **戦略的マーケティング論**は，製品ポートフォリオ，基本戦略，市場地位別戦略という3つの理論モデルから構成されている。これらのうち最初の2つは，経営学の競争戦略論をマーケティング問

題に適用した考え方である。そして最後の市場地位別戦略は，製品ポートフォリオにおける市場地位の考え方と基本戦略における差別化戦略や集中戦略の考え方に基づいて展開されたマーケティング戦略の分析枠組みである。

この戦略的マーケティング論は，企業レベルで市場の状態に合わせた資源配分を捉える競争戦略論の考え方をマーケティングに導入した理論であると考えることができる。そして，マーケティング・マネジメント論から戦略的マーケティング論に展開することによって，①複数の製品事業の包摂，②市場競争の状態の分析，③資源配分と利益の重視，④経営者層の意思決定，といった視点が付加された。以下ではこれらを順に考えることにしよう。

複数の製品事業の包摂

マーケティング・マネジメント論は，個々の製品や製品ラインのマーケティング計画を考える理論や手法である。そこでは個々の製品のマーケティング・ミックスについて一貫した戦略をとることが重視される。ところが，企業が製品事業を多角化させる状況では，マーケティング戦略について個々の製品の間での一貫性をもたせることが必要となる場合がある。それは，製品間で一貫したマーケティング活動に，次のようないくつかのメリットが認められるからである。

まず，消費者から見たときに，企業の販売する多様な製品について，一貫性のあるブランド・イメージを形成しているほうが，より印象に残りやすく，持続的な効果を期待できる。また，複数の製品について，製品技術，製造技術，広告手法，チャネルなどで共通の資源を使うことができるならば，効率的な生産やマーケティング活動を展開できる。さらに，これらの効果は，複数の製品が次々に開発されて，時間をずらして製品ライフサイクルの成長期を迎えることができるならば，企業の経営を長期的に安定したものにすること

ができる。

　そしてこのように企業が，製品間で一貫したマーケティング活動を展開するためには，個々の製品においてのマーケティング計画だけでなく，製品間で統合的なマーケティング戦略を構築する必要性が生まれる。

　さらに，企業がその事業環境を分析して競争戦略を立案し，その戦略が個別の製品や製品ラインのマーケティング計画に影響を与えることがある。例えば，企業戦略がコスト競争力の強化を志向するように変化した場合，たとえある製品市場における消費者行動の変化が発生していないとしても，その製品のマーケティング戦略において，そのセグメンテーションやポジショニングを変化させることが起こりうる。

　また，個々の製品についてマーケティング計画を立てて，個々の収益を高めることを追求するよりも，企業全体での収益が安定して高くなるように戦略を考え，それにしたがって各製品のマーケティング戦略を調整するほうが，企業の成長力やキャッシュフローを確保しやすく，それに基づいた効果的な製品レベルのマーケティング戦略を展開できることになる。そしてこれらの場合，企業戦略は，製品レベルでのマーケティング戦略の影響要因となっていることを意味する。

　このように複数の製品におけるマーケティング・マネジメントを企業レベルで統合する枠組みとして，戦略的マーケティング論が展開されることになるのである。

市場競争の状態の分析　　戦略的マーケティング論で最も重視される課題は，複数製品におけるマーケティング活動への資源の配分問題を考えることであり，とくにどの分野の製品事業に経営資源を投じるべきかを考えることである。

この意思決定は企業として製品事業を選択することになるが、製品事業の選択とは、製品の販売先や競争相手を選ぶことに等しいため、市場の選択として考えることができる。そこでこの市場の選択に伴って、同時に決定される販売先や競争相手などの要素を分析する必要が生まれる。それゆえに戦略的マーケティング論では、競争戦略論の5つの環境要因としての競争相手、潜在的参入者、代替産業、調達先、販売先についての具体的で詳細な分析が、市場の選択のために重要になってくる。

それに対してマーケティング・マネジメント論では、基本的に市場は意思決定の与件として設定されているものであり、需要情報の収集対象として、あるいは差別化や細分化を行う対象として、市場は最初から与えられているものである。そして市場の特徴も、差別化され、細分化され、製品ライフサイクルをもつ市場として理解されていることが前提になっているが、これらの市場の特徴というのは、消費者行動の特徴をもたらす基礎的な条件として理解されているのであり、個々の市場における特徴の違いもつねに消費者行動の違いを通して把握されているのである。

ところが、戦略的マーケティング論では、市場の選択が重要な関心事となるために、市場の特徴を競争相手や潜在的参入者などの具体的な要因で分析する。それは、差別化の程度というような特徴の捉え方に比べて、複数の製品事業をまとめて考えることができるうえに、成果への影響を測りやすいというメリットがある。

そして、戦略的マーケティング論では、どのようなマーケティング活動計画が望ましいかは、市場の状態によって決まると考える。そしてその市場の状態も、上記のように消費者だけを考えるのではなく、競争相手や潜在的参入者を含めて捉えられ、それらの状況の違いによって、望ましいマーケティング戦略が異なると考えている。

したがって，どのような市場でも有効な共通したマーケティング戦略があると考えるのではなく，市場構造や市場地位において多様に捉えられる個々の市場ごとの有効なマーケティング戦略を考えるのが戦略的マーケティング論の基本課題となっている。

> 資源配分と利益の重視

戦略的マーケティング論では，市場構造や市場地位の分析に基づいて，特定製品事業における新製品開発や広告などのマーケティング活動への資源配分を考えることになるが，この資源配分における最適性を考えるためには，製品事業において期待される成果，とくに利益がどうなるかを知る必要がある。

そこで，戦略的マーケティング論では，市場の状態がそれに適合したマーケティング活動を規定すると同時に，その活動によって達成される製品事業の利益に影響する局面を重視する。つまり，戦略的マーケティング論では，マーケティング活動による利益の問題が扱われるからこそ，製品事業に関する資源配分の有効性を考えることができる。

それに対し，マーケティング・マネジメント論では，最適な方法の選択を志向するものであっても，その最適さは，消費者満足で捉える傾向があり，製品事業としての利益についてはあまり考慮されていなかった問題であった。すなわち，消費者満足では，複数の製品事業間の比較が行いにくく，しかも費用の問題が残されているため，製品事業間でどのような資源配分が望ましいかを考えにくかったのである。

> 経営者層の意思決定

マーケティング・マネジメント論では，職能部門や個々の新製品開発のプロジェクト・チームでの意思決定を考えるのに対し，戦略的マーケティング論では，企業の経営者層における意思決定問題を検討することにな

る。

　まずマーケティング・マネジメント論では、ある決まった製品事業のなかで製品差別化や市場細分化を考えた新製品開発や広告・販促活動、チャネルなどのマーケティング計画を立てて、それを管理することが中心的な課題となるために、開発部門、広告担当部門、営業部門などの管理者や新製品開発のプロジェクト・チームのリーダーの意思決定問題として検討される。そして製品事業間での資源配分の問題が含まれないために、それよりも上位の階層における意思決定問題には展開されない。

　それに対し、戦略的マーケティング論では、複数の製品事業にまたがる意思決定を捉え、企業としての資源配分と利益を問題とするために、企業の資源配分や利益に責任を負う上位階層として、経営者層の意思決定問題として検討される。

2 製品ポートフォリオとマーケティング

製品ポートフォリオとは

　複数の製品事業間での資源配分、とくに資金の配分におけるバランスを考える枠組みとして**製品ポートフォリオ**という考え方がある。これはボストン・コンサルティング・グループが開発した図8-1の製品ポートフォリオ・マトリックスが基本となっている。すなわち、製品ポートフォリオは、市場成長率と相対的な市場占有率という2つの軸を使って、高成長段階でトップシェアをとる「**スター**」(stars) と低シェアの「**問題児**」(problem children)、市場があまり成長しなくなった段階においてトップシェアを確保している「**金のなる木**」(cash cows) と低シェアの「**負け犬**」(dogs) という4

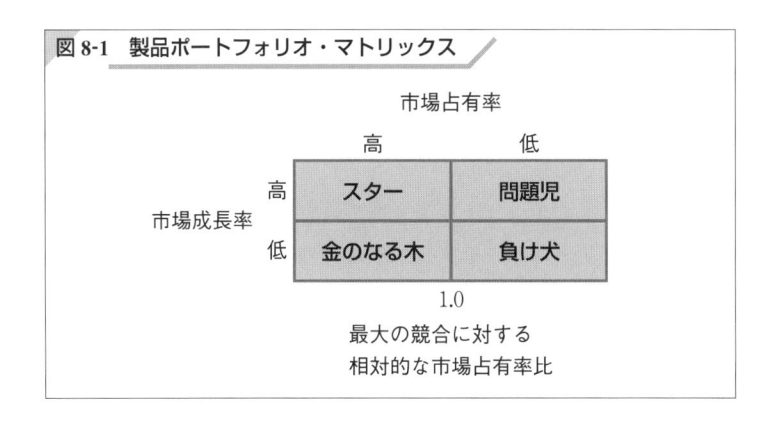

図8-1 製品ポートフォリオ・マトリックス

	市場占有率 高	市場占有率 低
市場成長率 高	スター	問題児
市場成長率 低	金のなる木	負け犬

1.0
最大の競合に対する相対的な市場占有率比

つのタイプに製品事業を位置づけるものである。

この製品ポートフォリオは，次の2つの課題を考えるために用いられる。まず1つは，複数の製品事業間でのキャッシュフローである。これは製品ライフサイクルの導入期や成長期のとくに前半で必要となる資金を，成長期の終盤から成熟期にかけての高収益を源泉としてまかなうという内部資金のフローを形成するのである。そしてもう1つは，複数の製品事業におけるダイナミクスを考慮して，企業全体としての成長や安定を考えるという課題である。

この2つの課題を考えるために，市場成長率と市場占有率という2軸による製品事業の位置づけがなされるのである。市場成長率は，製品ライフサイクルの段階で資金の需要や利益の大きさが異なることに基づいて，キャッシュフローを規定する一方で，個々の製品事業の成長率が異なることから，企業全体の成長や安定を考える基礎となる。また，市場占有率は，その製品事業がトップシェアであるかどうかが重要であり，トップシェアをとるかどうかによって利益が異なるため，それがキャッシュフローに影響するのである。

この考え方にしたがって，図8-1の4つのタイプの位置づけを説

明すれば，以下のようになる。

スター事業

スター事業とは，製品ライフサイクルにおける導入期から成長期にかけての高い市場成長率を得ている段階において，トップシェアを確保している製品事業である。このような市場成長率が高い時期においては，需要増加にあわせて生産ラインを拡充するための投資が増加する。さらに，販売エリアの拡大に合わせてチャネルを構築したり，製品やブランドのイメージの定着をはかるために広告を積極的に行ったりすることに多くのマーケティング費用の支出が必要となる。

また，新規の需要が急速に伸張する状況においては，トップシェアの地位は安定的とはいえない。それは競合企業が現在下位のシェアしかなくても，大規模な生産ラインに投資することで，現在の規模における不利な状況を克服できるからである。しかも生産ラインの稼動期間もまだ短いので，経験の蓄積がそれほど有利に働かない。したがって，市場成長率が高い状況では，シェアが逆転される可能性が高くなるために，スター事業への資金投入は必要となる。

ただし，トップシェアであるがゆえに，競合企業よりも生産における規模の経済性から効率的な生産が可能となる。また売上が大きくなるほど，広告費として使える資金的余裕が大きくなるため，広告を通じた製品差別化を競合他社よりも有利に行うことができる。同様に製品や技術の開発費も多く支出できるため，新製品開発を通じた製品差別化が有効に行える。さらに，小売店舗における魅力ある品揃え形成においてトップシェアの製品を欠くことができないので，チャネルを確保しやすく，チャネルによる製品差別化を行いやすい。

すなわち，トップシェアであれば，販売規模に応じた高い生産効率や製品差別化を達成できるために，下位の競合他社よりも高い利

益率が期待できる。そのため，この製品事業における資金需要のある程度は，自らが生み出す資金でまかなうことができる。したがって，このスター事業へのキャッシュフローは，次の問題児事業ほどは大きくならない。

他方で，スター事業の高い成長率は，企業の成長力を維持する原動力となる。企業を長期的に成長させるためには，つねに成長期の製品事業が存在するように，複数の製品事業への資源配分を考えなければならない。例えば，ある時期に成長率の鈍化した成熟期の事業に偏れば，それらの製品事業がいずれ衰退期に移ることによって，企業成長も止まることになる。そこで，スター事業については，資金を投入して，成長し続ける期間をできるかぎり長くする努力が必要となる。つまり，企業成長のためにもスター事業へのキャッシュフローは必要となる。

問題児事業

問題児事業は，市場成長率は高いがトップシェアをとれていない事業である。前述のように，製品ライフサイクルの導入期や成長期では，生産ラインを増設したり，新規チャネルを構築したり，新規の需要層に対する広告を積極的に行ったりするために，生産やマーケティング活動の費用が多く必要である。

しかも，トップシェアをとれていないとしても，導入期や成長期においては，トップの企業に先んじて生産拡大への投資を行ったり，拡大する新規の市場セグメントに対する大規模な広告投資でブランド・イメージを確立したりすることで，シェアを逆転させることが可能である。しかもトップシェアの競合企業が市場の拡張スピードを読み誤ったり，新規の市場セグメントの選択で失敗したりする可能性もあり，導入期や成長期は，市場地位逆転のチャンスとなる。

そして，導入期や成長期の事業でこれらのコストが多く必要であ

る一方で，事業の経験が浅いことから生産効率が悪く，規模の経済性も競合に対して不利な状況にあるために，旺盛な資金の需要をまかなう利益を出すことはできない。

したがって，この問題児事業は，次に述べる金のなる木事業からのキャッシュフローを形成して，利益を生むトップシェアの地位に移動させることが重要な課題となる。ただし，企業における資源の制約があり，しかもシェアが低ければ，市場地位の逆転には多大な資金が必要となるために，キャッシュフローを少数の有望な事業に集中させることが必要となる。つまり，問題児事業では事業の選択と集中を行い，シェアの低い事業からは撤退することも重要な意思決定となる。

金のなる木事業

金のなる木事業は，製品ライフサイクルにおける成熟期において，トップシェアを確保している製品事業が該当する。製品ライフサイクルの成熟期においては，成長期のような新規のチャネルや生産ラインへの投資は減少する。しかも，経験効果の作用によって，製品ライフサイクルで後の段階になるほど，生産効率が高まることが予想される。経験効果とは，新製品として開発されてからの累積生産量が増えれば増えるほど，生産ノウハウの蓄積によって，効率的な生産方法に改善されたり，不良品発生が回避されて生産歩留りがよくなったりすることで，単位当たりの生産費用が減少する効果である。

ただし，成熟期になれば，大企業間の製品差別化による競争が熾烈になり，製品改良や広告，チャネル管理のコストは増大するはずである。ところが，成熟期において競合他社を引き離したトップシェアになるほど，すなわち図8-1でより左側に位置するほど，競争の脅威が少なくなり，この製品差別化のためのコストは節約されるようになる。つまり，トップシェアとして消費者のブランド・ロイ

ヤルティを確立しているならば,競合他社が市場地位を逆転することが難しくなり,参入障壁も高くなるので,対抗的に製品差別化をするための追加投資もあまり大きくはならない。

さらに,トップシェアであることにより,競合企業よりも生産量が多くなるために,生産における規模の経済性によって生産コストが相対的に低くなる。同様の規模の経済性は,広告やチャネル管理においても期待され,販売額が大きいために競合企業よりも効率的な広告やチャネル管理が展開できる。

したがって,市場成長率が低く,トップシェアを獲得している金のなる木事業は,費用の売上額に対する比率が相対的に小さくなるために,利益率が高く,余剰資金が生まれやすい。そこで,その余剰資金を資金需要の高い製品事業にもたらすことが考えられる。すなわち,金のなる木事業から問題児事業やスター事業へのキャッシュフローが形成されるのである。

またこのキャッシュフローは,企業の持続的な成長をもたらすためにも必要なことである。それはこの資金が市場成長率の高い事業にもたらされることによって,その事業の成長を持続的なものにして,企業成長を牽引するのである。しかも金のなる木事業が成熟期にあるということは,衰退期が近づいていることでもあるために,企業の業績低迷が起きないように,金のなる木事業への依存度を引き下げることにもなる。

ところで,製品ライフサイクルからいえば,市場成長率が低い状況は成熟期以降だけでなく,導入期の前半の市場がなかなか広がらない時期においても発生する。この段階において,たとえトップシェアであっても,金のなる木事業のポジションとは異なる意思決定が必要となる。というのは,革新的な技術や製品を市場に投入した直後の導入期というのは,市場規模がまだ小さく,シェアが変化し

やすいからである。

ここで問題となるのは、ドミナント・デザインをめぐる競争である。ソフトや部品、操作方法などが企業間で異なり、消費者にとって製品を利用しづらい状況では、様式の競争的な淘汰が発生して、事実上の標準様式に収斂することで、ドミナント・デザインが生まれる。このドミナント・デザインが確立されると、それ以外の技術様式の製品は消費者に選択されず、その製品や技術に投資してきた企業は不利になる。そこで企業はドミナント・デザインとして生き残れるように、市場成長率が低い段階から競争相手との激しい新製品開発競争や、ソフト産業や部品産業とのネットワークづくりに費用をかける必要がある。したがって、導入期の前半段階での低成長期においては、シェアの高低にかかわらず、問題児事業のように資金を投入する必要性がある。

負け犬事業　負け犬事業は、製品ライフサイクルの成熟期以降においてトップシェアがとれていない事業である。成熟期以降の段階で低シェアの事業というのは、競争的に不利な地位にある。まず、上位企業に比べて生産規模が小さいために生産効率が悪いことが予想される。また広告投資も売上額に応じて相対的に少なく、製品差別化による優位性が築けていない。そしてシェアが低いために小売店舗の品揃えから外される可能性も高くなるため、価格を引き下げたり、流通業者に対する販促活動に費用をかけたりせざるをえない。さらに成熟期段階で企業間の技術格差が縮まれば、新製品開発や広告による製品差別化の能力がない企業の製品は、競合製品と価格競争に陥りやすくなる。

したがって、負け犬事業からは利益をあげることはできないため、事業から撤退して資源を他の事業に集中させることが重要となる。

ただし、現実には成熟期以降で下位のシェアしかとれていないに

もかかわらず，その事業を継続することがよく発生する。例えば，ある産業全体におけるシェアがたとえ低くても，特定の市場セグメントにおけるシェアが高く，消費者の高いブランド・ロイヤルティを形成しているような場合には，金のなる木事業と同様の位置づけになる。また，日本企業のように流通業者を系列化する場合，流通業者が取り扱う品揃えをフルラインで供給する必要があるため，たとえシェアが低くても事業を継続させることもある。

3 基本戦略とマーケティング

基本戦略　戦略的マーケティング論には，ポーターの**基本戦略**の考え方が導入されている。それはある製品事業についての競争の状態が企業にとっての機会と脅威をもたらし，企業の成果にも影響するという前提のもとに，競争の状態を分析して，その機会と脅威に対応した望ましい競争の仕方を選択することの重要性を主張したものである。

したがって競争の仕方には，どのような状況でも共通するただ1つの戦略があると考えるのではなく，競争の状態に合わせて選択可能な少数のタイプがあると考える。このようなタイプを基本戦略と呼ぶが，ポーターの基本戦略とは，**差別化戦略，コスト・リーダーシップ戦略，集中戦略**という3つである（図8-2）。

このような経営学の競争戦略論の考え方をマーケティング戦略として捉え直したとき，それまでのマーケティング・マネジメント論に対して，次のような点が付加されていることがわかる。

第1に，マーケティング・マネジメント論では，製品差別化を前提に考えるが，戦略的マーケティング論では，製品差別化に対応す

図8-2 基本戦略

	低コスト	差別化
広いターゲット	コスト・リーダーシップ戦略	差別化戦略
狭いターゲット	集中戦略 （コスト集中戦略）	（差別化集中戦略）

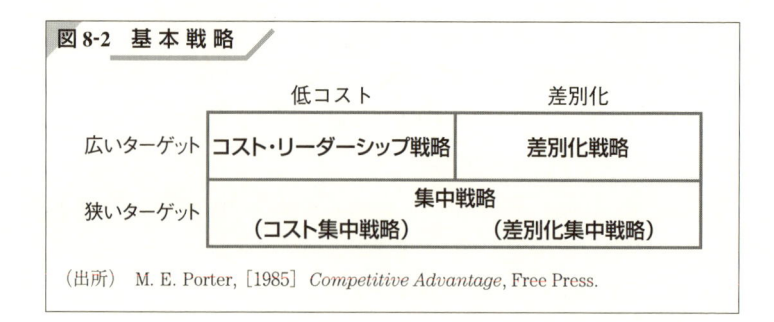

（出所） M. E. Porter, [1985] *Competitive Advantage*, Free Press.

る差別化戦略だけでなく，製品差別化を抑制して，むしろ同質化への戦略的な対応を行うコスト・リーダーシップ戦略も積極的に評価する。

　第2に，マーケティング・マネジメント論では，個々の製品におけるマーケティング活動を考え，そこでは事業の選択や事業間への資源配分をあまり考えてこなかったが，戦略的マーケティング論では，集中戦略のように特定の事業や製品ラインに絞り込んで資源を集中することが考慮される。

　そして第3に，マーケティング・マネジメント論では，製品ごとに市場を分析してマーケティング活動を考えてきたが，戦略的マーケティング論では，企業における複数の製品についての共通の基本戦略を考える傾向がある。それは，基本戦略が組織や企業文化とも整合性を求めることになるため，同じ組織や同じ企業文化において複数の基本戦略をもつと，戦略間での不整合が問題になり，中途半端で不徹底な戦略になる危険性が高くなるからである。また，基本戦略の違いは，異質な資源や能力を必要とするために，そのような資源や能力を複数の製品事業で共有するほうが費用的に有利となるために，基本戦略を共通にするということも影響する。

差別化戦略

　差別化戦略は，製品差別化による高い付加価値を消費者に提供することで競争優位をめざし，しかも，事業部間や事業部内での資源の配分は，多様な製品ラインに対して総合的・包括的に行う戦略である。したがって，マーケティング活動においては，製品差別化を追求するように，新製品開発や広告，チャネル管理，アフターサービスを積極的に行うことで需要の価格弾力性を引き下げ，相対的に高価格のポジションをとることになる。また，幅広い製品事業や製品ラインを展開し，包括的にすべての市場セグメントを捉えた分化型戦略を採用する。

　この差別化戦略は，個々の製品だけではなく，企業の生産する全製品について選択されることが多い。それは，消費者に対して高い付加価値をイメージさせるためには，企業のイメージや企業が販売する他の製品のイメージとの一貫性が求められるからである。もし別のある製品事業がコスト・リーダーシップ戦略を採用するならば，その低価格で低付加価値のイメージによって，高付加価値のイメージが傷つく危険性がある。

　さらに，企業ブランドとして消費者の高い評価や支持を得ることができれば，それは個々の製品についての製品差別化を促進させることもできる。また，複数の製品事業について同様に差別化戦略を採用することで，高い付加価値を知覚させる広告についてのノウハウを共有したり，百貨店や専門店などの同じ業態の小売店舗を通じて販売できるため，チャネル管理を共通にしたりすることができる。

　また流通業者の品揃え戦略からいっても，高付加価値で一貫した製品イメージをもつ多様な製品を揃えることが望ましいので，幅広い製品ラインをメーカーに対して要求することになりやすい。

コスト・リーダーシップ戦略

コスト・リーダーシップ戦略は，幅広い市場層や製品ラインについて競合企業よりも低い費用で生産し，消費者に低価格で製品を供給することで競争優位をめざす戦略である。このように低費用化による競争優位を**費用優位**というが，この費用優位の源泉として，最も基礎にあるのが規模の経済性である。

例えば，生産設備に大規模な初期投資が必要な場合には，生産量が多くなればなるほど，製品1単位当たりの平均生産費用は低くなる。この状況で競合企業よりも大量の生産・販売をする企業は，競合企業よりも低費用を達成できることになる。しかも，いち早く高い市場シェアをとることができれば，他の企業がその市場に参入しても高い費用での生産となって価格競争に勝てないために，参入障壁を形成することもできる。

また，このような大規模な固定資本を必要としない場合でも，高い市場シェアをとることで，大量生産による効率性を達成することができる。大量生産になれば，生産設備を機械化・自動化したり，海外での生産が可能になったりして，生産費用を引き下げることができる。さらに，大量生産の場合には，原材料や部品なども大量に調達できることになり，原材料や部品の生産効率や物流効率が高まるうえに，原材料や部品のサプライヤーに対する交渉力から費用優位でそれらを調達できることになる。

さて，コスト・リーダーシップ戦略というのは，基本的には製品差別化を積極的に追求せず，むしろ同質化による価格競争をリードする戦略となる。とくに新製品開発でいえば，最も需要が多い平均的・標準的な機能をもつ製品か，あるいは機能を絞り込んだ低価格の製品を開発する。いずれにしても競争相手が多く存在し，海外や他産業からの潜在的な参入者も多い市場であるが，そこで大量生産

に基づく費用優位で価格競争に勝つことで,市場シェアをとるのである。

また,コスト・リーダーシップ戦略のもとでの市場細分化については2つのタイプが存在する。1つは,市場細分化があまり進んでいない市場における対応である。この場合,あえて市場細分化戦略をとらずに幅広い市場の全体や最も平均的な需要に対応するような標準的な製品を低価格で供給する。

そしてもう1つは,市場細分化がすでに競合他社によってかなり進展した市場における対応である。この状況では,消費者の需要が多様化しているために,平均的なモデルで大きなシェアをとることは難しくなる。また,そのような市場では,消費者のサービスへの需要や製品の購入先も多様化するために,チャネル管理に費用がかかることが予想される。そこで,費用優位を追求するために,低価格志向の強い市場セグメントを捉える戦略が選択される。

具体的には,低価格で消費者にとってのコスト・パフォーマンスがよければ,機能が絞り込まれ,品質がある程度劣っていても許容できる消費者層をターゲットとして,低価格の製品を開発し,このような消費者を捉えやすい量販店やディスカウンター,あるいはインターネットのチャネルを通じて販売するのである。

なお,このような低価格志向の強い市場セグメントをターゲットとするコスト・リーダーシップ戦略では,幅広い製品事業での費用優位をめざすことになりやすい。それは低コストの製品を開発・生産するノウハウや低価格製品を販売するチャネル,あるいは低価格志向の市場セグメントに訴求する広告のノウハウや企業イメージなどは,他の製品事業にも適用可能な資源であるために,多様な製品事業での費用優位をめざすことになりやすいからである。

さらに,低価格志向の市場セグメントは,消費者に製品や製品知

識が普及した製品ライフサイクルの後半において生まれやすく，しかも市場規模に限界があるため，高い売上成長率を長く維持することが難しい。とくに技術革新や需要の変化によって衰退期が訪れる可能性は，このタイプの企業にとって大きな脅威となる。そこで製品事業を幅広く展開して，次々に低価格の製品を開発して販売することで，短いライフサイクルの問題を回避しようとする傾向が生まれる。

したがって，コスト・リーダーシップ戦略は，市場細分化があまり進んでいない市場では，幅広い市場層をターゲットとするタイプとなり，市場細分化が進んだ市場では，幅広い製品事業を展開するというタイプになる。

集中戦略　集中戦略は，ある限定された市場セグメントや製品事業領域に対して資源を集中させ，そこでの製品差別化や低コスト化をめざす戦略である。したがって，差別化戦略やコスト・リーダーシップ戦略のように，幅広い市場や事業を取り扱うのではなく，絞り込まれた市場や事業を対象とするという点で異なる。なお集中戦略には，市場や事業を絞り込んだうえに製品差別化を追求する差別化集中戦略と低価格を追求するコスト集中戦略の2つのタイプが含まれる。

そして，集中戦略において市場や事業を絞り込むのは，小規模性による不利を補うためである。

まず差別化戦略では，広範囲の市場を網羅する分化型戦略を展開し，それぞれの市場セグメントに対応した新製品開発や大量の広告を展開する。それに対して，差別化集中戦略では，限られた市場セグメントに向けた特殊な製品を開発し，その市場セグメントに対して高密度の広告を投入する。例えば，音響製品に特化したメーカーは，専門的な技術開発力を蓄積したり，その専門性のイメージが消

費者選好にポジティブな影響をもたらしたりすることで，総合家電メーカーにおける音響製品に対抗できるのである。しかも特定製品事業に集中して専門的な技術を蓄積すれば，その専門性が消費者に評価され，しかもその専門性の高いイメージが消費者に定着すれば，製品差別化を持続させることができる。

またコスト・リーダーシップ戦略では，費用優位を築くために広範囲の市場を捉えたり，低価格志向の市場を多様な製品事業で幅広く捉えたりするのに対して，コスト集中戦略では，特定の製品事業における低価格志向の市場セグメントをターゲットとした新製品開発を行う。この例としては，コスト・リーダーシップ戦略の企業が多様な大きさのノートPCやデスクトップPCについて，機能やデザインにおいて最も需要が多い標準的なモデルを幅広い市場層に販売するのに対して，コスト集中戦略の企業は，デスクトップPCの1つのモデルのみを低価格で販売するのである。

この場合，競合企業よりも低価格で製品を販売できるのは，サプライヤーにおいて過剰在庫となった部品のように低価格で調達できる部品や原材料を利用したり，他の組立業者に生産委託を行い，その工場の余剰生産能力を利用したりするためである。

ただし，この戦略では広告に費用をかけて広範囲の市場に情報を行き渡らすことができないため，低価格志向の消費者が価格について情報探索をすることが条件となる。すなわち，低価格志向でも情報探索能力の高い，ごく限られた市場セグメントをターゲットにせざるをえない。また，余剰の部品や生産能力を利用することが多いため，それらの制約からごく限られた種類の製品しか供給できない。すなわち，コスト集中戦略は，絞り込まれた市場層や製品事業という特徴になる。そのために短い製品ライフサイクルという問題が不可避となる。

4 市場地位別戦略論の展開

市場地位別戦略　コトラーは経営学における競争戦略論の考え方を取り入れて，**市場地位別戦略**の考え方を提起した。この市場地位別戦略は，前述の製品ポートフォリオにおいてトップシェアかどうかによって競争の仕方が異なるという考え方を引き継ぎ，さらに，ポーターの基本戦略における差別化戦略や差別化集中戦略における製品差別化の局面を詳細に検討したものである。

この市場地位別戦略では，トップシェアをとるリーダー企業と2位以下のシェアしかとれない企業とでは，展開されるマーケティング戦略が異なり，さらに2位以下のシェアの企業がとりうるマーケティング戦略は，リーダー企業にどのように対抗するかによって3つに分かれると考える。そしてこの枠組みにしたがって，市場地位別戦略は，**リーダー戦略，チャレンジャー戦略，ニッチャー戦略，フォロワー戦略**の4つのタイプに分けられるとしている。

リーダー戦略　リーダー戦略を採用する企業は，当該製品の市場においてトップシェアをもつことが条件となる。

そして，リーダー戦略のマーケティング活動に関する第1の特徴は，自社製品の売上拡大だけでなく，製品クラス全体の市場規模を拡大させるような市場拡大の戦略をとることである。それはトップシェアであり，そのシェアが維持されることを前提とすれば，その製品クラスの市場規模が大きくなれば，製品の売上規模の拡大という形でその恩恵を最も享受できるからである。例えば，日本市場に

図 8-3　市場地位別戦略

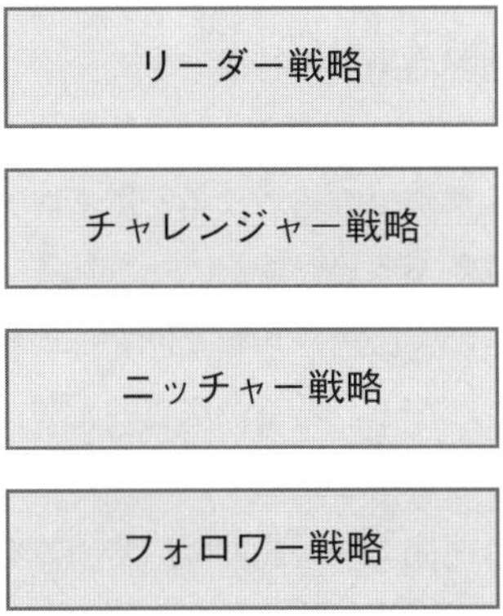

- リーダー戦略
- チャレンジャー戦略
- ニッチャー戦略
- フォロワー戦略

おけるシリアルのトップメーカーは，製品ライフサイクルの導入期や成長期において，朝食としてシリアルを食べる習慣を定着させることで，その需要増加が製品販売額の増加に結びつくことを期待するはずである。それに対して下位のメーカーは，製品クラスの市場を拡大するように努力しても，そのための広告投資に見合った製品の売上増加を期待できないために，むしろリーダー企業の市場拡大のマーケティング活動をフリーライド（ただ乗り）することが多い。

このような製品クラスでの市場拡大については，上記のシリアルのように潜在的な需要者を掘り起こすだけでなく，製品の新たな便益や利用方法を訴求して新しい需要者層を開拓する場合もある。例えば，スポーツドリンクをスポーツの後だけでなく，嗜好飲料としてリフレッシュのための利用を訴求したり，栄養補給の効果をもたせたりすることである。またその過程において，既存の市場セグメントを対象にする場合もあれば，新たな市場セグメントをねらう場合もある。さらに，既存の利用者が購入数量を増すように利用促進

のマーケティング活動を行うこともある。例えば練り歯磨きのメーカーが毎食後の歯磨きを広告で推奨するようなケースである。

さて、リーダー戦略の第2の特徴として、トップシェアの有利性を活かすようなマーケティング戦略を展開するということがある。ただしこの特徴は、差別化戦略に比重を置くかコスト・リーダーシップ戦略に比重を置くかで異なる。

まず差別化戦略では、広告や新製品開発への投資額が、製品の売上規模に応じて大きくなる。とくに広告費は製品販売額に比例して予算が割り振られることが多いため、トップシェアで販売額が多ければ、それだけ競合他社よりも潤沢な広告予算を使えることになる。こうしたことは製品差別化を強めることになり、そのブランド・イメージの高さから、しばしば競合他社よりも高い価格が設定され、それを消費者が受容することになる。

さらに、トップシェアで製品差別化においても強いポジションを獲得していることは、小売店舗とすれば、品揃えに欠かせない製品となっている可能性が高い。すると、チャネルを確保するうえでも有利であり、陳列される棚も有利な場所や広さを得て、それが製品の販売促進につながる。

そして、市場シェアが大きいために、競合企業よりも生産数量が多くなり、それだけ効率的に生産したり、海外に生産拠点を移したりすることで生産費用を削減できる。また部品や原材料を調達する場合でも、大量であることから交渉力が発生して、競合他社よりも有利に調達できる。こうした費用面での優位性は、差別化戦略の場合、競合他社よりも多くの新製品開発や広告、チャネル管理への費用支出をもたらし、それがリーダー企業の差別化のポジションを一層強固にする。

それに対し、同じリーダー戦略でもコスト・リーダーシップの場

合には，生産費用や調達費用の削減を原資として，製品の低価格化によって，高い市場シェアを維持しようとする。それはその産業の特徴として製品が同質的で，メーカーの短期的な努力では製品差別化が達成できないケースで起こる。ただし，その場合でも，リーダー企業は，広範な市場を対象とするために広告やチャネルに費用を使い，製品技術の陳腐化に対する予防として，新製品や技術の開発に対する投資を競合他社よりも積極的に行う。

リーダー戦略の3つ目の特徴は，製品事業の多角化と製品ラインのフルライン化に基づく製品種類の多さという特徴である。このようにリーダー戦略で製品事業や製品ラインの数が多くなるのは，次のような理由による。

第1に，リーダー企業に限ったことではないが，異なる製品事業でも技術開発力，生産ライン，チャネル，サービス拠点，企業イメージなどの資源を共用することで，効率的な生産・供給が可能になる。このような資源のなかでも，チャネルや企業イメージなどは，トップシェアの製品事業を有している企業ほど，その資源の共用の効果が大きく，製品を追加する動機づけとなる。

第2に，競合企業が市場細分化戦略を展開する可能性があれば，リーダー企業は，自らの市場シェアを防衛するために，分化型の市場細分化戦略を展開する必要がある。すなわち，リーダー企業の捉えていない市場セグメントをターゲットとして競合企業が新製品を開発して，リーダー企業の市場を浸食することが予想される以上，リーダー企業は，あらかじめ包括的に市場セグメントを捉えることが必要となる。また，もし競合企業が先にそうした市場セグメントを発見した場合でも，リーダー企業は，対抗的に同じ市場セグメントに向けた新製品開発を行うことで，市場シェアを維持する必要がある。したがって，リーダー戦略のもとでは，先発と後発のいずれ

においても，市場細分化戦略を積極的に展開することで，新製品を追加する傾向がある。

そして第3に，こうしたフルライン戦略は，チャネルを管理したり，維持したりするためにも重要である。第11章で説明するように，チャネル管理を強力に行う場合には，小売業者が取り扱う製品を自社だけに限定することがある。そのとき小売業者は，メーカーに対してフルラインの製品を供給することを要求する。またメーカーとしても，小売業者の品揃えを管理するためには，そのメーカーの製品だけで店頭の品揃えを形成できるようにすることが必要となるのである。

チャレンジャー戦略

リーダー戦略は，比較的強固なリーダーの地位のうえに立脚していると考えることができる。それは前述のように，トップシェアであるがゆえに製品差別化のための新製品開発や広告，チャネル管理により多くの費用をかけることができたり，トップシェアであることから規模の経済性を活用したコスト競争力を発揮できたりするためである。つまり，高い市場シェアが製品差別化や低コスト化での優位性をもたらし，それらがますます市場シェアを高めるという成功の循環を形成する。このことは下位のメーカーによって市場を奪われにくい地位にあることを意味している。

そのような状況で，リーダー企業の市場地位を脅かそうとするチャレンジャーの存立可能性はどこにあるのだろうか。

第1に，リーダー企業が消費者需要の変化に十分に対応できないケースが考えられる。ただしリーダー企業は，本来，トップシェアであるために流通業者を通じて消費者の需要情報が集まりやすい地位にある。その意味で，通常の場合では，消費者の需要の変化を競合他社よりも早く知ることで，需要の変化への対応力がむしろ高い

と考えられる。ただし，そのように集められる消費者の需要情報というのは，製品の主要な利用者層からの情報になる。

例えば，その製品クラスにおいて革新的な新製品や技術が生まれても，そのような既存の主要利用者層が評価しないものであるならば，リーダー戦略の企業は，新製品の開発や販売を思いとどまる可能性が高い。ところが，その革新的な新製品や技術を評価するのが，従来からの利用者層ではなく，新規の需要者層であるとすれば，チャレンジャー企業がこの新たな需要者層を捉えて，そこから新製品の市場を拡大させることが可能となる。

しかもそのチャレンジャー企業が，新製品開発に大規模に投資し，新規の需要者層を捉えるためのチャネルを先に確保したとすれば，そのチャレンジャー企業に先発者優位が発生して，リーダー企業が後発的に追随しても，この新製品についての地位を逆転させることが難しくなる。またリーダー企業とすれば，新規のチャネルを利用することが，従来のチャネルとのコンフリクトを発生させることが懸念されるため，容易にチャネルをシフトさせることも難しい。

このように新規需要者や新規チャネルが重要となる技術革新については，既存の支配的な企業が対応できず，新興の企業がそれらを取り入れることに成功する現象を「イノベーションのジレンマ」というが，それが起きる状況では，チャレンジャー戦略が有効となる。またこのとき，チャレンジャー戦略では，果敢に新製品開発や新規の需要者開拓に積極的に投資をして，先発者優位を構築することが必要になる。

第2に，製品ライフサイクルの導入期や成長期の段階では，リーダー企業も生産ラインの増設や新規チャネルの構築，新規の需要層に対する広告などに多くの投資を行う必要がある。この段階においてチャレンジャー戦略をとる企業が，リーダー企業を上回る売上成

長率を確保して，市場地位を逆転できる可能性がある。そのためには，チャレンジャー戦略のもとで，市場成長率を強気で予測して，積極的に生産ラインやチャネル，広告への投資を行う必要がある。とくにリーダー企業が，市場成長率の予測を誤り，生産ラインの増設が不十分であったり，新規の市場セグメントの選択で失敗したりするミスを犯した場合には，チャレンジャー戦略が功を奏することになる。

　ただし，このチャレンジャー戦略は失敗のリスクも大きい。市場が期待どおりに成長しない場合には，製品の生産能力に見合った売上を確保できずに企業の損失をもたらす。また製品の過剰在庫がチャネルに滞留すれば，小売業者による低価格販売を引き起こし，製品や企業のブランド・イメージも失墜する。そうなると次の新製品を開発しても，流通業者が取り扱ってくれずに，チャネルを確保するのが難しくなる。

　他方で，このチャレンジャー戦略は，トップシェアの有利さが生まれやすい事業でこそ採用されやすい。その典型は，利用者や関連産業の企業が多くなるほど製品の効用が大きくなるというネットワーク外部性がある製品である。例えば，ゲーム機は利用者が多くなるほど，ゲームソフト業者がソフトを開発し，その利用者にとっての効用が増すことになる。そのような事業では，トップの企業は市場シェアを伸ばし，下位の企業は市場シェアを落とすことになるため，下位の企業はチャレンジャー戦略を採用しないと存続できないのである。

ニッチャー戦略

　ニッチャー戦略は，ニッチ市場におけるリーダーを追求する戦略である。そしてニッチ市場とは，需要が少数の消費者に限定される市場である。これは，限られた消費者にしか利用されない特殊な製品の市場のほか，需要

が地域的に限定される製品，特殊なサービスを必要とする製品，特殊なチャネルでしか供給できない製品などの市場である。

こうしたニッチ市場は，さまざまな理由で他の企業が参入しないために発生する。まず第1に，市場規模が小さい場合には，他の企業，とくに大企業は参入後の成果が期待できないために後発的な参入を思いとどまる。それは，費用をかけて参入しても，市場規模が小さいために大した売上をあげることができないからである。ただし，たとえ市場規模が小さくても，他の製品事業と共通の経営資源が使える場合，例えば既存の生産設備やチャネルをそのまま使える場合には，追加の費用がかからず，むしろ既存の事業の費用を節約することにもなるので，参入が発生する場合がある。そこでニッチ市場が成立するためには，その市場に参入するために特殊な資源が必要とされるという条件も必要になる。

第2に，先行的にニッチ市場に参入し，その市場を独占してきた期間が長く，その経験の蓄積が製品技術における製品差別化を可能にしている場合や，その実績から企業の信頼を構築している場合，さらに需要者との関係を築いて顧客から需要情報を収集している場合には，先発業者が有利となり，競合企業が後発的に参入することが難しくなる。例えば，スポーツ用品でトップクラス選手のニーズ情報が重要な製品では，いち早くトップクラス選手との信頼関係を形成した企業に情報が集まり，新製品開発でも有利なポジションに立つことができる。

第3に，同様の参入障壁は，その事業において特殊な流通業者やサービス業者が必要な場合で，しかも先発業者が彼らとの間で長期的な関係を構築している状況でも発生する。つまり，需要者と結びついている流通業者やサービス業者を先行的に押さえることで，競合企業が市場に参入できない状況を創り出すのである。

さて，ニッチャー戦略では，ニッチ市場の独占を維持するためのマーケティング戦略を展開することになる。そこでまず重要なことは，製品差別化によって参入障壁や先発者優位を形成することである。それは例えば，消費者の需要を的確に捉えた新製品を開発することやそうした新製品開発の蓄積から消費者の高いブランド・ロイヤルティを確保していること，あるいは消費者に届けるためのチャネルを自社だけが利用できることなどに基づく製品差別化である。大企業にとっては，技術開発や広告，チャネルにコストをかけることでこの市場シェアを取ることは不可能ではないとしても，市場規模が小さいために，それだけのコストをかける価値がないということになる。つまり，そのような参入障壁が形成されるだけの製品差別化への投資と先行的な参入が条件となる。

　また市場細分化戦略としては，ニッチ市場であるために特定の市場セグメントだけをターゲットにする戦略になる。市場セグメントを絞り込んでいることと先行的に参入して，その実績を蓄積していることから，広告・販促活動にあまり費用をかけなくても，この消費者層の「囲い込み」が可能であり，限られた経営資源しかもたない企業には適した戦略となる。

　ただし問題は，市場規模が小さいために製品が普及するまでに時間がかからず，あとは買替需要が中心となるために，製品ライフサイクルの成長期が短いことである。なお，この成長期が短い市場というのは，ニッチ市場に他の企業が参入しにくい要因にもなっている。つまり，成長期において他の企業が市場機会であると認識しても，その成長が続かないことが予想されるなら，参入を思いとどまるからである。

　しかし，企業とすれば，ニッチャー戦略だけで企業を成長させることが難しいことを意味する。したがって，ニッチャー戦略をとる

企業は，成熟期に長期間にわたって売上を長く維持することを目標とすることが多い。典型的には歴史をもつ製品事業として，消費者や流通業者から実績を評価されることをめざすのである。

そしてもう1つの考え方は，ニッチ市場の限界から，ニッチ市場において蓄積された技術力やブランド資産を基盤としてより大きな製品市場に進出することである。つまり，ニッチャー戦略からチャレンジャー戦略へと転換することをめざすのである。

フォロワー戦略

フォロワー戦略とは，市場シェアで下位の企業がとりうる3番目の戦略であり，これはチャレンジャー戦略やニッチャー戦略が難しい場合に採用される。

まずチャレンジャー戦略は，前に述べたように高い費用とリスクが予想される。すなわち，新製品開発や新規の需要者開拓に積極的に投資をして，先発者優位を構築したり，成長期の時機を逃さず市場成長率を強気で予測して，生産ラインやチャネルの拡充を行ったりする必要がある。しかもリーダー企業が対抗的な行動をとれば，こうした投資は過剰在庫をもたらし，激しい価格競争を招き，それは企業にとって大きな損失をもたらす。

したがって，チャレンジャー戦略による地位逆転の可能性が低い場合やリーダー企業の対抗的行動が迅速である場合には，チャレンジャー戦略を採用しづらいことになる。

またニッチャー戦略が困難な状況というのは，1つには，ニッチ市場が一時的に成立しても，技術や生産ライン，チャネルなどが周囲の製品事業と共通するために，その市場に参入する企業が現れる状況である。例えば，当初は生産技術の熟練性が参入障壁となっていたが，情報化や機械化のプロセス革新によって，生産機械を導入すれば参入できるようになることで，ニッチ市場が解消される場合がある。

もう1つには，チャネル管理が重要な産業では，フルラインの品揃えを提供することが求められる場合があり，この場合にもニッチャー戦略をとり続けることは難しい。もし流通業者もニッチ市場をねらうのであれば，ニッチ市場向けの製品だけを供給し続けることができるが，流通業者が幅広い市場セグメントをターゲットとする場合で，しかもそのチャネルを有効に管理するために，彼らの品揃えについての要望を満たすように製品ラインを広げる必要性が生まれる。それはニッチ市場以外の製品事業を展開することを意味する。

　さて，これらの状況では，市場シェアにおいて下位の企業はフォロワー戦略をとらざるをえない。フォロワー戦略では，リーダー企業よりも低い利益率しか達成できないが，最も重視されるのは，既存顧客の維持である。

　そして，フォロワー戦略におけるマーケティング行動については次のような2つのタイプに分かれる。まず1つのタイプは，リーダー企業やチャレンジャー企業に追随する形で製品差別化を行うフォロワー戦略のタイプである。これは技術開発や市場開拓の費用とリスクを回避するために，新製品の開発や市場開拓をリーダー企業やチャレンジャー企業に依存する。具体的には，リーダー企業やチャレンジャー企業の新製品を模倣した製品を導入期が過ぎた段階に市場に投入するのである。こうすることで，技術開発の試行錯誤や革新的な製品を消費者に受容させるための市場開拓にかかる多大な費用を避けることができる。

　ただしこれには，速やかに追いつくための技術開発力があり，後発的でも幅広く販売するための広告やチャネル管理に費用がかかるため，比較的規模の大きな企業がとる戦略となる。また，こうした費用を節約した形での新製品開発や広告，チャネルは，それよりも下位にいる企業に対しての製品差別化の基盤となり，下位の企業と

の市場地位の逆転が避けられる。

そしてもう1つのタイプは，製品差別化を行うための十分な資金や技術をもたないために，リーダー企業やチャレンジャー企業の新製品を模倣した製品を低価格で小規模に販売するタイプである。これは中小企業がフォロワー戦略をとる場合であり，生産規模が小さく，規模の経済性では低価格化を実現できないために，余剰の低価格の汎用部品を利用し，減価償却済みの生産ラインを使って安く生産することになる。また，広告やチャネル管理に費用をかけず，生産能力を増強するための投資や過剰在庫のリスクを避けるために，チャネルに対して安定的な供給の責任を負うこともない。

したがって，製品ラインはごく限られたものになり，リーダー企業やチャレンジャー企業への追随は，前のタイプより遅く，製品ライフサイクルの成長期後半や成熟期になる。というのは，こうした品質が劣る低価格品を需要する消費者層が現れたり，低価格の汎用部品が流通したりするようになるまでに時間がかかるためである。

さて，日本企業のマーケティング戦略における特徴の1つとして，フォロワー戦略を採用する企業が多いことが予想される。それは下位の企業であっても，流通業者や顧客企業と長期的な取引関係を構築している場合には，リーダー戦略やチャレンジャー戦略による挑戦を受けても，取引関係が容易にスイッチしないために，市場シェアを奪われにくいからである。流通業者や顧客企業から見れば，信頼関係を築いていない新たな企業との取引には応じにくいことになる。

すると下位のフォロワー企業は生産規模が小さく，生産効率が悪いために利益率は低いものの，売上額を維持することができる。また，売上額を維持することは，流通業者の業績を安定化させて，ますます取引関係を長期的なものにするために，そのような日本のメ

ーカーが最も重視する目標となる。

演習問題

8-1 複数の製品事業を展開している企業を1つ取り上げて，その企業の製品ポートフォリオを検討しなさい。

8-2 マーケティング・マネジメント論と対比して，市場地位別戦略論の理論的な特徴を説明しなさい。

8-3 マーケティング論において，戦略的マーケティング論が展開されるようになった背景を，企業環境の変化と関連づけて説明しなさい。

第9章 マーケティングの*組織*と*資源*

> ***Introduction*** マーケティング活動は，さまざまな職能部門の専門的な知識や能力を使って行われるが，その際に戦略的な一貫性や整合性を確保するために，部門を越えた調整のための組織的な工夫が必要になる。また，企業が保有する資源のポテンシャルを引き出すための組織能力を高めることで，企業は持続的な競争優位を形成することができる。
>
> ***Keywords*** 職能部門間の対立，目標の対立，役割の対立，知覚の対立，製品事業部制組織，RBVアプローチ，組織能力，模倣困難性，余剰資源，ブランド資産，ブランド構築能力，ブランド拡張

1 マーケティングにおける組織

マーケティングと組織

マーケティング論は，対「市場」活動を考える理論であるために，市場の分析や市場に対する働きかけについての考察に重点があり，企業内部に対する活動は経営学の領域の問題として考えがちである。しかし，マーケティング活動が1人の人間の手によって行われるのではなく，さまざまな部門や階層にいる多数の人間による分業として行われることを考えると，適切なマーケティング活動を行うためには，個々の人間による意思決定や諸活動を統合することが必要になる。

そこで重要となるのが，組織の問題である。つまり，組織がマー

ケティング活動の有効性を規定したり，あるいは既存の組織が新しく行おうとするマーケティング活動の制約となったりするのである。

　この問題は，マーケティング・マネジメント論の視点から次のように説明される。まず，マーケティング・マネジメント論では，製品差別化，市場細分化，製品ライフサイクルという3つの市場の認識に基づいて，市場を分析して，新製品開発，広告，チャネルなどに関するマーケティング活動を整合的に行うことをめざす。この一連のプロセスにおいては，さまざまな部門の担当者がそれぞれの専門的な知識や能力を使いながら仕事が進められる。そのときマーケティング戦略としての一貫性や整合性を確保するためには，これらの職能部門の担当者における活動を調整する必要がある。ここで，部門を越えて調整するために組織をどのように工夫するのかが問題となるのである。

　また，第8章で説明したような戦略的マーケティング論の視点では，複数の製品事業における職能分野間の調整という問題を企業全体で行う必要性が生まれる。それは，企業全体のマーケティング戦略における各製品事業の位置づけにしたがったマーケティング活動の調整ということに加えて，技術開発や広告などの能力という企業としての共有資源を有効に利用していくためにも重要な問題となる。

　これらの問題を考えるとき，経営学における組織の考え方は有効な示唆を与えるが，さらにマーケティング論としての視点も必要になる。すなわち，どの部門やどの担当者でも共通する組織の問題を考えるだけでなく，マーケティング活動やマーケティング戦略と関連した組織の問題を捉えることが，マーケティング論では重要となる。例えば，職能分野の問題も，マーケティング活動において役割が異なることにとくに留意し，その役割の異質性が組織の問題にどのような影響を与えるのかを考えることが重要となる。したがって，

対立を考える場合に、組織一般における個人間の対立問題よりも、マーケティング活動における役割の異なる職能部門間の対立問題が強調されることになる。また、製品事業間でも、ある製品事業のマーケティング活動について合理的な組織が、別の製品事業で合理的にならないことが、マーケティング戦略の違いから生まれることに配慮して、マーケティング戦略と組織の問題を考えることが重要となる。

2 職能部門間の対立と調整

職能部門間の対立　マーケティング活動は、企業のさまざまな部門の連携によって行われる。例えば、消費者の需要を分析するのは、マーケティング部門や商品企画部門というような多様な呼称があるスタッフ部門が行い、新製品を開発するのは、開発部門であり、広告は、広告部門、営業部門、営業企画部門などが関わり、チャネル管理は、営業部門や営業企画部門などが携わる。したがって、マーケティング活動を専門に行う特定の部門というものが存在するのではなく、これらのさまざまな部門の担当者が日常的に行う活動として展開されているのである。

またこれらの部門では、マーケティング活動の全般における仕事をするのではなく、マーケティング活動の一部を構成する専門的な仕事をこなしているという特徴がある。このように専門的な仕事に特化する部門を職能部門と呼ぶが、マーケティング活動は、多様な職能部門で分業する形で展開されている。

このように職能部門で分業するのは、それぞれの役割において専門性が要求され、各部門に分かれて専門能力を蓄積したほうが効果

的となるためである。また，各部門において同じ種類の仕事に集中させるほうが，効率よく作業ができるという効果も期待できる。例えば，広告に関して製品ごとに担当者が分かれて仕事をするよりも，広告部門としてさまざまな製品の広告を集中的に扱うほうが，広告に関する専門的なノウハウを蓄積しやすく，過去の経験を利用しやすいうえに，広告の作成や広告代理店との交渉をまとめて効率的に行うことができる。

その反面，このように職能部門に業務を分化させると，一貫したマーケティング活動を行うために職能部門間での活動の調整が必要になる。ところが，ここで問題になるのが職能部門間の対立という現象である。この対立がある状況では，情報が部門間で共有されず，活動の整合性も得られないために，各職能が連携した効果的なマーケティング活動が行えないのである。

例えば，営業部門の担当者は顧客と接触する機会が多いために顧客志向が高くなるのに対して，開発部門では担当者が技術への関心が強くなる傾向がある。すると営業部門と開発部門との間に対立が発生しやすくなり，営業部門では開発部門に対して，新製品開発において顧客の声を反映していないという不満が発生する一方で，開発部門では営業部門に対して，営業活動において技術を的確に訴求していない，あるいは新技術についての市場の潜在的な需要を収集していないという不満が発生する。この対立は，営業部門と開発部門との間の円滑なコミュニケーションを阻害し，市場需要と新技術に基づく新製品の開発を妨げる原因となる。

同じような部門間対立は，営業部門と生産部門との間でも発生する。営業部門では，顧客（流通業者など）と接触することから，ヒット商品は十分な量の生産をすべきとか，注文があれば迅速に供給すべきという意識が強い。それに対して，生産部門では，生産量の

決定において予測が外れたときのリスクや生産効率を重視する傾向が強い。この違いは，営業部門が顧客への販売に責任をもつのに対して，生産部門が生産費用について責任をもつことから生まれるものであるが，このことが部門間の協力関係を阻害して，製品供給によるチャネル管理の有効性を妨げるのである。

さらに，営業部門とマーケティングのスタッフ部門との対立が発生する場合もある。マーケティングのスタッフ部門は，市場情報の分析に基づいてマーケティング計画を策定する過程で，戦略的に重要な製品やチャネルに対して経営資源を重点的に配分しようとするが，営業部門では，それによって自分たちが担当する顧客への資源配分が少なくなることに抵抗感をもつ傾向がある。この対立は，営業部門が，企業全体の利益よりも担当する顧客との良好な関係を維持することを優先的に考えるために発生するものである。

対立の種類

職能部門間での対立は，その発生源から，**目標の対立，役割の対立，知覚の対立**という3つのタイプに分けることができる。

1つ目の「目標の対立」とは，各職能部門が優先する目標が異なっていることによって発生する対立である。例えば営業部門では，達成する売上で部門の業績が捉えられるため，顧客への売上を伸ばすことを目標に考えやすい。また，顧客と頻繁に接触して，顧客の要望を聞く機会も多いために，顧客満足を目標にする傾向もある。そして顧客満足を確保することは，売上の安定的な維持をもたらすために，売上という目標とも整合性がある。

それに対して，開発部門では，開発する技術や製品の新規性や卓越性を目標にする傾向がある。このような技術や製品での優位性は売上の成長をもたらすものの，将来的に大きな市場を創造するような革新的な技術や製品を重視するため，営業部門が考えるよりも将

来的な売上の成長に関心があるといえる。

　また生産部門や物流部門では、生産や物流の効率性を目的と考えやすい。さらに、マーケティング・スタッフ部門では、企業の利益を重視するが、その利益に対する責任を負うのは経営者層となる。

　このように部門ごとに追求する目標が異なることによって対立が発生することになる。それは職能部門間においてマーケティング活動のための相互依存性があり、しかもこれらの目標を両立させるのが難しいためである。すなわち、ある職能部門が自らの目標を達成しようと行動するとき、その行動は他の職能部門の目標達成には貢献しないどころかその目標達成を阻害する可能性が高いために、部門間対立が発生するのである。

　2つ目の「役割の対立」とは、職能部門が担当する役割についての認識の違いから発生する対立である。例えば営業部門は開発部門に対して、顧客との関係維持や売上達成に貢献するような新製品開発を期待するが、開発部門は自らの役割を革新的な技術や製品を開発することであると考える場合がある。また開発部門は営業部門に対して、技術や製品の開発に有用な顧客からの需要情報を収集する役割を期待するが、営業部門では自らの役割は顧客に製品を販売することであり、需要情報の収集は自分たちの役割でないと考えたり、需要情報を収集するとしても、既存顧客との関係維持に貢献するような顕在的な需要を伝えようとしたりする。このとき役割についての認識の違いから、他の部門に対する不満が高まり、部門間での対立が発生する。

　そして3つ目の「知覚の対立」とは、目標や役割の違いに基づいて、担当者が知覚する環境が異なることによって発生する対立である。これも営業部門と開発部門との対立で説明すれば次のようになる。まず営業部門の担当者は、その職能部門の役割から、市場ニー

ズについて高い関心をもつ傾向があり，消費者行動の変化や競合企業の製品などの情報を積極的に収集する。それに対して，開発部門の担当者は，開発という仕事における役割のほか，それまでに蓄積した専門知識から，技術に関する関心が高く，その領域の技術革新についての情報を収集しようとする。このように収集される情報が異なれば，知覚される環境変化も違ったものとなる。すなわち，環境変化のうちでも市場に関わる問題は，営業部門は敏感に反応するが，開発部門はあまり反応せず，技術革新に関わる問題は，開発部門のほうが営業部門よりも重大な問題として認識することになる。そしてこのように環境の知覚が異なれば，行動の違いとなって現れるため，職能部門間での対立が発生するのである。

対立のデメリット

こうした職能部門間での目標・役割・知覚の対立は，職能部門における専門化を追求するために発生するものである。企業が専門化のメリットを追求しなければ，これらの部門への分化は必要なく，部門間対立も発生しないが，それでは効果的で効率的なマーケティング活動を展開することができないことになる。つまり，部門間で分業して行うべきマーケティング活動においては，部門間対立は避けられないものとなる。また，ある程度の対立ならば，むしろ部門間でのコミュニケーションにおける論理性と適度の緊張感をもたらし，各部門の問題を発見しやすいというメリットもある。

しかし，部門間の対立が大きくなれば，マーケティング活動において各部門が局所的な問題解決に陥り，部門間で連携した活動を展開できなくなる。これは，新製品開発，広告，チャネル管理などのマーケティング活動が整合的に行われず，製品差別化，市場細分化，製品ライフサイクルから導かれるマーケティング戦略として一貫性のある形にならないことを意味する。

また，部門によって知覚する市場環境や技術環境が異なるために，環境変化に柔軟に対応するマーケティング戦略を展開できない事態が発生する。さらにいえば，このような部門間対立がある状態では，部門間のコミュニケーションが滞りやすいため，企業内でのコミュニケーション費用が大きくなるという問題も発生する。

> **対立の克服**

　部門間対立はこれらの問題を発生させるために，企業ではその対立を克服する対策を考える必要性が生じる。そこでまず考えられるのが，トップダウンによる解決である。これは経営者層に情報を集約して，意思決定を集中的に行うことで，職能部門の活動を調整する方法である。目標の違いによる対立については，利益などの企業の目標を基準に調整され，役割や知覚の違いについては，情報を集約して行動の指示を与える形で解決するのである。

　ただし，このトップダウンによる解決では，経営者層の情報処理能力に限界があるという問題がある。マーケティング活動というのは，部門間の相互依存性が高いものであるために，細々とした活動についても部門間での調整が必要となるが，そのような細部の意思決定までもトップダウンで行うことは現実的ではない。各部門からの膨大な情報を集め，意思決定を行い，指示するという過程で，非常に高い情報処理能力と情報処理費用が要求されるためである。

　そこでこのようなトップダウンによる解決は，企業にとって重要な問題に限って適用されることになり，他の問題領域については部門間対立の影響が残されることになる。また，トップダウンによる解決では，各職能部門の担当者に意思決定の権限が与えられないため，担当者の意欲が低下しやすいという問題も発生する。

　部門間対立の解決として次に考えられるのは，部門間での自主的なコミュニケーションで調整する方法であり，目標の違いによる対

立は部門間での交渉によって調整され,役割や知覚の違いによる対立は部門間での頻繁な情報交換を通じて解消しようとするものである。

このような自主的な解決では,企業内においてパワーがある職能部門が交渉や情報交換においての主導権を握ることが多い。例えば,技術開発に強みをもつ企業では,研究開発部門が他の部門に対して発言力をもちやすく,その結果として,研究開発部門の目標や利害が優先される。また,営業力が強い企業では,営業部門が主導権を握り,営業部門の目標を重視し,顧客からの情報への配慮が他の部門においても要請される。

ところが,環境変化はこうした特定部門の認識している局面だけで発生するとは限らず,企業内で地位の低い職能部門の情報が重要となるような環境変化では,環境適応的なマーケティング行動をとることができなくなる。また,こうした発言力に偏りがある状況では,地位の低い部門の担当者の意欲が低下しやすいという問題も発生する。

以上のように,トップダウンの解決や自主的な解決にはそれぞれデメリットがあるために,企業ではこれらの解決策を組み合わせることと並行して,以下に述べるようなさまざまな対立回避の仕組みを導入する。

1つ目には,職能部門が局所的な目標にコミットしないように,企業としての上位目標を各部門に浸透させることが行われる。それは顧客満足のような上位目標を職能部門での活動でも意識させるとともに,上位目標と諸活動とを関連づけることで,各部門の目標を共通にして,部門間の連携を行いやすくする。

2つ目には,部門間での人事ローテーションを行い,他の職能部門での経験を共有させることが行われる。これは経験することで,

各部門の仕事や環境についての情報を共有させるものであり、それを通じて役割や環境知覚の齟齬を解消するのである。

3つ目には、職能部門間をつなぐ境界連結の担当者や担当部門を設置することである。例えば、営業部門と開発部門との情報交換において、2つの部門を媒介する部門を設けて、営業部門から顧客の需要情報を収集し、開発部門から技術革新の情報を収集することで相互の情報交換を促進させたり、あるいは、それらの情報に基づいて、既存技術を応用して顧客需要にあった新製品開発を行わせたりするのである。

そして4つ目は、営業活動や製品開発などの各業務の担当者をプロジェクト・チームのようなコンパクトな組織に収容することである。このような組織の管理者のことをプロダクト・マネジャーやブランド・マネジャーと呼び、その仕組みをそれぞれプロダクト・マネジャー制、ブランド・マネジャー制という。

このようなチーム化により、チームの目標が明確になり、しかも個々の業務とチームの成果との連動性が見えてくるために、チームの目標達成に向けた動機づけも得られる。また、チームとして頻繁に接するために情報交換も活発になり、役割や環境知覚の齟齬も解消され、職能部門間での連携化が促進されることになる。

ただし、各職能部門担当者をチームに配置して、プロダクト・マネジャーやブランド・マネジャーの管理のもとに置くと、各職能分野の専門化によるメリットが犠牲になるため、チーム内の構成員は、プロダクト・マネジャーやブランド・マネジャーによる管理・調整と職能部門の管理者による管理・調整の両方を受けるような組織構造にする場合がある。このように担当者に対して二重の管理・調整を行う組織は、マトリックス組織と呼ばれる。

3 製品事業部間の調整

製品事業部制組織への展開

　これまで述べてきたように，職能別組織は各職能業務の専門化によるメリットを追求する組織構造である。ところが，1つの企業において複数の異質な製品事業が展開されるようになると，営業部門や開発部門などの業務が製品事業間で大きく異なる状況も生まれる。その状況では複数の製品事業における業務を職能部門に集約させることのメリットがあまり得られず，むしろ製品事業によって異質な業務を同時に遂行するために，情報処理が複雑になり，効率性が悪くなったり，製品事業間で業務の比重を適正に保てなかったりして，集中的処理のデメリットが現れやすくなる。

　そこで，製品事業の異質性に応じて，製品事業別に職能制組織を分割することが考えられる。すなわち，職能部門は集中化によるメリットが得られる範囲で集中化し，そのメリットが少ない製品事業については，あえて集約しないという考え方をとる。このような組織を**製品事業部制組織**といい，各製品事業部に権限が委譲されている分権型の組織構造になっていると考えることができる。

　このような製品事業部制による分権化には，次のようなメリットがある。まず製品事業部に権限が委譲されているために，組織階層を少なくすることができる。組織階層が少ないことは，意思決定を迅速にできるうえに，市場により近い階層における意思決定となり，しかも情報共有が容易となるために，意思決定の質をよくすることができる。また組織階層が少ない場合には，新製品開発や市場開拓においてリスクのある意思決定が行いやすくなる場合もある。それ

は組織階層が増えるほど,技術や市場についての情報を共有できなくなることに加えて,コンセンサスが得やすい無難な計画が起案されやすくなるためである。

また,同じ規模の企業での職能制組織と製品事業部制組織を比較すれば,製品事業部制組織は1つの企業を複数の製品事業部に分割することであるため,組織のサイズが小さくなることによって職能部門間の連携も取りやすくなるというメリットが発生する。

さらに特定の製品事業に特化していることで,製品分野別の専門化による効率化のメリットが得られる。つまり製品事業別の業務を集約することで,顧客需要や技術における分散を小さくして,情報処理の効率性を引き上げる効果がある。また,製品事業部で取り扱う製品事業を絞り込むことによって,市場環境や技術について関心を集中させることで,これらの情報収集や技術革新が促進されるという効果もある。

製品事業部制組織のデメリット

製品事業部制組織に基づく分権化には,次のようなデメリットがある。それは製品事業部制として各製品事業部に権限を委譲し,一連のマーケティング活動を自己完結的に行うようになると,事業部間での連携や協力が難しくなるという問題である。これは,第8章の戦略的マーケティング論で説明した製品事業部間でのマーケティング戦略の調整に関わる問題である。

例えば,製品事業部の間でマーケティング戦略の一貫性が求められる場合に,事業部間での連携が重要となる。それは差別化戦略やコスト・リーダーシップ戦略,あるいは集中戦略を通じて競争優位を形成しようとする場合,製品事業部間でこれらの基本戦略の選択を共通にすることが望ましい。差別化戦略については,ブランド・イメージに一貫性をもたせることで企業ブランドからの連想が得ら

れて，より効果的な付加価値をもたらすことが可能となる。コスト・リーダーシップ戦略では，共通の資源や能力を利用することで経済性を高めることができる。また集中戦略では，製品事業の選択と集中を行うものであるために，企業のすべての製品事業部を巻き込むものでなければ意味をなさない。

　ところが，製品事業部に権限が委譲され，各事業部において裁量的に戦略が決定されると，こうしたマーケティング戦略としての一貫性が得られなくなる。言い換えれば，基本戦略を効果のあるものにするためには，製品事業部におけるマーケティング戦略の権限をある程度抑制する必要が発生する。

　そしてもう1つには，製品ポートフォリオや市場地位別戦略のように，特定の製品事業の市場地位を高めることを重視し，その製品事業に資源を集中したり，事業部間のキャッシュフローを考えたりすることについての問題がある。これは製品事業部間での資源の移転可能性に関する問題である。すなわち，製品事業部に権限を委譲すれば，各事業部において独自に資源を管理することになるが，それでは製品事業部を越えた資源の移動ができなくなり，特定の製品事業への選択と集中を通じた競争優位の確立が難しくなるのである。そこで，各製品事業部における資源についての権限が制約され，他の製品事業部の強化のために資源を移転することも必要になるのである。

　これは以下のようなさまざまな状況で問題になる。まず産業において技術革新が発生したり，市場需要が大きく変化したりする状況では，特定の製品事業部が存続できず，製品事業部の再編が必要になることがあるが，それを製品事業部が自主的に，あるいは製品事業部間での交渉によって，その意思決定を下すことは難しい。また企業が戦略的に事業の選択と集中を通じて，特定の事業部やブラン

ドに資源を集中させることが重要な場合もある。さらに，技術革新のために複数の事業部の技術開発能力を組み合わせる必要がある場合には，製品事業部間で技術革新のための協力が必要になる。

しかも，ある製品事業の範囲内の意思決定であっても，投資額があまりに大きい場合には，製品事業部で意思決定させると，そのリスクを処理できないために実行を決断できないこともある。そのような大きなリスクのある問題は製品事業部の権限や責任の範囲を超えるために，トップダウンで決定する必要がある。

このように事業部制組織における分権化は，製品事業部間でのマーケティング戦略の一貫性を妨げたり，資源移動の障壁を形成したりするという問題が発生する。そこで，製品事業部制組織では，権限を完全に委譲するのではなく，これらの重要な問題に対処するための集権的な意思決定の仕組みを導入することも重要になる。

4 マーケティングにおける資源

マーケティングと資源　マーケティング・マネジメント論では，市場を分析し，マーケティング活動の計画を立てるという考え方であるために，マーケティング活動の実行可能性についてはあまり配慮されない。望ましいマーケティング活動のために資源をうまく配分すべきことは考えられるが，その資源をもたない場合にどうするのかという問題には触れないのである。

他方で，戦略的マーケティング論では，同じように市場を分析し，計画を立てるという考え方であるが，市場地位という形で実行可能性が検討される。具体的には，マーケティング活動に関する実行可能性は企業規模や市場シェアで決まり，市場シェアで下位の企業と

トップシェアの企業とでは，とりうる戦略が異なると考える。

　しかし，実際のマーケティング戦略の特徴は企業間でさまざまに異なっていて，ある企業で成功したマーケティング戦略を市場地位が同じクラスの別の企業が同じように実行可能かと問われると，必ずしもそうでないケースがよくある。例えば，トップシェアの企業が消費者のブランド・イメージをうまく構築できているとき，別の産業のリーダー企業が，そのブランド戦略を模倣しようとしてもできないことが起こりうる。

　それは，企業に固有の資源があるためであり，その資源をもてない他の企業は，同じような戦略をとれないことから，企業間における戦略の多様性がもたらされる。また，資源に固有性があり，たとえコストをかけても短期間で容易に調達できないものと考えられることから，その資源があるがゆえに競争優位の地位を確保できるとき，市場需要や技術が大きく変わらないかぎり，その優位な地位は競合他社によって脅かされにくいと考えることができる。このような状態を持続的競争優位の地位にあるという。

RBVアプローチ　このように企業の固有資源から戦略を考えるアプローチを **RBV**（resource-based view, 資源ベース理論）**アプローチ**という。ただし，企業の内部資源に注目することは必ずしも新しい発想ではなく，これまでの経営学の競争戦略論においても資源の分析や環境への適合が主張されてきた。例えば競争戦略論における分析として，機会や脅威という外部環境の分析と並行して，企業の強みと弱みという内部資源の分析が提唱されている。それに対しRBVアプローチでは，資源の移動困難性や資源の企業間での異質性が持続的競争優位をもたらすことに注目する。

　この点について，これまでの戦略論の見解は必ずしも明確ではな

かった。確かに従来の戦略的マーケティング論でも，参入障壁を考えるときに資源移動の困難性などに言及するが，他方で，戦略策定の議論に展開するときには，資源は同質的で移動可能なものと想定する傾向があった。もし資源が企業ごとに固有で移動困難なままであれば，優位性を確保するために必要な資源を調達することができないことになり，それは戦略的マーケティング論が示唆する戦略の指針を実行できないということを意味する。

ところがRBVアプローチのように，資源が企業に固有で移動困難であると考えれば，長期間にわたって形成・蓄積された優位性をもたらす資源は，他の企業が容易に取得できないものとなり，それが企業間での戦略の差異や持続的競争優位をもたらすことになるのである。すなわち，市場地位別の戦略にしてても，リーダーでも調達できない資源があるために，戦略の多様性がもたらされるのである。このように資源の企業間での移動を妨げるのは，伝統的な産業組織論の枠組みのように産業の条件によって決まると考えるのではなく，資源の性格やそれを処理する能力（コンピタンス，ケーパビリティ）にあると考えるのが，RBVアプローチの基本的な考え方である。

それゆえにRBVアプローチでは優位性をもたらす資源やそれに基づく戦略に焦点があてられてきたのである。そしてその考え方をマーケティング戦略に適用することで，資源が規定する多様なマーケティング戦略や持続的競争優位をもたらすマーケティング戦略を考えることができる。

そして，マーケティング戦略においてRBVアプローチを導入するというのは，マーケティング戦略における資源がどのように蓄積され，競争優位に結びつくのか，あるいは，その資源をもつことからどのようなマーケティング活動が可能になるのかを考えることで

ある。

Column ⑦ 産業組織論と SCP パラダイム

産業組織論は市場経済の現実的諸問題を対象とするミクロ経済学の応用分野であり、独占禁止政策の経済学的基礎を提供するものである。沿革的には、産業組織論と呼ばれる分野は、マーシャル（A. Marshall）による新古典派理論、チェンバリン（E. H. Chamberlin）およびロビンソン（J. V. Robinson）を中心とする独占的競争論または不完全競争論、およびアメリカでの反トラスト政策の施行と密接な関係をもちつつ、クラーク（J. M. Clark）によって創唱された有効競争論を母体として発展してきた。こうした形での産業組織論は、主としてアメリカにおいてメーソン（E. S. Mason）によって提示され、ベイン（J. S. Bain）により体系化された。その基本的分析のフレームワークは、市場構造（structure），市場行動（conduct），市場成果（performance）という3つの分析次元間の因果関係を中心として展開されるため、これらの頭文字からSCPパラダイムとも呼ばれている。

市場構造の主な要素として認定されているものは、売手集中の程度、買手集中の程度、製品差別化の程度、参入障壁の有無、垂直的統合や多角化の態様、市場成長率の高低などを挙げることができる。市場行動については、企業の価格・産出量・製品の決定、広告・販促活動支出の水準、企業間関係における協調行為、潜在的参入者に対する排他的行為の存在などが問題となる。さらに市場成果の基準としては、資源配分、技術的効率性、技術的進歩、所得分配の公平性などが採用される。

分析のフレームワークにおける規定関係については、市場行動は市場構造によって規定され、市場成果は市場行動によって規定されるが、長期的にはいくつかの構造的要素が逆に市場行動に影響を受けることも事実である。

また何らかの戦略により企業は市場において独占的な地位を形成・維持し、競争を阻害することによって消費者だけでなく社会の厚生を損なうことが予想される。そこで、その種の企業や産業に対して、競争を促進する

公共政策か，独占的な価格政策などを規制する政策が求められる。したがって産業組織論は，市場構造や市場行動の帰結としての市場成果が，経済目標に照らしてどの程度乖離しているかを考え，それに関する改善の施策を示唆するという経済政策を志向する性格をも有している。

マーケティングの組織能力

これまで述べたように，マーケティング戦略の実行可能性を規定する要素として，組織と並んで資源が重要になる。その資源のなかでもマーケティングの組織能力がとくに重要になる。**組織能力**とは，企業が保有するさまざまな資源のポテンシャルをフルに発揮するように使いこなす能力であり，それは組織における多くの構成員の行動やプロセスで保持されるものである。

ただし，組織能力だけがマーケティング戦略の実行可能性をもたらす資源というわけではない。例えば，天才的な1人の開発者や企画者が，革新的な新製品の開発に大きく貢献することはよくある現象であり，この場合，非常に優れた人材が競争優位をもたらす希少な資源と考えることができる。つまり競合他社は，このような人材をもっていないために，新製品開発において模倣したり対抗したりすることができない。

しかし，こうして形成される競争優位は，その人材が扱える領域でしか形成されず，またその人材がヘッド・ハンティングされることで資源の移転が可能になる。つまり，人材という資源では，さまざまな製品事業において競争優位を形成しようとしたり，あるいは，長期的に競争優位を持続させようとしたりすることについて限界がある。とくにマーケティング戦略では，複数の製品において安定的に競争優位を形成することが重要となるために，組織能力が必要と

なる。

さて、マーケティングに関わる組織能力としては、さまざまなものが考えられる。その代表であるブランドに関する組織能力については、第5節で詳しく論じるが、それ以外にも、革新的な新製品を次々と開発する企業では、新製品開発の組織能力があると推測される。例えば、技術革新に挑戦することやリスクを積極的に受容することが認められる企業文化は、果敢に技術革新に挑戦する行動を支える組織能力である。あるいは、新製品を開発する際に消費者の潜在的なニーズを的確に捉えるという組織能力も考えられる。そこには新製品開発の意思決定において従来の発想や固定観念を克服して、新しい考え方のもとでコンセンサスが形成できるような意思決定のプロセスや企業文化の基盤があると考えられる。

そして、このような志向や行動パターンを開発者がもっている場合には、その組織能力は競合他社がなかなか模倣しにくく、新製品開発において追いつくのが難しいということになる。

さらに、新製品開発の組織能力には、このような技術革新の頻度に関わるものだけでなく、革新の方向性を含んだ組織能力がある。製品を小型化して設計・開発をすることができる組織能力というのはその例であり、同じような製品技術や設計の知識をもっていても、小型化することへの意欲や目標への志向性、経験の蓄積の違いが、模倣困難な組織能力を支えるのである。

こうした組織能力は、新製品開発や技術革新だけでなく、他のマーケティング活動においても見出すことができる。例えば、広告について、革新的な広告を作成する組織能力や大量の広告に投資する組織能力では、そのようなリスクある広告の意思決定を認める組織的な条件の違いが模倣困難性を規定することがある。

また、チャネルについては、チャネル自体が企業にとっての重要

な無形資源となっているが、それに加えて、営業担当者が流通業者との良好な関係を維持できたり、あるいは新規のチャネルを開拓することができたりするときに、そのような行動を支える企業間の協調的関係や営業活動の積極性に関わる企業文化がどの程度浸透しているかが重要な条件となる。すなわち、チャネルに関する組織能力の差が、流通業者の協力や新規チャネルの広がりに影響して競争優位をもたらすとともに、模倣困難性があるために、その優位性が持続するのである。

もちろんこうした組織能力は、マーケティング活動だけでなく、生産活動、原材料の調達活動、物流活動、他の企業との提携など、さまざまな局面に存在しうるものであり、それらが複雑に絡み合って、企業の持続的な競争優位を形成するものである。

模倣困難性 こうした組織能力は、企業に競争優位をもたらす新製品開発や広告、チャネル管理などのマーケティング活動を支える条件となる。またそれらが競合他社にとって模倣困難であるために、その卓越したマーケティング活動が追随されにくく、競争優位が持続することになる。

さらに、こうした組織能力は成功経験を重ねるたびに蓄積されるとともに、同じ組織に共有されることで、他の製品事業にも広げうるものとなるために、この組織能力の格差は、時間とともに拡大し、そのことが競争優位の持続性を高めることにもなる。

例えば、ホテルのサービスで考えてみよう。一方のホテルでは、従業員が与えられた仕事を正確に行うように指示を受けていて、もう一方のホテルでは、従業員がつねに顧客のニーズに目を配り、顧客満足を基準に行動するように指示を受けているとすれば、後者のホテルほうが、明らかに顧客にホスピタリティを感じさせ、競争優位を形成できる可能性が高い。しかも、前者のホテルが後者のホテ

ルのやり方を模倣しようとすれば，従業員のマニュアルや教育方法，日常的な管理方法，管理者の指示の与え方など，管理者や従業員の価値観に影響を与える多様な要素を模倣しなければならないことになる。また，前者のホテルがこうしたことを習熟しようと努めている間も，後者のホテルではさらなる顧客満足をめざしてサービス内容を日々改善しているとすれば，その差はなかなか埋まらないことになる。

　さて，組織能力に模倣困難性があるのは，まず組織能力を構成するさまざまな要素が影響して競争優位をもたらすためと考えられる。すなわち，組織能力と競争優位との間における因果関係が複雑であったり，曖昧であったりするために，競合企業は理解しやすい一部しか模倣することができないのである。とりわけ，組織能力が企業文化に根づいているならば，その企業文化を模倣するのは難しいことになる。

　また，組織能力が長い間の蓄積によって構築されたものであるとき，競合企業が模倣する場合でも，やはり長い期間を要することが予想される。例えば，新製品開発やチャネル管理に関する組織能力が，開発担当者や営業担当者の意識の高さや経験の蓄積に基づくものであれば，その形成には時間がかかることが予想される。

　さらに，組織能力がそれ以前に獲得した資源があることによってもたらされ，しかも，以前に獲得した資源は，それが競争優位に結びつくとは予想されずに得られたものである場合にも，競合他社にとっては，その条件となる資源をもたないために，組織能力を模倣できないことになる。例を挙げるなら，競争優位をめざす以前から流通業者と良好な関係を構築する志向をもっていたことが，流通業者との共同で新製品を開発することを可能にしたり，あるいは流通業者と共同で情報システムを構築して効率的な物流管理が可能にな

ったりして,その能力が競争優位の源泉となるということが考えられる。

このような組織能力は,それが競合他社に模倣されにくいものであるほど,持続的な競争優位をもたらす可能性が高くなる。しかし,組織間での移転が難しいといっても,企業内の別の組織に移転することさえ難しいのであれば,その組織能力は,他の拠点や製品事業に拡張しにくい事態となる。そこで,こうした企業内の移転を行うためには,拠点間や事業部間での接触頻度を多くしたり,共通の経験を重ねたりすることで,組織能力の移転困難性の問題を回避することも重要な課題となる。

既存資源の有効利用による戦略

企業はさまざまな資源を保有しており,その資源が競争優位を規定することも多いが,そうした資源のポテンシャルを完全に使い切っていることはむしろ少ない。例えば,工場の生産設備という資源では,その生産能力をつねに最大限に使っているわけではなく,余剰の生産能力が存在することが多い。あるいは,人材でも開発者の知識や能力のすべてを使っているわけではなく,現在の技術革新や新製品開発では使われていない知識や能力が存在する。さらに,前述の組織能力にしても,開発者の挑戦意欲がつねに技術革新に向けて発揮されているわけではない。

このように有形・無形の資源については,余剰の未利用部分というものがあると考えられるが,企業は,この余剰資源を有効に利用するように動機づけられ,それがマーケティング活動に影響を与えることがある。

過去に開発され現在は十分に利用されていない技術があったり,あるいは過去の事業において雇用されたが,現在はその専門知識を活かしていない開発者が多くいたりすれば,企業は,その技術や開

発者を有効に利用するような新製品開発を推進しようとする。これは市場の需要を分析してから、そこで導かれる新製品開発のために必要な技術の開発や調達を行うというプロセスではなく、企業の内部資源を分析して、その資源の有効利用に対応する市場を探索するというプロセスになっている。

また、有力な流通業者との取引関係を構築している企業では、その既存チャネルを有効に利用し、関係をさらに強化するために、製品ラインを充実させるように新製品開発を行う場合がある。その状況では、競合企業が魅力ある新製品を開発すれば、流通業者との取引関係を維持するために、それを模倣した新製品開発を行うことになりやすい。そこではチャネルを有効に利用することが優先され、消費者を分析した新製品開発よりも、チャネルの品揃えを埋めるための新製品開発になっている。

このような**余剰資源**を利用するためのマーケティング活動というのは、その資源が企業から**分離困難**なものであったり、他の企業に転売することが困難であったりする場合や、他の企業に転売するよりも自社で活用するほうが価値をもたらす場合において、それを企業内で活用することが動機づけられる状況で発生する。

そして、この場合、市場需要を分析して決定される新製品開発ではなく、メーカーにおける内部資源の分析から開発がスタートしている。これはサプライサイドのマーケティング戦略として、問題視されやすい現象であるが、企業における資源の有効利用や「強み」を活かしているという点で合理性がある。また、このように資源は、マーケティング戦略の制約としての局面だけでなく、マーケティング戦略の起点にもなりうることに留意する必要がある。

5 ブランドの資源

ブランド資産

ブランドとは，製品を識別できるように付与された名称やマーク，デザインの特徴のことである。メーカーがブランドを付与するようになったのは，流通段階において他のメーカーと同質の製品として扱われないようにするためであり，その意味で製品差別化を行うための条件となっている。例えば鶏卵の生産者が，鶏卵にブランドを付与しなければ，サイズだけで分けられ，他の生産者の鶏卵と同じ商品として売られるが，ブランドを付与して流通させれば，小売店頭で他とは別の商品として扱われる可能性が生まれる。もちろん名称やマークを付けたからといって製品差別化できるわけではなく，消費者の特別な選好を得るような特徴をもつ鶏卵を開発するとか，その特徴を広告することが条件となるが，これらの製品開発や広告の行動をしながらブランドを付与しないということは考えられない。

たとえ製品の品質についてそれほど大きな差が認められないにもかかわらず，多くの消費者が特定ブランドについて特別な選好をもつ場合があるが，そのとき企業は製品差別化によって経済的な利益を得ることができる。そこでブランドをそのような経済的価値をもたらす資源として考えることができ，この意味においてブランドは，企業の保有する代表的な無形資産の1つとなっている。また，このような無形資産としてのブランドのことを**ブランド資産**という。そしてブランド資産は，競合企業が模倣しようとしても，同じようなブランドの価値を短期間で消費者に認めてもらえないという意味で模倣困難性があり，このブランド資産をもつ企業は持続的な競争優

位を形成できることになる。

　このブランド資産の基礎にあるのは，消費者の心のなかにあるブランドに対する考えである。このブランドの考えは，どのメーカーによって，どのような材料を使って生産されているかという製品の知識だけではなく，そのブランドにどのような思い入れがあるのか，そのブランドがどういう人たちに支持されたのかといったブランドから連想するさまざまな要素を含んだものとなる。

　このような消費者のブランドに対する考えは，メーカーが新製品開発や広告を通じてつくられたものだけでなく，メーカーの意思とは独立に消費者間の相互作用から生まれたものもある。

　そしてブランド資産が形成されるというのは，多くの消費者が，製品の視覚的・言語的なコードに関連づけてさまざまな考えをもち，その内容が，消費者の間である程度共通で，しかも製品の好意的な評価に結びつくようなポジティブなものとなる状況である。そのような考えが，他のブランドに対して非代替的な需要をもたらすために，ブランド資産は，製品差別化を形成して，高い利益率をもたらし，さらにそれが幅広い消費者に共有されているとき，製品の市場シェアが大きくなる。また消費者のこうした考えは，長期の蓄積を伴うものであり，他のブランドで同じような意味を構築しようとしても時間がかかるため，模倣困難性が高いという特徴が得られる。また，こうした考えは，消費者の心のなかに安定的に維持されやすいために，持続的な競争優位の基盤にもなりうる。

　したがって，ブランドについて多くの消費者が深い思い入れを有しているとき，そのブランドは無形資産としての価値をもつことになる。その結果として，高いイメージを形成しているブランドを有しているという理由で，そのブランドの製品事業やブランドを保有している企業を買収しようとする場合もある。このときブランドと

いう無形資産の価値が計算に入っているのである。企業が代わっても，そのブランドに対する消費者の思い入れが変わらないのであれば，そのブランドを販売することで高い経済的成果を得られると期待できるからである。

ブランド構築能力

ブランドに関する資源としては，これまでに述べたブランド資産に加えて，もう1つの資源として**ブランド構築能力**がある。これは多くの消費者から特別な選好を得られるブランドを次々に構築することができる企業の組織能力である。例えば，ある飲料メーカーが，新しいブランドを次々に開発し，それぞれのブランドのユニークなイメージを消費者にもたせることに成功しているとすれば，その企業はブランド構築能力が高いといえる。つまり，ある製品について，ある消費者のグループにブランドについての特別なイメージを形成できるだけでなく，その経験を別のブランド構築に活かすことができるという能力である。

このブランド構築能力の基礎には，ブランドを構築するオペレーションにおいて，組織が資産・人材・プロセスを複雑に組み合わせる組織固有のルーチン（規則的・継続的な行動パターン）がある。このルーチンをもたない競合企業では，たとえ同じ投入要素を使った場合でも，差別化されたブランドを構築することはできない。また，このブランド構築能力は，あまりにも複雑性の高い資源であるために，競合企業が模倣できず，持続的な競争優位をもたらすものとなる。

例えば，ブランドを構築するための新製品開発や広告の意思決定や作業の進め方に関するルーチンが企業内部で確立されており，それが反復的にブランド構築を成功させる基盤となる。さらに，そうした製品をチャネルにのせるためにチャネル管理や営業活動においく

てすぐれたオペレーションを展開し，他の企業よりも新製品のブランドの評価を高いものにすることができるなら，この能力も反復的なブランド構築を成功に導く基盤となる。

さて，このブランド構築に関わる組織のルーチンは，ブランド開発の方向性に影響を与えることもある。つまり，ブランド構築能力が，持続的な競争優位をもたらす企業の資源となるだけでなく，企業のブランド構築行動の特徴にも影響をもたらすと考えられる。

例えば，組織においてブランド構築のルーチンが形成されると，ブランド構築に関して，その企業にとっての既存ブランドへのこだわりが強くなることが考えられる。具体的には，既存ブランドによって形成された組織のルーチンのために，それとは異なるブランドの価値を生み出す過程が排除されやすくなり，しばしば「このブランドらしくない」というような表現によって，新製品開発や広告活動においてブランドの価値を変える行動が抑制されるのである。

このようなブランドの「らしさ」の追求というのは，組織に求心力が形成されて，製品の企画者・開発者にブランドの価値へのこだわりをもたらすという影響をもたらす。そして，それが新製品開発プロセスにおけるブランドのコンセプトからの離反をつねに制御することになるとともに，企画者・開発者のブランド・コンセプトへの「こだわり」が消費者に評価されることを通じて，ブランド価値を一層高める作用をもたらすことになる。

ただし，この行動への影響が逆機能的に作用すれば，ブランドに修正を加えようとする行動を制限したり，さらにそのための情報収集さえも難しくしたりすることで，消費者のブランドの評価を適切に認識できなくなることも考えられる。この傾向は，組織のブランドに関する行動に硬直性を与えることになり，市場への不適応からブランド価値が低下する現象をもたらすだろう。

つまり，ブランド構築について組織に埋め込まれたルーチンは，組織におけるブランドの求心力を高めてブランド戦略を有効にする影響をもたらす一方で，ブランド戦略の硬直化というネガティブな影響を発生させる可能性がある。したがってブランド管理では，硬直化を克服しつつ，ブランドへの組織的なこだわりを導き，それが消費者のブランド・イメージと共振することで，ブランドの価値を増殖させることが重要となるのである。

ブランドの資源とブランド拡張

RBVアプローチに基づけば，持続的な競争優位を規定する資源に注目するだけでなく，企業において十分に利用されていない資源の存在が，その資源を活用する行動をもたらすという考え方も導かれる。この視点をブランドの資源について適用すれば，次のような形で，**ブランド拡張**という既存ブランドを他の製品に広げる行動が説明される。

まず，ブランド資産について，あるブランドに対して消費者が特別な付加価値を認める状況では，同じブランドの名前やシンボルマークを別の製品に付与すれば，その製品に対しても同じような好ましい連想をもたせることができる場合がある。そこでブランド資産が形成されているときには，そのブランドの価値が，同じブランドとして販売しうる製品の余地を広げるために，そのブランドを用いた新製品開発，つまりブランド拡張へと企業を動機づけることになりやすい。例えば，企業がオレンジ果汁飲料についてブランド・イメージを構築することができたとすれば，それと同じブランドの名前やシンボルマークのりんご果汁飲料やオレンジ味のキャンディーを開発し，販売しようとする。このようにブランド・イメージが強くなるほど，企業は，そのブランド資産をより有効に利用しようとして，ブランド拡張に取り組む傾向が生まれる。

さらに，ブランド構築能力についても，企業が新しいブランドについて製品開発や広告を巧みに行う能力を蓄積しているとき，その能力に余裕が生じれば，そのノウハウを使って次のブランドの構築を促す要因となる。このとき既存ブランドのコンセプトであれば，同じ手続きや手法が有効になるため，ブランド拡張が生まれやすい。

　したがって，消費者から高く評価されたブランドをもつ企業は，ブランド資産やブランド構築能力という資源の余剰能力を有効に利用するために，既存のブランド名やブランド・イメージを用いたブランド拡張を行いやすいという傾向が生まれるのである。このことはブランド資産やブランド構築能力という資源が，ブランド戦略を規定する1つの条件になっていることを意味する。

演習問題

9-1 既存資源を有効に利用する目的で新製品開発がなされた企業の事例を1つ取り上げて，どのような資源が使われているのかを説明しなさい。

9-2 ブランド戦略に関する職能部門間の対立について説明しなさい。

9-3 ブランド戦略におけるブランド・マネジャー制のメリットとデメリットを説明しなさい。

第Ⅲ部

関係からみるマーケティング

Contents
第10章　マーケティングにおける関係の理論
第11章　チャネル関係の構築
第12章　営業活動による顧客関係の構築
第13章　マーケティングと環境変化

　第Ⅲ部では、マーケティング論における新たな流れを形成している「関係の局面」を捉えたマーケティング論を中心に考える。

　この関係の局面におけるマーケティング論は、市場の局面のような分析－計画型の考え方ではない。継続的で特定化された関係に基づいて顧客から需要情報を得られるために、消費者行動を分析する必要は少なく、また事前の計画を最適にしても、顧客との交渉や共同での取組みによって、その計画は修正していかなければならないからである。したがって、特定の顧客を想定したマーケティング活動では、顧客との相互作用を進める基盤づくりが理論の中心的な課題になる。

　さらに最終章の第13章では、現代の環境変化に対応したマーケティング論の展開を考えることにする。ここでは、環境変化のなかでも理論の展開に大きな影響を与える情報化、国際化、サービス経済化の3つの環境要因を取り上げ、それらがマーケティング論において、どのような意味をもたらすのかを考える。

第10章 マーケティングにおける関係の理論

> ***Introduction*** 関係性マーケティング論は，特定顧客との継続的な関係のもとで，顧客との情報交換を行いながら展開するマーケティング活動の理論である。関係性が形成されるとき，分析・計画・管理という単線的なプロセスにはならず，企業間の対話を通じて，逐次的に戦略形成が行われるという特徴がもたらされる。
>
> ***Keywords*** 分析—計画型マーケティング論，関係性マーケティング論，顧客ロイヤルティの「はしご」，相互作用型マーケティング論，取引費用，信頼関係，顧客との対話，継続的な取引関係，チャネル志向のマーケティング活動

1 分析—計画型マーケティング論

分析—計画のプロセス　これまでの章で説明してきたマーケティング・マネジメント論と戦略的マーケティング論では，マーケティング戦略が分析と計画の逐次的段階を経て行われると考えることに特徴がある。すなわち，マーケティング戦略を立てるときに，直面する市場と内部資源の初期状態の分析が先行して行われ，その分析に基づいて選択すべき行為の計画が決定され，その計画がきちんと実施されるかどうかを管理するというプロセスで行われると理解されている。

マーケティング・マネジメント論では，製品差別化，市場細分化，

製品ライフサイクルという基礎概念に基づいて，不特定多数の消費者の行動を分析し，新製品開発，広告・販促活動，チャネルなどに関わるマーケティング活動の計画を立案し，チャネルの開拓や管理のような本部から離れて行われる活動については，その計画の組織的な実行を管理するという一連のプロセスでマーケティング問題が認識されている。戦略的マーケティング論でも，経営学の競争戦略論に依拠しながら，消費者需要だけでなく競合企業や潜在的参入者などを含めて市場の状態を分析することで戦略の計画を立てるとともに，計画を立てる過程で企業の資源配分との整合性をとることの理論的指針を提起している。

このような特徴をもつ理論を**分析－計画型マーケティング論**と呼ぶことにする。この分析－計画型マーケティング論は，不特定多数の消費者を対象とするマーケティングを想定している。すなわち，消費者の所在や選好を事前に特定できないために，消費者が何を望むのかという需要情報は，どの製品が売れているかという情報やアドホックな市場調査を通して限定的にしか入手することはできない。また，情報の収集が困難だからといって情報の収集や分析を省けば，消費者の需要にあったマーケティング活動を展開できないために，メーカーにとっては消費者の需要を分析することが重要な課題になる。

そして，不特定多数の消費者への製品販売は，基本的に市場取引のコミュニケーション・スタイルをとることが，分析－計画型の特徴をもたらす。つまり消費者は，広告や小売店頭で得られた情報に基づいて製品を買うかどうかを決めるだけで，気に入らない場合には買わないことで意思表示をすることにとどまり，製品の改善などをメーカーに直接的に要求するのはきわめてまれなことである。したがって，メーカーは製品の市場シェアから消費者の満足度を推測

したり，あるいはマーケティング・リサーチによる消費者行動のデータを分析したりすることが必要になるのである。

> 分析―計画型マーケティング論の特徴

このような不特定多数の消費者の反応を分析して，計画を立案することを前提とする分析―計画型マーケティング論では，次のような特徴が表れることが予想される。

第1に，マーケティング活動についての理論展開において，先行する需要予測や市場分析の過程が重要となる。その代表が，マーケティング・マネジメント論での消費者行動の分析である。すなわち，マーケティング計画の精度を高めるために，不特定多数の消費者における製品選択の気まぐれな行動を分析することが必要であり，消費者行動の分析がマーケティング論において重要な地位を占めることになる。

さらに，こうした消費者の選択行動には，競合企業などの行動も影響を与えることが予想されるため，需要者や競合企業を含めた市場分析やそれに基づく戦略的マーケティング論の考え方も採用されるようになるのである。

第2に，この分析―計画型マーケティング論では，市場を分析し，マーケティング活動の計画を立てて，その計画遂行を管理するという逐次的段階について，企業の経営者層やマーケティングのスタッフ部門が集中的に意思決定し，計画を立てて，管理する仕組みを決めていくことを前提に理論構築がなされる。その意味でこの種のマーケティング論は，中央集中的な意思決定や管理の理論であり，また，経営者層やスタッフ部門のための理論という色彩が強くなる。

これは，とくにマーケティング・マネジメント論において典型的に表れる特徴であり，市場の情報を収集し，分析し，事前計画的に資源の配分・配置を決定し，行動が計画どおり行われているか，そ

の計画に誤算がなかったかを管理するというプロセスにおいて，経営者層やマーケティングのスタッフ部門が集中的に意思決定を行うという状況を想定している。すなわち，営業部門や研究開発部門の担当者は，この立てられた計画に沿って行動することが期待され，またその実施が円滑に進むように，これらの担当者の動機づけや評価体系，指示系統を経営者層や戦略スタッフ部門が計画するという問題を考えていくのである。

このような中央集中的な意思決定の理論では，経営成果は事前に立てられた計画と管理の仕組みで決まると考える傾向が強い。それゆえに計画の指針や管理の方法についての理論がとくに重視されるのである。

また，この分析や計画の議論において，企業の資源配分と関連づけられることから，経営学の競争戦略論の概念を取り入れた戦略的マーケティング論が展開される基盤となっている。すなわち，市場を分析して，資源の最適配分を考える競争戦略論の発想をこの分析－計画のプロセスに適用することで，戦略的マーケティング論が考えられているのである。

そして第3の特徴は，分析から計画，管理という一連の段階が非可逆的に進むことを前提としていることである。つまり，計画を実行してから情報を集め直して分析するというような消費者との相互作用を考えるプロセスは，最初から視野の外に置かれるのである。ただし，そのような非可逆的な段階を想定することで，消費者行動の分析を中心とした理論や，消費者行動分析をベースとした実践的な計画の理論を導き，それがマーケティング・マネジメント論におけるさまざまな各論や，資源の最適配分に関する理論としての戦略的マーケティング論への展開をもたらした。さらに，各段階における行動の記述や分析に関心を集中させることで，分析・計画・管理

の手法についての実践的指針が提示されるようになるのである。言い換えれば，相互作用の複雑なプロセスを含まないことで，各段階における問題に限定したシンプルな考察が可能になり，それがマーケティング戦略としての実践性をもたらしている。

> 反復的購買をどう考えるか

分析ー計画型マーケティング論では，単発的な購買の意思決定を基本に考える。とくにマーケティング・マネジメント論では，マーケティング戦略策定のベースにある消費者行動論が，1回ごと，1製品ごとにおける購買の意思決定を想定し，それによる学習やそれが繰り返される状態としてのブランド・ロイヤルティを捉えるものの，あくまでそれは単発的な選択の反復でしかない。

ただし，このことから分析ー計画型マーケティング論で取引についての長期的視点が捨象されているというわけではない。むしろ，選択の繰り返しがブランド・ロイヤルティの獲得などの形で表され，そのブランド・ロイヤルティの確立が企業のマーケティング戦略における1つの重要な目標として表現されるのである。また戦略的マーケティング論でも，マーケティングの計画立案において，市場の獲得をめぐる競争において持続的優位性を得るための資源配分の問題が検討されるため，やはり取引の継続性は目標として理解されていることになる。

そしてこのような取引の継続性という目標から，実践的な課題を抽出し，それをいかに達成するかという方法について，マーケティング・マネジメント論や戦略的マーケティング論の考え方に即した議論が行われる。したがって，取引の継続性という要素は，企業が達成すべき目標として重視されるものの，そのような継続的取引がマーケティング活動にどのような影響を与えるか，単発的取引のもとでのマーケティング活動と継続的な取引のもとでのマーケティン

2 関係性マーケティング論の展開

> 分析ー計画型に合わない状況

これまで述べてきたように、マーケティング・マネジメント論や戦略的マーケティング論は、分析ー計画型マーケティング論であり、売手と買手との間の情報交換は市場をはさんで限定的にしか行われないという前提で考えられる。確かに一般的な消費財の場合には、メーカーの生産する製品は不特定多数の消費者によって購買されるため、消費者の行動は予測しにくく、消費者行動を分析することが必要になっている。

ところが現実には、そうでない状況も考えられる。それは特定の需要者から直接情報を得て、それに対応することができる状況であり、その場合には、市場の不確かな情報を分析して計画を立てる必要性が少ないことになる。それは、次の3種類の状況において見られる。

1つは、生産財の場合であり、とくに需要者が特定され、しかも継続的な取引が常態となっている状況である。市場を分析して計画を立てることは、新規顧客を開拓する場合には必要であるが、既存顧客を対象とするかぎり、取引関係をもっている顧客から需要情報を聞き出すことが重要になる。これは顧客の需要に応じて製品を設計・開発するカスタマイズ製品ではとくに重要となる。

2つ目には、消費者に対してサービスを販売する場合である。この場合でも、不特定多数の消費者を対象とするサービス事業では、分析ー計画型マーケティング論が有効であるが、利用者が反復的に

利用し,サービス業者が利用者を特定する情報を蓄積できる場合には,その情報に基づいた対応をとることが望まれる。

3つ目は,メーカーと流通業者との関係である。流通業者との関係は,たとえ消費財であっても顧客の匿名性はなく,継続的な取引が行われ,その過程で顧客の情報はメーカーに蓄積される。

そして,これらの状況では,分析-計画型とは異なる視点が必要になる。というのは,これらの状況では,不特定多数の顧客を相手とするマーケティングというよりは,特定化され数も限定される顧客に対するマーケティング活動になるために,顧客の購買行動を分析することから始める必要性が低い。また,取引が継続的に繰り返され,過去の取引経験から顧客についての知識が蓄積されるために,シェアや調査による分析よりも取引経験による知識を使う傾向が強くなる。さらに,顧客も自ら望む製品・サービスについての要望を伝えようとし,売手もそれに応えないと取引関係を維持できない。それゆえ,製品について計画を立てた場合でも,それを柔軟に修正することが重要となり,計画立案をめざすマーケティングの手法では限界がある。

そこで,このような特定顧客との継続的な関係のもとで,顧客との直接的な情報交換を行いながら展開するマーケティング活動についての理論が必要になる。その理論的なニーズに応えたのが,**関係性マーケティング論**である。この関係性とは,リレーションシップの日本語訳であり,単なる売手と買手の取引関係ではなく,特定性,継続性,相互作用性のある関係を意味している。

関係性マーケティングへの関心

このような関係性マーケティングが,近年になってマーケティングの理論や実践において関心を集めるようになったのは,いくつかの理由が考えられる。

まず1つは，多様な領域において企業が関係性による競争優位を確立したことについて，理論的な関心が高まったことが挙げられる。それは前述のように，生産財マーケティングやサービス・マーケティングにおける顧客関係管理や消費財メーカーと小売業者との製販連携における協調関係などであり，これらの諸局面における関係性の構築が企業の競争優位を形成する現象に注目が集まったのである。

　そして，2つ目には，情報技術の発達に伴い，情報システムを用いた効率的で効果的な顧客関係管理の手法が企業において導入されるようになったことがある。こうした情報システムを利用した顧客関係管理の普及とともに，関係性への関心が高まったのである。

　さらに，理論的には，関係性が重視されるサービスや生産財，営業活動などの関連領域において研究が蓄積されるようになり，それらにおいて，企業間の協調的関係の特性やそのダイナミクスに焦点が当てられ，そこで関係性に言及されたことも，関係性研究の展開に強く影響している。

　さて，このような関心を背景として展開された関係性マーケティング論で，よく焦点となるのは，顧客関係管理で成功した企業の事例を根拠にして，顧客維持や顧客関係管理の有効性や必要性を主張することであった。例えば，**顧客ロイヤルティの「はしご」**という概念では，顧客との関係が，見込み客，顧客，クライアント，サポーター，信奉者へと発展することを示している（図10-1）。これは，市場取引の関係を起点として関係性が進化する段階を捉えて，関係性を徐々に強化することが実践的に重要であることを主張するものである。

　しかし，関係性マーケティングの理論的な展開は，このような実践的なレベルでの示唆を導くことに限られるものではない。より進化した関係性を築けば，企業が競争優位を構築できると主張するの

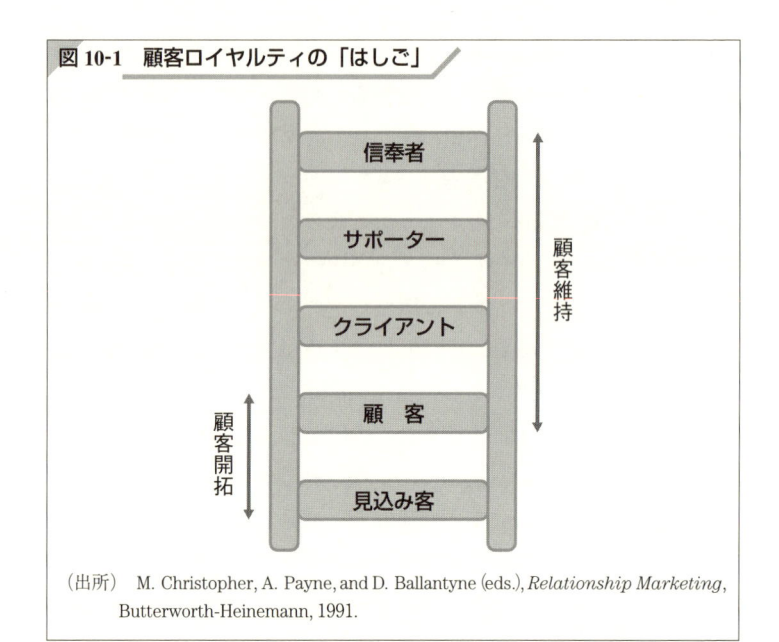

図 10-1 顧客ロイヤルティの「はしご」

- 信奉者
- サポーター ┐
- クライアント ├ 顧客維持
- 顧　客 ┘
- 見込み客

顧客開拓

（出所）M. Christopher, A. Payne, and D. Ballantyne (eds.), *Relationship Marketing*, Butterworth-Heinemann, 1991.

は，あまりにも現実を単純に捉えすぎているという批判もある。むしろ，いかに関係性が構築されるかを説明したり，分析－計画型マーケティング論とは異なる関係性マーケティング論の考え方や実践的指針を導き出したりすることが重要な課題となる。

　すなわち，企業間の関係が市場取引からパートナーに進化するとき，企業の行動も変化するはずであり，それに対応するマーケティング理論の可能性が生じていると考えられる。少なくとも，不特定多数の消費者を想定する理論モデルと，継続的な取引や特定のパートナーを想定する理論モデルは，大きく異なって当然といえるだろう。とすれば，このような企業間の関係性の進化に伴って，マーケティング理論の性格や意味がどのように異なるかを明らかにすることが，関係性マーケティング論の理論的課題と考えられる。

3 関係性マーケティング論の特徴

> 相互作用型マーケティング論

これまで説明してきたように分析－計画型マーケティングでの戦略形成は，企業が直面する市場と内部資源の初期状態の分析が先行して行われ，その分析に基づいて選択すべき行為の計画が決定され，その計画が実施されるというプロセスとなる。

それに対して，もう1つの視点は関係性をより考慮した視点であり，複雑で相互作用のプロセスを含んだ視点である。すなわち，関係性が形成されるとき，分析・計画・管理という単線的なプロセスにはならず，企業間の対話を通じて，顧客からの頻繁な情報の収集とそれに基づく計画の練り直しが並行的に行われ，それらを通じて逐次的に戦略形成が行われるというのである。このような関係性に基づくマーケティング・プロセスを捉えた理論を，分析－計画型マーケティング論と対比して**相互作用型マーケティング論**と呼ぶことにしよう。

この相互作用型マーケティング論には，分析－計画型マーケティング論にはない次のような3つの特徴がある。

> 直接的な情報収集

1つ目の特徴は，顧客から需要情報を直接入手できるということである。分析－計画型マーケティング論では，顧客が不特定であまりにも多数であるために需要情報を網羅的に入手することは費用がかかりすぎて，それゆえに限られた情報を分析することが重要とされていた。それに対して，顧客が特定され，継続的な取引が行われる状況では，顧客から需要情報を直接入手することが費用的に可能になる。

第10章　マーケティングにおける関係の理論　　265

ただし顧客と取引について利害対立が大きい状況では、顧客がもたらす情報が必ずしも本当であるとはかぎらない。顧客の需要が大きいとわかれば、売手は強気の交渉をするために、価格が高くなってしまうからである。また生産財の場合に、顧客の需要情報が開発する新製品に関わるものであれば、その情報が競合企業に漏れることを心配して、顧客は需要情報を外部に出しにくい。

顧客との継続的な関係をもつことは、上記のような状況を避けることに貢献する。すなわち、取引関係を切られてしまう危険性があるために、顧客の足もとを見た交渉をしたり、顧客の情報を他に漏らしたりすることを売手が自ら避けるようになるからである。

さらに、顧客にとっては、抱えている問題を売手に伝えることで、売手がその問題を解決するような製品を開発し、供給してくれるという期待があるために、顧客は特定の売手に対して需要情報を伝えることにメリットをもつ。

このように顧客から需要情報を聞き出せるならば、分析－計画型マーケティング論における消費者行動分析による不確かな需要の予測や分析の手法はそれほど重要ではない。むしろ顧客から正確な需要情報を収集しやすい状況、つまり顧客から問題解決を期待される関係をいかにして構築するかが重要な課題となる。そのような関係を築くことができれば、顧客から需要情報を収集して、より魅力ある新製品を開発することができるからである。

そこで、**取引費用**（*Column* ⑧参照）や**信頼関係**を重要な概念として用いて、顧客との信頼関係が形成されているとき、取引費用が低く抑えられ、情報交換が行われやすくなることを考慮したのである。すなわち、関係性マーケティング論として、顧客との信頼関係を重視した理論を展開し、顧客の需要情報を収集するために、企業間の協調的な関係を形成することを優先して考えてきたのである。

Column ⑧ 取引費用

　標準的なミクロ経済学では，生産活動の行われる場を企業，経済主体間の自発的交換が行われる場を市場と呼び，その生産関数や費用関数は純粋に技術的知識によって決まり，いわば与件として定まると考えてきた。しかし1970年代以降，精力的に，取引費用の概念に基づいた企業の内部組織に対する分析のメスが加えられた。1937年のコース（R. H. Coase）の論文は，市場に比べて内部組織が有利性をもつ場合，すなわち市場を利用するよりも内部組織を用いたほうが取引費用を節約しうる場合に，企業はその領域を拡張していくと論じた。また，1969年にアロー（K. J. Arrow）は，取引費用とは経済システム運用のコストであり，その源泉は取引遂行に関わる通信と情報の費用と，取引条件を履行するに要する費用と考え，公共財においては市場の欠落要因が後者にあることを指摘した。

　これらの観点から，ウィリアムソン（O. E. Williamson）は，取引をある経済主体から別の主体へ財・サービスが引き渡されることと捉え，スポット的市場，内部組織など，経済活動を組織し運営する様式の選択は，取引の制御に必要とされる費用を最小にするメカニズムによって決まると主張した。この場合，取引費用には，取引に要する価格・品質などの情報収集と分析に関わる費用，取引相手の探索・評価などに関わる費用，取引相手との交渉から契約成立までの費用，契約成立後の取引相手の履行監視・管理の費用などである。

　この取引費用モデルにおいて中心的役割をもつのは，取引特定的資産という概念である。特定の製品を設計・生産するための設備や技術などの資産をめぐっては，おのずと取引の参加者は少なくなり，完全競争的な市場とはほど遠く，機会主義的行動が取引主体間で生じることになる。その場合，通常の取引では利益獲得の不確実性が高まり，投資が控えられる。そこで，取引特定的な資産については，包括的な長期契約が必要とされる。しかし長期契約で将来の起こりうる事態を想定して，そのすべてを契約に盛り込むことは不可能に近い。この場合に価格メカニズムに代替する制度的機構として，企業組織が要請されるのである。

計画の逐次的修正　2つ目の特徴は、マーケティング活動の計画が、分析ー計画型マーケティング論のように事前に市場情報を収集・分析したうえで計画を立てて、実施するというプロセスにはならず、**顧客との対話**を通じて、計画を逐次的に修正するプロセスが展開されるという特徴である。

このように顧客との対話によって計画を修正するというのは、顧客がパートナーとして計画の意思決定に影響を与えることを意味している。例えば、新製品開発の意思決定について、計画の段階から顧客が関与するために、売手企業が一方的に計画を確定することにはならず、また事前の計画をもつとしても、顧客との対話を通じて修正されることを予定したものとなる。

このようなプロセスを想定した場合、マーケティング活動において重視されるのは、望ましい計画を立てるために、事前の調査や分析を綿密に行うことだけではなく、顧客との対話を通じて、逐次的に計画を修正することを、どこまで柔軟にかつ適切に行いうるかになる。

そこでは、市場を分析して事前の計画を立てるプロセスが省略されるわけではないが、顧客からの情報収集や顧客適応の過程がまずあり、その成否が成果に影響する。したがって、顧客からの情報収集や顧客適応をいかに有効に行うかが課題となり、その条件としての企業間関係や組織の条件を整備することに関心が向けられたのである。

すなわち、関係性マーケティングの戦略論では、市場分析に基づくポジショニングといった理想点を示す理論というよりも、むしろ、顧客との対話を通じて理想点を追求するための条件や能力を抽出する戦略論になりやすいという特徴がある。

> **顧客との接点における戦略形成**

3つ目の特徴は、顧客との対話で計画を逐次的に修正することから、分析−計画型マーケティング論のようにマーケティング戦略の策定が経営者層やスタッフ部門によってのみ行われるのではなく、顧客と接する営業部門がマーケティング戦略の意思決定に関与するという特徴である。

それには顧客との対話に基づく計画の調整において、顧客と直接接する営業部門が迅速かつ柔軟に計画を修正できるように権限が付与されているという条件が必要になる。なぜなら、顧客の要望を正確に判断するためには、顧客側の担当者と継続的に接して、顧客の情報を保有し蓄積している営業部門において判断することが望ましく、また本部での集中的な意思決定では、顧客への対応に時間がかかりすぎてしまうからである。ただし他方で、こうした意思決定は営業部門の単独でできない新製品開発や顧客サービスに関わることも多いため、職能部門を横断する連携や協力の組織体制が必要になる。

したがって、分析−計画型マーケティング論のように営業担当者が事前に計画されたことを実施し、管理されるという存在として捉えられるのではなく、相互作用型マーケティング論では、営業担当者が顧客との対話からマーケティングの計画を逐次的に修正し、職能部門を横断した連携や協力を引き出す活動を行うものとして捉えられる。それゆえ、この視点では、顧客に接する営業部門の関係構築に関わる意思決定やその役割の問題が焦点となりやすい。

4 継続的関係とマーケティング

顧客関係に基づく製品差別化

　関係性マーケティング論では，顧客との継続的な関係のもとで顧客との対話による意思決定の調整が行われるという視点でマーケティング活動が捉えられる。ではその状況において，企業間の競争はどのように変わるのだろうか。つまり，分析－計画型マーケティング論では，1回ごと，製品ごとの市場取引を前提として，顧客との取引を奪い合う競争が展開されると考えるが，相互作用型マーケティング論では，その特徴である継続的関係を伴うことで，市場競争がどのようになると考えられるのか。

　まず，メーカーと顧客との取引関係が継続的である状態では，顧客からすれば，取引を切り替える費用が発生する。それは，取引を継続する場合に比べて，顧客が新規の売手を探索し，その売手が信頼できるかどうかについての情報を収集する費用がかかるためである。したがって，継続的な取引関係にある売手の製品については，価格弾力性が低い状況にあるため，製品差別化が形成されていることになる。これはたとえ製品が同質的であっても，また広告を行わないとしても，**継続的な取引関係に基づいて形成される製品差別化**である。

　このように継続的な取引関係に基づいて製品差別化を形成しようとする戦略は，一般に顧客の「囲い込み」戦略と呼ばれる。この製品差別化は，その取引関係が切り替えにくいという理由で参入障壁が形成されるため，持続的な優位性をもたらす源泉となる。

　ただし，そのような継続的な取引関係を形成するのは，取引経験

の蓄積が必要であるために時間がかかり，また継続的な関係から情報共有や信頼関係へと発展させるために担当者の人的な接触が必要になる。そのため，継続的な取引関係に基づく製品差別化を構築する過程では，規模の経済性があまり働かず，大規模に多数の顧客を囲い込むことがつねに効率的になるとはかぎらず，たとえ小規模の企業でも，特定少数の顧客との関係をしっかり築くことで参入障壁を形成し，存続できることになる。

したがって，この製品差別化が強い状況では，市場集中度は高くならない。日本市場において中小企業が存続できるのは，このような継続的な取引関係が日本において強く求められ，継続的関係に基づく製品差別化が形成されているからであると考えることができる。

関係性のもとでのマーケティング活動

分析―計画型マーケティング論において重要な位置を占めるマーケティング・ミックスの考え方は，関係性マーケティング論においては顧客との相互作用の過程に強く影響を受けることになる。つまり，マーケティング・マネジメント論において不特定多数の消費者を対象として最適に設定されるマーケティング活動の計画は，顧客との相互作用を通じて修正されるものとなる。

さらにいえば，マーケティング・ミックスは，市場シェアなどの目標だけでなく，顧客との継続的な関係を維持するための手段として利用されることによって，その特徴が変わることも考えられる。とくに消費財メーカーが市場シェアを高めるために流通業者との継続的な関係を構築しようとするとき，この問題が発生する。それはメーカーが有力な流通業者との継続的な関係を重視するときには，消費者を標的とするマーケティング活動のみを考えるのではなく，有力な流通業者をつなぎ止めておくためのマーケティング活動が重要となることに基づいている。

この流通業者をつなぎ止めるマーケティング活動では，流通業者に対する営業活動やチャネル管理のほかに，新製品開発や広告のような消費者向けのマーケティング活動を利用することがある。しかも，新製品開発や広告などのマーケティング活動が，消費者だけをターゲットとした場合と流通業者も意識した場合とでは，その内容が異なることが予想される。そして，このように流通業者を意識したマーケティング活動を**チャネル志向のマーケティング活動**という。

　例えば，流通業者との関係が継続的に維持されている状況では，新製品開発が流通業者の要望を反映したチャネル志向になる場合がある。具体的には，魅力ある新製品が競合メーカーによって開発されたときに，卸売業者などの流通業者が，現在の取引関係を破棄して，競合メーカーから魅力ある新製品を仕入れることよりも，継続的な関係にあるメーカーに対して同様の新製品を開発するように働きかけることがある。あるいは，卸売業者が製品クラスにおいて欠けている製品を継続的に取引しているメーカーに開発させることで，小売業者との取引関係を強化しようとしたりすることもある。そしてメーカーも，こうした流通業者からの要望に応えなければ継続的な関係を維持できないために，それに応えて競合メーカーの製品を模倣した新製品を開発したり，卸売業者の品揃えに配慮してフルライン化を進めたりすることになる。こうしてチャネル志向の新製品開発が行われると，多品種化や競合製品の模倣，フルライン化という特徴が顕著になりやすい。

　このようなチャネル志向の製品開発は，継続的な関係が維持されている状況において見られる新製品開発行動の特徴であり，消費者志向の新製品開発を歪める行動であるともいえる。しかし，関係性を重視する場合の新製品開発の傾向として考えることは，新製品開発戦略を考えるうえで重要である。少なくとも，消費者行動の分析

表10-1 分析―計画型マーケティング論と相互作用型マーケティング論

	分析―計画型マーケティング論	相互作用型マーケティング論
主な理論	マーケティング・マネジメント論 戦略的マーケティング論	関係性マーケティング論
顧客	不特定・多数	特定・限られた数
需要情報の収集	消費者行動の分析	顧客より直接入手
意思決定の特徴	経営者・戦略スタッフ部門による中央集中的な意思決定	営業部門を中心とする職能部門横断的な意思決定 顧客との対話による計画の調整
適合する状況	消費財(メーカー・消費者間)	生産財 サービス事業 消費財(メーカー・流通業者間)
主な理論課題	消費者行動の分析 マーケティング計画の策定 管理手法	関係構築 顧客適応 職能部門横断的な組織体制 日本型マーケティング

に基づくべき新製品開発が流通業者の要望によって影響を受けている現状を捉えたり,営業担当者からもたらされる需要情報を分析したりする場合に留意すべきことである。また,このような特徴は,メーカーと流通業者との継続的な関係が重視される日本市場の特徴でもある。

そして,同様のことが,広告戦略についてもいえるのである。すなわち,流通業者との継続的な関係が志向される状況においては,広告計画を立案するときに,消費者の反応だけでなく,流通業者の反応が重視されるチャネル志向の広告戦略になる。チャネル志向の広告では,流通業者への営業活動と連動した広告活動が重視された

り，小売店頭で販売を促進することが重視されたりするために，広告予算の適切な配分が妨げられる可能性がある。具体的には，取扱製品に広く広告予算を配分して，多様な製品の取扱いを促す営業活動をサポートする傾向が強くなり，そのために，消費者のブランド形成をめざして集中的に資金を投下するような長期的な広告計画がとりにくくなるのである。

こうしたことは，やはり日本市場において見られる現象であり，本来，広告が消費者に直接的に訴求するものであるために消費者の反応を考慮すべきものが，流通業者の取引関係に配慮した広告活動が展開されることを意味する。この問題も企業間の継続的な関係が重視される局面における広告活動の特徴として考察されるべき課題となるのである。

すなわち，関係性マーケティング論では，実践的なマーケティング手段に関する指針を導くことよりも，顧客との継続的な関係によるマーケティング手段への影響を考えることで，マーケティングの資源配分や計画の歪みや修正をより的確に捉え，その資源配分や計画の問題をより現実的に捉えることができるのである。

演習問題

10-1 顧客からの直接的な需要情報の収集に基づいて新製品開発が行われた事例を1つ取り上げて，その開発プロセスを説明しなさい。

10-2 分析－計画型マーケティング論の特徴を説明し，その理論的な限界について説明しなさい。

10-3 日本市場において継続的関係に基づく製品差別化の位置づけがどのように変化しているのかを考えなさい。

第11章 チャネル関係の構築

Introduction チャネル管理のためには，メーカーから独立した流通業者と取引しながら，あたかも直営店のようにメーカーのマーケティング目的に沿った活動を流通業者から引き出すことが必要となる。そのためにはチャネル管理が可能な関係の状態として，パワー関係と信頼関係の2つを構築することが重要になる。

Keywords チャネル管理，品揃え形成活動の統制，流通業者の販促・サービス活動の統制，フリーライドの統制，小売業者間での競争行為の統制，パワー関係，依存関係，パワー資源，リベート，物資や情報によるパワー資源，競争制限によるパワー資源，信頼関係，取引費用，系列店制度

1 チャネル関係の構築とは

企業間関係とチャネル管理

第7章ではマーケティング・ミックスの1つとしてのチャネル設計の問題を説明した。このチャネル設計についての問題とは，メーカーが製品を取り扱う小売業者や卸売業者などを選択する問題が代表的である。そのほかにインターネットを通じて販売することや自動販売機を何台配置するのかという意思決定も，チャネル設計の問題である。そしてメーカーとすれば，基本的にできるかぎり多くの販売拠点を展開するほど，消費者の購買における利便性が競合メ

ーカーよりも高くなるために、チャネルによる製品差別化が形成できることになる。あるいは、消費者を吸引する魅力ある小売店舗に製品を扱ってもらうことも、同様の理由から製品差別化を形成するうえで重要である。また市場細分化という視点では、年齢や性別、ライフスタイルなどで市場細分化を行うとき、それらの特徴をもつ特定の消費者層が集まる小売店舗をチャネルとして選択することが必要になる。

さて、メーカーにとってのチャネル問題には、このようなチャネル設計の問題とは別に、**チャネル管理**の問題がある。チャネル管理の問題とは、小売業者や卸売業者の販売活動を管理することであり、そのような販売活動の管理は、消費者の購買行動に影響を与えることで製品差別化を形成することができる。また選択された市場セグメントの選好に対応するような小売業者の販売活動を確保することは、市場細分化戦略においても重要となる。

そして重要なことは、チャネル管理を行うためには、メーカーと流通業者との企業間関係をチャネル管理が可能な状態にすることが必要条件となるということである。つまり、チャネル管理は、企業間関係の構築の問題と密接に関わる問題になる。

直営店チャネルの難しさ

チャネル管理が有効に行えるような企業間関係とは、どのような関係を意味するのであろうか。

まず消費者に対する販売活動を管理するということだけを考えると、メーカーが直営店を展開することが最も効果的な管理を期待できる。というのは直営店であれば、店舗管理者や販売員との間に雇用関係があり、メーカーの製品差別化や市場細分化の戦略に沿った行動を命令・指示を通じて確保でき、行動が命令・指示どおりになされているかどうかの報告を正確にさせることで、行動の管理を行

うことができるからである。つまり直営店であれば，組織としての指示系統を用いることで管理が可能となる。

ただし，直営店には次のような問題があるために，販売員の行動が製品差別化の最も重要な条件となる場合を除いて，現実にはそれほど多く用いられているわけではない。

1つには，直営店を展開すれば，資本を固定することになるという問題がある。これはメーカーの柔軟なチャネル戦略にとっての制約となる。例えば，成長期になって販売店舗網を拡張したいときに，迅速に多くの店舗を開設したり，逆に，成長の見込みがないと判断されたときに，一度に多数の店舗を閉鎖したりすることが難しくなる。直営店の代わりに資本的に独立した流通業者を利用すれば，メーカーは流通業者に製品を販売することによってチャネルを設定し，販売をやめることでチャネルを廃止できるため，状況に応じてチャネルを拡大・縮小できるのである。

そしてもう1つには，小売店舗においてさまざまなメーカーの製品を取り揃えられないために，小売店舗の顧客を吸引する効果が弱くなり，販売力のない店舗になる危険性がある。とくに食品や日用雑貨品のような最寄品では，小売店舗が多数のメーカーの製品を取り揃えることで，消費者が製品を買い揃える費用や探索する費用が節約されて品揃えの魅力を感じることから，多数の消費者が小売店舗のもとに引きつけられるのである。メーカーにとっては，そのように多数の消費者が集まる小売店舗を通じて製品を販売するほうが，製品をより多く販売することができる。

ただし，このような品揃え形成は，小売店舗がメーカーから資本的に独立していることが条件となる。特定メーカーの直営店になれば，他のメーカーが自らの製品をその店舗で積極的に販売してくれるとは期待できないからである。したがって，メーカーが直営店で

製品を販売する場合には、このような小売店舗における品揃えに代わる何らかの顧客吸引力が必要であり、そのための新製品開発や広告などの製品差別化の投資が多く必要になり、そのようなブランド力のある一部の製品でしか直営店を展開できないのである。

中間的な形態としてのチャネル管理

このように直営店の利用に制約が大きいため、一般には、メーカーは資本的に独立した流通業者を利用することになる。独立した流通業者を介在させることを間接流通というが、この間接流通では、メーカーは卸売業者や小売業者に製品を販売することになる。このとき資本的に独立した流通業者であるために、資本を固定することなく、柔軟にチャネルを開設・撤廃することができ、また小売店舗において多様なメーカーの製品を取り揃えることで、直営店で販売するよりも効率的に製品を消費者に販売できるはずである。

しかし独立した流通業者を利用することは、メーカーにメリットのみをもたらすものではない。流通業者がメーカーから資本的・経営的に独立していることは、メーカーが流通業者の自律的な活動を管理できないという問題が発生するからである。つまりチャネル管理をしたくても、独立した流通業者が相手となるために、命令や指示で行動をコントロールするわけにはいかなくなるのである。

すなわちチャネル管理ができる関係とは、メーカーから独立した流通業者と取引しながら、あたかも直営店のようにメーカーのマーケティング目的に沿った活動を流通業者から引き出せるような関係を築くことと考えることができる。したがって、チャネル管理というのは、直営店のような垂直統合を行う状態と製品の市場取引のみを行う状態の中間の形態ということになる。取引についていえば、メーカーと流通業者との間において、メーカーの生産した製品の取引とは別に、流通業者の「活動」についての取引を重層的に行って

いる状態であるということもできる。

2 チャネル管理の目的

チャネル管理と製品差別化

メーカーが流通業者の行動を統制（コントロール）するのは，基本的には，チャネルを通じた製品差別化を達成することにあるが，この統制と製品差別化との間の関係には，2つのタイプが含まれている（表11-1）。1つは，製品差別化を形成するための統制であり，具体的には，流通業者の品揃え形成活動と販促・サービス活動をメーカーの意図に沿って統制することが重要になる。そしてもう1つは，直接，製品差別化をもたらすのではなく，製品差別化が成立する条件を整備するための統制であり，流通業者のフリーライドや競争行為を制限する統制がある。

以下では，このようなチャネル管理が対象としている流通業者の活動局面として，品揃え形成活動，販促・サービス活動，フリーライド，競争行為の4つの局面に分けて，それぞれどのような理由で統制が行われるのか説明してみよう。

品揃え形成活動の統制

メーカーは流通業者に対して，競合他社の製品の取扱いを減らし，自社の製品を優先的に扱うことを望む。そのような製品の露出度や店頭における陳列スペースの違いは，消費者の購買の利便性に影響を与えたり，消費者の目に触れることでの選択可能性を高めたりするため，効果的な製品差別化をもたらす。また，流通業者も仕入れた製品はすべて売り尽くそうとするために，必然的に流通業者の店頭での露出が増し，積極的な販促活動が引き出され，製品差別化がますます強くなるこ

第11章　チャネル関係の構築

表 11-1 チャネル管理の目的

目 的	内 容
製品差別化の形成	品揃え形成活動の統制 販促・サービス活動の統制
製品差別化を支える条件の形成	フリーライドの統制 競争行為の統制

とが期待される。そして，これらの製品差別化をめぐる競争から，メーカーは，流通段階の品揃え形成活動においてより有利な取扱いを流通業者に求めることになる。

ところが流通業者の品揃え形成活動は，当然のことながらメーカーの意図とは無関係に行われる。すなわち，流通業者が特定の製品を優先的に取り扱ってくれるとはかぎらず，またすべてのメーカーのこうした期待に沿うことはありえないことである。したがって，流通業者が自律的な判断で品揃えを形成するかぎり，メーカーが自社製品の優先的な取扱いを期待できないという問題が発生する。そこでメーカーは，流通業者の品揃え形成活動を統制することによって，そのメーカーの製品の店舗内シェアを高め，競合他社の製品の比率を引き下げようと考えることになる。

ここで流通業者は，メーカーの意図から独立して自律的な品揃え形成を行うことで，多数のメーカーの製品を買い集めて多数の消費者を吸引するという商業における本来の役割を果たそうとするが，他方でメーカーはマーケティング目的から流通業者の品揃え形成活動を統制しようとする。このことから，この品揃え形成活動をめぐる流通業者とメーカーとの利害対立は，商業とマーケティングの対

立と呼ばれる。

流通業者の販促・サービス活動の統制

メーカーは，流通業者の販促・サービス活動をメーカーのマーケティング戦略と連動させることで，製品差別化を形成して，消費者に非代替的な選好をもたせようとする。その背景には，小売業者という存在が，単に消費者のブランド指名買いに応じる受動的な立場にあるだけでなく，メーカーの製品差別化への影響力を少なからず有していることがある。それゆえにメーカーは小売業者の活動を統制したり，卸売業者に小売業者の活動への支援をさせたりして，小売業者による製品差別化への貢献を確保しようとするのである。

第1に，この小売業者による製品差別化への貢献として，消費者が製品に対して抱くイメージや評価を小売業者が操作できるということが挙げられる。例えば，小売業者のイメージや店頭での販促・陳列状況は，そこで販売される製品のイメージや品質の評価に反映される。また，小売業者が消費者に対して行う製品の配達や販売後の保証・修理などのアフターサービスは，消費者から見れば，製品の購買を決める重要な要素になっている。そして小売業者は自らこれらを操作できる立場にあり，それが製品の選択に影響することになるとともに，それがメーカーのマーケティング戦略と連動している場合には，メーカーによる製品差別化に寄与する。

第2に，小売業者は消費者に情報を直接的に提供することによっても，製品差別化に影響を及ぼすことができる。小売段階での消費者への情報提供は，製品の陳列・展示による実物情報や店頭での販促情報，店員が行う製品の説明などを通じて行われるが，これらの情報提供はメーカーの広告を補完する効果をもつ一方で，製品の詳細な特徴や使用方法などの広告では伝えにくい内容を伝えることができる。この意味で小売業者による消費者への販促活動や情報提供

活動は，製品差別化に影響を与えることになるのである。

それゆえ小売業者が自主的な判断で販促・サービス活動を行えば，メーカーの意図する製品差別化を侵害する危険性がある。メーカーとしてはその危険性を取り除き，さらに積極的に小売業者の販促・サービス活動をメーカーのマーケティング計画に連動させて，製品差別化の強化をねらうようになる。

ただし小売業者とすれば，これらの販促・サービス活動はコストがかかるうえに，小売業者独自の販促・サービス戦略に反する場合がある。とくに低価格販売を追求する小売業者のなかには，販促的な情報を提供したり，気持ちよく買物ができるようにサービスを提供したりすることを省略して，そのコスト節約に基づく低価格販売を展開することを選択する可能性がある。このような小売業者では，消費者に対して，他の小売店舗において製品の情報を収集し，購入する製品を決めたのちに，情報やサービスを省略した自らの小売店舗で製品を低価格で購入することを勧める。こうすれば消費者は情報やサービスを得たうえで製品を安く購入できるからである。

そうなると他の小売業者も，コストがかかる情報やサービスを提供しても売上に結びつかないので，情報・サービスの提供をやめてしまうことが予想される。つまりメーカーとしては，このような状況を放置しておくと，どの小売業者も情報やサービスの提供をしなくなり，小売業者による製品差別化への貢献が得られなくなる。

そこでメーカーは，製品を取り扱うすべての小売業者の活動を統制することが，こうした販促・サービス活動の統制を行うための条件となる。すなわち，メーカーは製品の販売先を完全に捕捉して，情報・サービス提供活動において協力的でない小売業者に製品が流れないようにしなければならない。そのためには製品が流通するチャネルをできるだけシンプルにして，販売先も捕捉可能な範囲に制

限しておく必要がある。

フリーライドの統制

メーカーは小売業者に販促・サービス活動をさせるために，店舗設備や販促用の資材，あるいは販売やサービス活動のための技術やノウハウを小売業者に提供することが多い。ただしこれらの資源のなかには，他のメーカーの製品の販促・サービス活動にも利用できるものがある。例えばメーカーが店舗販売員の教育をした場合，その教育を受けた販売員が競合製品を販売したり，競合製品についてアフターサービスを行ったりする可能性がある。

すると競合するメーカーは，小売業者にそのような資源を提供せず，資源の費用を抑えた分だけ価格を引き下げて製品を小売業者に販売すれば，他社が提供した資源をフリーライドできることになる。また小売業者にとって，最も有利な選択は，あるメーカーから提供された資源を利用しながら，別の競合メーカーから低価格の製品を仕入れて販売することであり，このとき資源と低価格の製品という両方の恩恵を被ることができる。

そこで小売業者の販促・サービス活動を統制しようとするメーカーは，前述のようにすべての小売店舗で販促・サービス活動を実施させるだけでなく，1つの店舗内においても自社の製品だけに限定して販促・サービス活動を実施させるように管理しなければならない。現実には，独立した小売業者の販促・サービス活動を詳細にチェックすることは無理であるために，こうしたフリーライドができないように競合製品の取扱いを制限することになる。

すなわち，メーカーが流通業者の販促・サービス活動を統制しようとする場合には，そのための資源をメーカーが提供するために，流通業者の品揃え形成活動の統制が同時に行われることになる。また，小売業者のフリーライド行為を統制するチャネル管理は，小売

業者の販促・サービス活動による製品差別化を支える条件になっているのである。

小売業者間での競争行為の統制

メーカーは小売業者における低価格販売のような競争行為をチャネル管理のために統制することがある。これは第3節で述べるように,メーカーが小売業者に対するパワー関係を築くために,そのパワー資源を作り出すことである。小売業者間での価格競争が抑えられているならば,小売業者はその製品の販売によって高い利益を期待できるために,メーカーによる統制にしたがうという関係が生まれる。この意味で,この小売業者間での競争行為を統制することは,小売業者の品揃え形成や販促・サービス活動への統制度を高めることでチャネルにおける製品差別化を支えることになる。

この小売業者間の競争行為については,小売業者の数が多く,自主的な調整で競争を制限することができないために,製品の供給先を管理しているメーカーの手で,すべての取扱業者の競争行為を制限するしか方法はない。すなわち,メーカーは小売業者の競争行為を監視し,競争制限に違反する小売業者を発見すれば,ただちに製品の供給を停止しなければならない。また,卸売業者によるリベート提供や低価格販売などの競争行為は,小売業者の低価格販売の原因となり,小売段階の価格競争を刺激することになるために,卸売業者の競争行為も同時に統制する必要がある。

ただし,すべての小売業者における競争行為を制限するというのは,小売業者の競争に関する戦略や立場が異なるために容易ではない。

確かに他の小売業者による価格競争行為が制限されているならば,個々の小売業者にとっては,対抗的な価格引下げをせずにすむために利益率は高く維持される。その場合,小売業者間の競争は,その

他の製品の価格と品揃えや消費者向けのサービス，あるいは立地などを通じて展開されることになる。また低価格販売を通じて小売市場のシェアを確保しようとしている量販店でも，他の製品をロスリーダーにすることで店舗の低価格イメージを形成したり，豊富な品揃えを形成して，消費者の店舗選好に影響を与えたりすることができるので，決して不利な立場に立たされるわけではない。

　ところがこのような競争制限が行われている状況において，小売業者が短期的に最も利益をあげる方法は，抜け駆け的に低価格を設定することである。つまり他の小売業者が高い価格で販売している状況で，1店舗だけが低価格を設定すれば，その地域市場における需要を独占することができ，多少低い利益率でも販売数量が大きくなるために利益の総額も大きくなるのである。しかも価格競争の制限が広くなされている製品の低価格販売をすれば，その行為は，消費者に強いインパクトを与え，その店舗の低価格イメージを形成するのに大きく貢献し，店舗の売上額も増加するはずである。したがって，価格競争志向の強い小売業者になるほど，つねにこの抜け駆けを行いやすくなるのである。

　もしそのような抜け駆けが発生すれば，もはや小売業者の価格競争行為を統制することはできない。そこで小売業者の競争行為を統制しようとするメーカーは，すべての小売業者の行動を監視し，競争制限に違反する業者への製品流通を停止しなければならない。そのためには卸売業者の数を絞り込んだうえで，卸売業者の販売先を統制し，小売業者の製品仕入先を一本化することで，監視と供給停止の条件を整えることが必要になる。

Column ⑨ 再販売価格維持制度

メーカーによる小売業者間の競争制限の1つとして，製品の小売段階における販売価格（メーカーから見れば，小売業者や卸売業者の販売価格は再販売価格になる）をコントロールする再販売価格維持行為（再販行為）がある。

独占禁止法（独禁法）では再販行為は原則として違法である。独占禁止法は，公正かつ自由な競争を促進する立場から，小売業者が仕入れた製品の販売価格をメーカーが指示することは，最も重要な競争手段といえる価格を拘束するため，不公正な取引方法として原則的に禁止しているのである。また指定した価格での販売を強要するために，小売業者に経済上の不利益を課したり，出荷を停止したりすることも禁じられている。

ただし，公正取引委員会が指定する特定の商品および著作物を対象とする再販行為は，一定の要件を満たせば，例外的に独禁法の適用が除外されている。再販売価格維持制度（再販制度）は，本来ならば独禁法に違反する行為を，他の政策原理の立場から，例外的に違反とみなさないこととしたものである。

しかし近年，商品の指定は見直しによって取り消され，2008年現在，「指定する特定の商品」（指定商品）は存在せず，適用除外の対象となっているのは，著作物6品目のみである。すなわち，書籍，雑誌，新聞，レコード盤，音楽用テープおよび音楽用CDである。これらの著作物の再販制度については，2001年に終了した検討結果に基づき，独禁法改正による著作物再販制度の廃止は行わず，言論の自由や文化の保護という見地から当該制度を存置することが相当とされた。

また，原則として，委託販売は再販売価格維持の規制を受けない。いわば，民法上の本人が代理人に販売代理権を与えているならば，代理人は本人に代わって販売しているにすぎないので，本人が代理人に販売価格を拘束しても本人の行為である以上，独禁法に抵触しないと考えるのである。

3 パワー関係の形成

パワー関係

これまでに説明したように、メーカーはチャネル管理のために流通業者の行動を統制しようとする。ただし流通業者は前に述べたようにメーカーとは資本的・経営的に独立した企業であるために、これらの統制を行うためには、メーカーが流通業者に対して協力を要請できる関係としてのパワー関係をもつことが必要条件となる。

このパワー関係とは、2者間の関係において、一方が他方の行動を統制する能力があるという関係の状態をいう。したがって、取引相手の条件が異なれば、パワー関係も個々に異なるものであり、ある企業の周囲全体に対する勢力範囲のようなパワーの考え方ではなく、つねに2者間における統制－被統制の関係で捉えられる。

では、独立した企業間において、どのようにしてパワー関係が形成されるのだろうか。それには、依存関係に基づくものとパワー資源に基づくものの2つがあり、多くの場合、両方のタイプが併用される。さらに後者によるパワー関係の形成には、金銭や資材などの誘因の提供によるものと競争制限によるものに区分される。

依存関係によるパワー形成

パワー関係が形成される1つの大きな要因は、取引における依存度にある。つまりある企業の経営成果が、取引相手との取引に大きく依存しており、その取引がなくなると経営を維持できないとき、その企業は取引相手の企業に依存しており、取引先の行動の要求を受け入れざるをえないためにパワー関係が発生しているのである。

そしてこの依存度は，①相手との取引の重要度が大きいほど，②その取引相手以外に代替的な取引相手が少ないほど，大きいと考えることができる。また逆に，相手から依存される程度が大きくなるほど，相手への依存度が小さくなると考える。したがって，あるメーカーが特定の小売業者の行動を統制することに関して，その小売業者にとって特定メーカーとの取引が重要であり，そのメーカーに代わる他の代替的なメーカーが少ない状況や，さらにメーカー側から見れば，その小売業者との取引が他の小売業者に比べて重要ではなく，他の小売業者に代替できる状況のとき，メーカーの小売業者に対するパワー関係は強くなり，小売業者の行動を統制できる。

この**依存関係**を取引額だけで考えると次のようになる（図11-1）。この場合，取引の重要度は取引額の比重として捉えられ，取引の代替性は他の業者との取引額の大きさとして表されることになる。

まず小売業者Xの製品総仕入額がBで，そのうちメーカーYの製品の仕入額がTであるとする。この状況での小売業者XのメーカーYへの依存度（仕入依存度）は，T/Bとして表すことができる。すなわち小売業者の総仕入額Bに占める製品のシェアが大きいほど，小売業者XはメーカーYに依存していて，メーカーの統制を受けやすいのである。

他方でメーカーYの製品総販売額をSとすると，そのうちで小売業者Xに販売している額はTであるから，メーカーYの小売業者Xへの依存度（販売依存度）は，T/Sと考えることができる。このT/Sが大きい場合には，メーカーYが小売業者Xに依存してしまっているために，メーカーYが小売業者Xを統制できなくなっていることを意味する。

つまりメーカーYの小売業者Xに対するパワー関係は，T/BとT/Sの2つの値から推測することができる。すなわち，メーカー

図11-1　依存度とパワー関係

- メーカーY（総販売額 S）
- 小売業者X（総仕入額 B）
- 取引額 T
- 販売依存度 T/S
- 仕入依存度 T/B
- メーカーYの小売業者Xに対するパワー
- （−）小売業者Xの立地・サービスなどによる差別化
- （＋）メーカーYのブランド・ロイヤルティ

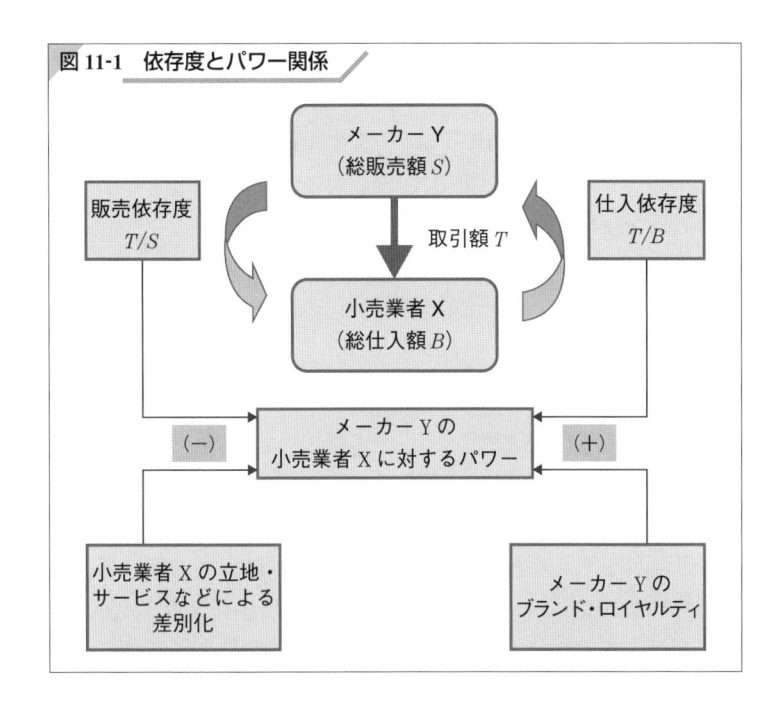

Yの小売業者Xに対するパワー関係は，小売業者Xの仕入依存度 T/B が大きくなるほど，またメーカーYの販売依存度 T/S が小さくなるほど強くなる。

このことからメーカーが大手量販店チェーンのチャネルを有効に管理できない理由を説明することができる。すなわち，大手量販店は豊富な品揃えのために T/B が小さく，小売段階での販売シェアが大きいために T/S が大きくなるからである。あるいは大手量販店チェーンであっても，トップシェアを確保しているメーカーの意向を無視できず，ある程度の販促・サービス活動や競争行為などの統制を受け入れざるをえないことも，これらの条件から考えることもできる。

そしてメーカーYが小売業者Xに対するパワー関係を強化するためには，T/Bを大きくするように，製品クラスでの市場シェアを高めたり，製品を多角化したりして小売業者との取引額を増やすことが必要であり，またT/Sを小さくするように，多くの小売業者に製品を取り扱わせることを考えなければならない。

　さらに取引額以外の条件によっても，依存関係は影響を受ける。例えば取引額のうえで大きな比率を占めていなくても，メーカーがブランド戦略に基づいて消費者に強いブランド・ロイヤルティを形成した場合，そのブランドのついた製品の取引について依存関係が形成され，メーカーの小売業者に対するパワー関係が築かれる。このとき小売業者は，ブランド製品について取引における重要性を感じ，また取引の代替性も少なくなり，依存関係が形成されるのである。したがって，メーカーの新製品開発や広告によって製品差別化がなされているほど，その製品の取引において小売業者はメーカーに依存し，メーカーのパワーが大きくなると考えられる。

　他方で，小売業者が魅力ある立地やサービス，店舗デザイン，品揃えなどで顧客の特別な選好を得ている場合には，そこと取引するメーカーは小売業者への依存関係が形成される。メーカーは魅力ある小売業者を通じて販売することで製品のイメージを高めようとするために，その小売業者との取引が重要であると考え，他とは代替できないことから，依存関係が形成されるのである。その結果，そのような小売業者の統制は難しくなる。

パワー資源によるパワー形成

　メーカーが依存関係に基づくパワー関係だけで取引相手を統制するには限界がある。それは第1に，依存関係だけでは小売業者を統制するための十分なパワー関係を形成できないかもしれないからである。そこで依存関係を変化させなければならないが，仕入依

存度を変えるためには，製品の市場シェアを高めるという，それ以上に困難な課題を克服しなければならない。つまり，依存関係に基づくパワー関係だけでは，統制のための柔軟性に欠けるのである。

そして第2に，依存関係に基づくパワー関係だけでは，各取引相手におけるパワー関係にばらつきが生じてしまうという問題がある。統制の内容によっては，すべての取引相手に同じような統制をしなければならない場合があり，依存関係にばらつきがあれば，それだけでは同じ統制を行えないことになるのである。

そこで，このような統制に必要なパワー関係を形成するために，依存関係を補完するパワーの源泉を考えなければならない。このときに利用されるのが，**パワー資源**の提供である。すなわち，パワー関係を形成しようとする相手に経済的なメリットがあるパワー資源を提供して，その見返りとして相手の行動を引き出すのである。なお，パワーや統制というと威圧的なイメージがあるが，対価を渡して何らかの行動をさせるということも，相手の行動を変えるという統制の意味からパワー関係に含まれるのである。

> リベート

パワー資源として，まず考えられるのが，リベートのような経済的な報酬である。これにはメーカーが流通業者に製品取扱量や店舗内シェアを高めてもらいたいときに支出する数量リベートや，メーカーの設定した販促計画に協力させるための販促リベートなど多様な種類があり，いずれも流通業者に何らかの行動を起こさせるための誘因となる。

このリベートの代わりに価格引下げという経済的な代償を与えて，それを誘因としてパワーを形成することもできるが，リベートには次のようなメリットがあるために，価格引下げよりも利用されやすい。

第1に，リベートは特定の流通業者に限定して差別的な優遇を与

えられるという特徴がある。もちろん価格引下げでも特定の相手との価格交渉において優遇を与えることができるが，価格という単純な指標はわかりやすく，他に知られやすいという欠点があり，特定の流通業者だけに低価格を設定すれば，他の業者の不満を大きくするおそれがある。その点，リベートはさまざまな条件を設定して複雑にしたり，事後的に提供したりできるため，この優遇を隠しやすいのである。

そして第2に，リベートは価格よりも柔軟に運用しやすいという特徴がある。すなわちリベートはさまざまな条件の設定や事後的な提供における調整を通じて，柔軟に一時的な増減や利用ができるのである。それに対して価格は単純であるために，どうしても変更に対して抵抗が大きく，硬直的になりやすいのである。

このようにリベートには，差別的に，しかも柔軟に利用できるというメリットがある反面，いくつかのデメリットがある。その1つとして，リベートを提供すれば，特定の小売業者や卸売業者に経済的に有利な取引条件を与えることになるが，そのことが彼らの価格競争行為を刺激するという弊害がある。これは累進的な数量リベートで典型的となるが，リベートを通じて，一方で販売数量を増やすことを促しながら，他方で価格引下げの原資を提供してしまうことになる。つまり，流通業者はより多くのリベートを稼ぐために販売数量を多くしようとするが，そのときリベートを原資とした低価格設定によって販売数量の増加を考える傾向がある。しかも，量販店のように大量に製品を販売する業者ほど数量リベートを多く得ることになるが，これらの量販店は低価格戦略を積極的に展開する業態であるために，このリベートに基づく価格引下げを促進させる場合が多い。

そしてもう1つには，リベートを出す基準が複雑でわかりづらい

ことや事後的に調整することが、情報システムを用いたデータ処理の妨げになるという問題がある。すなわち、複雑で事後的というリベートの特徴は、差別的で柔軟に利用できる点でメリットになるが、取引に関わる情報処理においては、データとして扱いにくくなるのである。

さらにリベートが柔軟に利用できるとはいっても、継続的な取引のなかでリベートが反復的に提供されるようになれば、慣行や既得権益として理解されることになる。するとリベートの額を変更することが難しくなり、もはや柔軟性が失われるうえに、リベートの効果も弱くなるという問題もある。

物資や情報によるパワー資源

リベートのなかには販促リベートのように、取引相手のある行動を特定して、その行動の見返りとして提供されるものもある。ただし、そのような行動特定的にリベートを支出するためには、その行動が行われているかどうかを監視するために費用がかかるので、実際にはリベートを使って期待された行動を導くのは難しい。

そこでよく利用されるのが、物資や情報などの相手にとって価値ある資源を提供して、パワー関係を形成することである。これらの資源は、その用途が限定されるために、相手の行動を誘導することができるのである。

例えば、メーカーが小売業者に販促用のパンフレットや見本、陳列ケースなどの販促資材を提供する場合を考えてみよう。これらの販促資材は、小売業者にとって消費者への販売活動に有効なものであり、製品の販売額が伸びると同時に、自ら負担すべき販促費用がこれらの提供で軽減され、その結果、小売業者に利益をもたらすことが期待される。したがって、これらはメーカーが小売業者を統制するパワー資源となる。他方で、これらの資源を利用することは、

特定製品の販促活動につながるために,メーカーの期待した行動が導かれるのである。

さらに,メーカーが小売業者に店舗経営についての指導や販売員の教育,製品情報などをもたらすことで,小売業者の利益に貢献しつつ,販売活動やサービス活動を誘導することも行われる。

競争制限によるパワー資源

競争制限というのは,販売する地域を制限するテリトリー制度や販売する価格を統制する再販売価格維持制度（*Column* ⑨参照）などのように,流通業者間での競争行為を制限することである。これらの競争制限は,前述のようにチャネル管理として統制する内容の1つであるが,他方で,パワー関係を形成するパワー資源にもなっている。

例えば,メーカーがすべての小売業者の競争行為を制限すれば,小売業者は他の小売業者と価格競争をせずにすむために,製品を高く販売でき,それだけ利益を確保できることになる。したがって,メーカーが小売段階の競争制限を行うことは,競争から守られる小売業者には利益となるために,小売業者はその利益を得るためにメーカーの統制にしたがうのである。つまり,メーカーによる小売段階の競争制限が小売業者を統制するパワー資源となるのである。

ただし,小売業者が競争制限という統制を受け入れるためには,競合するすべての小売業者の競争行為が制限されていなければならない。つまり,あるメーカーが小売業者Aに競争制限というパワー資源を形成するためには,小売業者A以外の競合するすべての小売業者の競争行為を統制する必要がある。もし他の小売業者の競争行為が制限されていなければ,小売業者Aだけが販売地域を狭め,高価格を設定することになり,他の小売業者との競争によって淘汰されてしまうため,小売業者Aも競争制限に協力しなくなる。

したがってこの種のパワー資源の形成には，すべての小売業者の競争行動を制限するという多大なコストがかかることになる。また，それだけにこの競争制限というパワー資源は強力であり，それに基づいて競争行為を制限するという統制だけにとどまらず，流通業者のさまざまな活動を統制するための重要なパワー資源になる。

4 信頼関係の構築

信頼関係とは

チャネル管理というのは，メーカーと流通業者との間において，製品の取引と並行して行われる流通業者の追加的行動をめぐる「もう1つの取引」であると考えることができる。そしてこの「もう1つの取引」は流通業者の統制にあたるものであり，その取引を行うためにはパワー関係が必要となる。

ただし，流通業者の統制を行う場合には，このようなパワー関係を構築するだけでは十分ではない。パワー関係に加えて**信頼関係**を構築することが重要になる。この信頼関係というのは，取引において相手の期待を裏切らない状態が継続している関係のことである。そしてチャネルにおける信頼関係には，2つの信頼性が重要になる。1つは情報の信頼性であり，交渉などの情報交換において，取引相手に情報を開示し，虚偽の情報をもたらさないことである。もう1つは行為の信頼性であり，交渉で決められた契約を守り，取引において相手が期待する行為をすることである。

そして，このような関係の状態をもたらすのは，売手と買手の双方における長期的な志向と社会的な結びつきである。長期的な取引が重視されている場合には，現在は短期的に不利な行動であっても，

その不利さが過去や将来の取引によって平準化されることになる。つまり短期的な利害を超えた長期的な貸し借りが成立することによって、一時的に不利な行動でも選択されるのである。こうした長期的な判断のもとで、短期的な利害から虚偽の情報をもたらすことや相手の期待に反する行為を行うことが、抑制されるのである。

また、取引相手との経済的な関係だけでなく社会的な結びつきが重要となる場合には、経済的に不利なことでも個人間や企業間の友好関係を維持するために選択される。このときも虚偽の情報や相手の期待を裏切るような行為は、社会的な結びつきを傷つけるために、互いに控えるようになるのである。

ただし、本来、製品の取引にしてもチャネル管理にしても、売手と買手の利害が本質的に対立するものである。売手はできるだけ高い価格で製品を売ろうとし、買手はできるだけ安く製品を買おうとする。また、メーカーは少ないパワー資源で流通業者の行動を引き出そうとするが、流通業者はその行動を節約するか、あるいはより多くの誘因を得ようとする。

もし信頼関係がなければ、毎回の取引は独立して、1回ごとに短期的で経済的な判断が行われ、同じ取引条件であれば、取引相手が誰であるかは重要ではない。そこでは過去の取引経験や人間関係があるかどうかは、取引相手を選ぶことや取引条件を決めることに影響しない。

このような関係自体は、1回限りの取引を繰り返すことで、柔軟に取引関係を切り替えて、つねに最適な成果を求めるうえでは有効である。しかし、それが可能なのは、取引条件についての不確実性が、情報の収集によって容易に削減される場合に限られる。とくに流通業者の行動についての取決めのように、将来の不測の事態への対応や逐一監視できない行動が含まれる場合には、このような短期

的で事前の情報収集だけに頼る取引では不都合である。

そこで取引における信頼関係を形成して，売手と買手の対立関係を前提としながらも，それよりも優先される目標が共有されて，売手と買手の利害対立が表面化しない状態を確保しようとするのである。

チャネル管理における信頼関係の必要性

信頼関係は，取引における短期的で経済的な対立を緩和するものであるが，チャネル管理において信頼関係が必要となるのは，流通業者の統制をめぐる取引には，以下のような問題を解決する必要があるためである。

チャネル管理とは，前述のように製品取引と並行して行われる「もう1つの取引」であるが，この取引における**取引費用**が問題になる。すなわち，取引において売手と買手が利己的な利益の追求をするときには，交渉で駆け引きが行われやすく，双方が相手を欺く行為をとりやすいために，取引における情報収集や契約履行の監視などの取引費用が大きくなりやすい。

というのは，チャネル管理においては，取引の対象が，流通業者の品揃え形成，販促・サービス活動，フリーライドや競争行為の制限といった将来における行動の約束であったり，メーカーから適宜提供される物資・情報や流通業者の競争行為の統制であったりして，これらがきちんと遂行されるように契約で取り決めたり，それが守られるかを監視したりするための取引費用が，製品取引に比べて大きくなるからである。

さらに，このような流通業者の統制を有効に行うためには，小売業者との情報共有が不可欠である。すなわち，メーカーにしてみれば，小売業者が捉えた消費者のニーズ情報を詳細にメーカーに伝えてもらいたいと考えている。この情報に基づいて小売店舗における

第11章　チャネル関係の構築

販促・サービス活動の改善を指導することによって、チャネルによる製品差別化を高めることができるからである。

ところが、このような消費者ニーズについての情報の中身は、メーカーに限らず小売業者にしても事前に予測できるものではないために、その情報提供を義務づけるような契約と監視の仕組みで確保するのは難しい。また、こうした情報共有をするためには、メーカーがどのような情報を必要としているのか、小売業者のもたらす情報がどのような状況のもとで得られたものかといった互いの状況についての知識が必要となるため、その前提になる情報交換の取決めにも費用がかかる。

そして、チャネル管理のなかに流通業者による新たな投資や技術習得を必要とするものが含まれている場合には、チャネル管理のための交渉は一層難しくなる。流通業者にしてみれば、もし短期的な取引の繰り返しでしかないのであれば、取引はいつ停止されるかわからないことになる。そのような状況で、例えば、メーカーがチャネル管理のために販促・サービス活動を要求していて、そのための設備や技術を他メーカーの製品の販促・サービス活動に転用できないのであれば、流通業者はそのメーカーとの取引の停止とともにそれらの設備や技術が無駄になることをおそれて、設備投資や技術習得に消極的になる。

他方でメーカーにしても、これらの設備や技術について流通業者に対するパワー資源という形で支援する場合に、取引がいつ停止されるかわからない状況では、やはり積極的な支援を行えないことになる。すなわち、このような短期的な取引のもとでは、特殊な設備や技術を使った販促・サービス活動による製品差別化ができないことになる。

信頼関係の構築

チャネル管理におけるこれらの問題を解決するためには、メーカーと流通業者との間に長期的で社会的な結びつきのある信頼関係を構築する必要がある。

まず、信頼関係が形成されている場合には、相手を欺くような行為をすれば、それまでに築き上げてきた信頼関係を損なうという代償を払わなければならないために、そのような機会主義的な行為が抑止されて、取引費用の負担が軽減されるのである。しかもいったん長期的な関係が形成されると、他の取引関係にスイッチすれば、それまで築いてきた長期的な関係を破棄して新たな関係を形成する費用が余計にかかることになる。そえゆえに関係を切り替える費用を考えると、取引関係がますます継続化しやすいのである。

さらに、信頼関係は単に相手を欺かないというだけでなく、より積極的に互いに情報をオープンにするという行動をもたらす。それは、双方が情報をオープンにするメリットを知覚できるようになるためである。具体的には、小売業者はメーカーに消費者ニーズについての情報をもたらすことで、メーカーが情報から得られる利益を独り占めせず、そのニーズやその状況にあった有効な小売店舗における販促活動の支援をしてくれるという期待があるために、自発的に情報をメーカーにもたらすのである。また、取引が安定的に継続すれば、売手と買手が互いに取引相手についての知識を蓄えやすくなり、それがこうした情報共有の促進を可能とする。

そして信頼関係が形成されて取引が長期的に安定するという確信が生まれると、流通業者には、メーカーの要求する販促・サービス活動のための設備投資や技術習得をしても回収できるという見込みが生まれ、メーカーも安心してそれらの支援ができるようになるのである。

こうして信頼関係が形成されることによって、チャネル管理の実

効性が高まり、チャネルによる製品差別化が可能になる。信頼関係というのは合理性や打算を超えた関係というイメージがあるが、信頼関係の形成には、チャネル管理において明確な経済的なメリットをもたらすものとして理解される。

5 系列店制度の展開

日本の系列店制度

日本の家電製品、化粧品、自動車などの産業における**系列店制度**は、メーカーによるチャネル統制の典型であり、メーカーが卸売業者や小売業者との間にパワー関係と信頼関係を形成して、垂直統合することなく、メーカー直営の販売拠点のように販売やサービスにおける協力を確保する仕組みとなっている。

この系列店制度の特徴は、まず、メーカーのチャネル戦略に沿った活動を展開してくれる多数の中小小売店を系列店にしていることである。店舗規模が小さいのは、彼らに期待されている販促・サービス活動は規模の経済性があまり作用せず、広域の商圏を形成できないためと、もう1つには、メーカーとの依存関係に基づくパワー関係を形成しやすいためという理由がある。そして規模が小さいために、全国の市場をくまなくカバーするように、非常に多数の店舗が系列店となるのである。

さらに、こうした系列店の統制内容も前述のチャネル統制の諸内容を網羅したものとなる。まず、品揃え形成活動についていえば、系列店において特定メーカーの製品シェアがかなり高いものとなる。量販店の販売比率が低い段階では、こうした各店舗での高い店舗内シェアを多数の店舗で達成することで、メーカーは製品の市場シェ

アを確保することができたのである。しかもこの高い店舗内シェアは,メーカーによる手厚い支援を他のメーカーにフリーライドされないようにするうえでも必要なことであった。

　また販促・サービス活動については,メーカーのマーケティング戦略に沿った形で店頭での情報提供やアフターサービスなどの販促・サービス活動を小売店が行い,チャネルによる製品差別化を達成してきた。

　そしてこうした系列店では,系列店同士が価格競争をしないように,店舗における競争行為が統制されていることが多い。量販店の販売比率がまだ高くない状況では,こうした系列店の価格競争を統制することで,いわゆる「乱売」を回避して,系列店の利益を確保させることが,チャネル統制を遂行するために必要であった。

　そして系列店制度を支えるもう1つの仕組みが,販社制度である。販社とは,特定メーカーの製品だけを販売するメーカー系列の卸売事業所である。一般的な販社制度では,販売できる地域（テリトリー）がメーカーによって限定される一方で,その地域で製品の独占販売を行う。このようなギブ・アンド・テイクの関係に基づいてメーカーの製品販売に協力し,小売段階のチャネル管理を推進する役割を担っている。具体的には,メーカーの代わりに小売業者の品揃え形成や販促・サービス活動などにおける統制を行い,そのパワー資源を小売業者に提供するのである。メーカーは販社を利用することにより,販社とのパートナーシップのもとで,全国の多数の小売店舗についてのチャネル管理を遂行することが可能になるとともに,既存の卸売業者の販社化で先行的に作られた卸売業者と小売業者との信頼関係をそのまま利用し,チャネル統制の仕組みを迅速に作り上げることができたのである。

系列店制度の弱体化　家電製品や化粧品などの産業では，有力メーカーが系列店制度の構築により競争優位を形成してきたが，近年では，中小規模の系列店における販売力の低下から，チャネルによる製品差別化としての系列店制度の位置づけが後退し，むしろその立て直しが重要な課題となっている。そしてこのような変化をもたらした要因として，消費者行動と量販店販売比率における変化が考えられる。

まず消費者行動の変化とは，消費者が小売店舗による情報やサービスに依存しなくなったことである。

消費者が製品を選択する場合に，小売店舗の販売員によるアドバイスを求める傾向がある製品であるほど，小売業者による販促活動が製品差別化に大きな影響を及ぼすため，メーカーは小売業者の販促活動を統制しようとする。またサービスについても，消費者が製品選択において小売業者のアフターサービスを重視する場合に，メーカーは小売業者のサービス活動を統制することになる。

このような消費者による小売業者の情報やサービスへの依存は，一般的に，家電製品や自動車，化粧品などで大きかったために，これらの産業で流通系列化が行われやすかった。例えば家電製品において系列店制度が採用されたのは，家電製品が高価で，技術的に複雑なものであったために，消費者が小売業者による製品説明や配達・修理などのアフターサービスを必要としたためである。

ところが消費者に製品知識が普及するようになると，消費者は中小小売業者のアドバイスに依存するよりも量販店において自分で製品を比較して選択することを好むようになる。また，製品の配達でも物流業者が利用できるようになり，修理もメーカーが行うようになると，製品の選択において系列店のサービス活動があまり重要ではなくなる。

このように消費者の行動が変化すれば，メーカーは小売業者の販促・サービス活動を統制することによる効果が小さくなり，流通系列化の重要性が低くなる。また，消費者は販促・サービス活動が充実している中小規模の系列店よりも，価格が低く，品揃えの豊富な量販店で購入する傾向が顕著になり，このことは次に述べる量販店販売比率の問題につながる。

量販店販売比率の増加

ここでいう量販店とは，チェーンや大規模な店舗を経営して，大量仕入・大量販売による規模の経済性を追求するとともに，セルフサービスなどによる効率的な販売方法を採用することで，製品を低価格で販売する小売業者である。そして流通系列化で問題になる量販店とは，家電量販店，ドラッグストア，スーパーマーケット・チェーンなどである。

メーカーはこれらの量販店を統制するうえで，十分なパワー関係を形成しにくいという障害に直面する。メーカーと量販店との依存関係を考えると，メーカーから見れば，全国のチェーン店舗で大量に販売する量販店への販売依存度が大きくなることに加えて，量販店は豊富な品揃えを形成するために，特定メーカーへの仕入依存度が低くなる。これらはいずれも依存関係に基づくパワー関係において，メーカーが不利な立場に立たされていることを意味する。そこでメーカーはこの取引状況における不利な立場をカバーするために，量販店に対し，リベートや販促資材，派遣店員などのパワー資源を多く提供することになるが，それでも中小小売業者のような強いパワー関係を形成することは難しい。

さらに，量販店にはメーカーの統制を受け入れにくい理由がある。1つには，品揃え形成についての統制が難しい。量販店は豊富な品揃えで消費者を店舗に吸引するために，特定メーカーの製品の取扱比率を高めたりすることには同意しない。中小小売業者の場合には，

メーカーがフルライン戦略をとって1社でも品揃え形成ができるようにしたり，ブランド戦略で製品の魅力を高めて，品揃えの代わりにブランドで消費者を吸引したりすることにより対応できるが，量販店の場合には，広い範囲から多くの消費者を吸引できるような豊富な品揃えが，店舗戦略のうえで重要な位置を占めていて，メーカーのフルライン戦略やブランド戦略でそれを補うことができないのである。

しかもメーカーとしては，製品の差別的な取扱いを期待できないばかりでなく，販促・サービス活動を誘導するパワー資源を他のメーカーにフリーライドされる危険性も高くなるのである。

2つ目に，量販店が消費者に特定メーカーの製品についての販促的な情報を提供したり，充実したアフターサービスを行ったりすることもあまり期待できない。それは量販店の多くが，セルフサービスによる販売コストの引下げを選択するためである。またアフターサービスについても，中小小売業者が行うような地域に密着したサービスというのは，コストがかかるために実施しにくい。

そして量販店が低サービス・低価格で製品を販売すれば，消費者が他の小売業者で製品情報を入手してから，量販店で安く製品を購入する傾向が生まれ，他の小売業者はコストのかかる情報提供などのサービスをしても売上に結びつかない事態となる。その結果，他の小売業者も情報提供を行わなくなる危険性がある。

3つ目に，量販店にとって競争行為が制限されることは，彼らの低価格販売戦略と矛盾することになる。すなわち，広い範囲から多くの消費者を店舗に吸引するうえで，品揃えの豊富さと並んで低価格販売が重要な条件となるために，量販店はむしろ価格競争を積極的に推進する傾向がある。ただし，量販店が競争制限に協力的でないならば，他の小売業者は否応なく彼らとの価格競争に巻き込まれ

るため，メーカーは他の小売業者の競争行為も統制できなくなるのである。

このように量販店に対しては，メーカーは有効なパワー関係を形成できないうえに，品揃え形成，販促・サービス活動，競争行為についての統制が難しいと考えられる。しかも量販店を統制できないと，他の小売業者の統制にも問題を生じさせて，系列店制度からの離反を生じさせてしまう。したがって，メーカーは小売業者の活動を統制するために，量販店への販売を抑制せざるをえなかったのである。

それゆえ系列店制度の形成過程では，全国に多数存在する中小規模の小売業者を育成し，彼らを通じて販売することで市場シェアの確保と製品差別化を達成するとともに，できるだけ量販店に依存しないことが重要であった。

ところが，消費者は量販店で製品を購入する傾向が強くなり，量販店の販売力が伸びてきている状況では，系列店よりも量販店を利用するメーカーのほうが，市場シェアをとりやすくなっている。

したがってメーカーは，流通系列化を維持して中小小売業者を中心とする販売とサービスの体系を維持するのか，それとも量販店のもつ販売力を利用するのかという重大なジレンマに陥ることになる。この問題はこれまで強固な流通系列化を進めることで競争優位を形成してきたメーカーほど，強く意識せざるをえない問題となっている。

演習問題

11-1 チャネル管理によって製品差別化を形成している事例を1つ取り

上げて，そのチャネル管理の目的，およびメーカーと小売業者との間のパワー関係について考えなさい。

11-2 中間形態としてのチャネル管理が利用される理由を，商業とマーケティングとの対立から説明しなさい。

11-3 日本において系列店制度が発達したのはなぜか。またその系列店制度が弱体化しているのはなぜか。それぞれの理由を説明しなさい。

第12章 営業活動による顧客関係の構築

Introduction 　営業活動とは，単に販売活動だけを意味するのではなく，新規の顧客を開拓する活動やチャネルにおけるパワー関係や信頼関係を構築・維持する活動，あるいは，そのように構築された関係のもとで顧客から情報を収集して，顧客に適応的な製品やサービスを提供する形で，マーケティングの計画を調整する活動を含むものである。

Keywords 　営業部門，営業担当者，営業活動，アウトプット管理，プロセス管理，営業プロセス革新，データベース，チーム制，情報の分析効果，情報の共有効果

1 顧客関係と営業活動

顧客関係の構築と維持

買手が不特定多数の場合には，まず買手の購買行動を分析して，マーケティング活動の計画を立てて，その実行を管理するという分析ー計画型マーケティング論が適合するが，買手が特定される場合には，特定顧客との継続的な関係のもとで，顧客との情報交換を行いながらマーケティング活動を展開するという相互作用型マーケティング論がより適合的になる。それは，特定の買手に対するマーケティング活動であるため，買手の購買行動を分析するよりも，取引経験に基づく知識を利用するようになるからである。しかも顧客は製品・サービスにつ

いての要望を伝えようとし，売手もそれに応えないと取引関係を維持できないことから，マーケティング活動の計画を柔軟に修正しなければならない。

　このような買手が特定されるケースとしては，生産財の場合やサービスを販売する場合のほか，メーカーと流通業者との関係において見られる。これらの状況のように直接の取引相手のことを顧客と呼ぶが，消費者を対象とするサービス業の場合では，消費者が顧客となるのに対し，生産財や流通業者との取引の場合では，顧客は生産財の購買企業や流通業者となり，消費者とは一致しない。

　これらの状況では，顧客と直接的に接触していれば，顧客がどのような製品・サービスを望んでいるかという需要情報を直接入手できる。またこのような顧客との対話を通じて，マーケティングの計画を逐次的に修正するプロセスが展開されることになる。そしてこのように顧客との対話で計画を逐次的に修正することから，マーケティングの計画の策定が経営者層や戦略スタッフ部門によってのみ行われるのではなく，顧客と接する**営業部門**がマーケティング計画の意思決定に関与するという特徴が生まれる。

　すなわち，**営業担当者**という位置づけは，分析一計画型マーケティング論では，経営者層やスタッフ部門によって立てられたマーケティングの計画に従って販売活動を行い，それがきちんと実行されているかを管理される対象として捉えられるが，相互作用型マーケティング論では，顧客との接触や交渉を通じてマーケティング計画を修正しながら，顧客との関係を構築するものとして捉えられる。

　したがって，この場合の**営業活動**とは，販売活動だけを意味するのではなく，顧客との関係を構築し，維持する活動であり，継続的関係のもとで顧客から情報を収集して，顧客に適応的な製品やサービスを提供する形でマーケティングの計画を調整する活動を含むも

のとなる。また，新規の顧客を開拓する営業活動の場合では，すでに競合企業が取引関係を構築していて，競合企業による取引関係の継続性が参入障壁となるため，単に製品を提示して買ってもらうのではなく，その新規顧客との信頼関係を構築するための営業努力が必要になる。そしてその営業努力の過程は，顧客の反応に合わせて柔軟なマーケティング計画の修正を伴うものとなる。

したがって，営業活動の管理問題とは，経営者層や戦略スタッフ部門によって策定された販売計画の実行を管理するだけではなく，顧客関係の構築・維持に関して，営業担当者が行うマーケティング計画の修正を望ましい形にいかに誘導するのかという問題になる。

> 営業活動と販売活動の違い

顧客が流通業者のとき，営業活動はチャネル関係の構築・維持活動を意味する。これは第11章のチャネル管理との関係で説明すれば，次のような役割を営業担当者が果たすことになる。

まず，営業担当者の頻繁なコミュニケーション活動は，流通業者との信頼関係を形成するものである。その信頼関係の構築が，チャネル管理の可能性を規定するとともに，その信頼関係に基づいて顧客からの情報収集が可能になる。その情報は，営業活動の内容を決めるだけでなく，新製品開発においても有用な情報となる。

さらに，営業活動がチャネルにおけるパワー関係に影響を与える局面もある。というのは，パワー関係を規定する依存度を変化させるためには，営業活動を通じて新規の取引先との関係を構築することが重要となるからである。

また，チャネル統制のためのコミュニケーションも営業活動を通じて流通業者にもたらされる。しかも，チャネル統制の内容やチャネル統制のためのパワー資源の提供量などは，顧客との関係の状態を考慮して決定する必要があるために，その情報を最も保有する営

業部門において決定される。その意味で,チャネル管理の内容は営業部門において決定されることも多い。

以上のことから,流通業者に対するメーカーの営業活動が,単なる販売活動と違うことが理解される。すなわち,営業活動には,顧客との信頼関係を構築する活動,顧客から需要情報を収集する活動,新規の顧客開拓やパワー資源の提供,チャネル統制の実施を通じたパワーと統制に関わるチャネル管理の意思決定とその実施が含まれるのである。

営業活動の種類

営業活動とは顧客との継続的な関係を構築・維持する活動であるが,営業活動の内容は,関係を構築するのか維持するのかどちらの局面を重視するのかによって異なる。この違いを消費財における流通業者向けの営業活動で考えてみよう。

まず,関係の新規構築を重視する場合には,営業活動では最初の取引で実績を残したり,取引先として信頼できることを知らしめたりして,以降の継続的な関係の基盤を形成しようとする。ただし,顧客から需要情報を収集するためには,顧客との間に信頼関係が形成されていないと,顧客が情報を提供しようとはせず,顧客からもたらされる情報も不正確であったり,それを正しく解釈できなかったりする。このことは,すでにその顧客と取引関係を構築している競合企業に比べて,競争的に著しく不利な状態に置かれていることを意味する。

そこで新規顧客開拓では,顧客との接触機会を作り出し,顧客の需要情報を引き出すことからはじめて,取引の実績を蓄積することで信頼関係を徐々に形成するか,あるいは,革新的な新製品や物流・サービスのシステムなど競合他社にはない明確なメリットを顧客に提示することで,取引の実績を形成することが重要になる。

また，新規顧客開拓では，営業活動の対象となる流通業者が全国に多数存在する場合もある。とくにチェーン化した大規模小売業者ではなく中小小売業者をチャネルとして利用する場合には，多数の小売業者との関係構築を行う必要がある。その場合，関係構築に時間と営業努力を多く必要とするため，メーカーの限られた営業能力では，こうした多数の新規顧客開拓が難しい。そこで，すでにこのような小売業者と取引関係をもつ卸売業者を販売代理店や販売会社にして，関係構築の時間と営業努力を節約することが行われる。

　他方で，営業活動において関係維持を重視する場合には，既存の取引関係にある流通業者との関係を維持し発展させることがめざされる。このとき，取引関係に新規参入しようとする企業にシェアを奪われないように，顧客に働きかけることが重要となる。

　また取引関係の維持のために，別の製品の取引に拡張することも重要である。それは，すでに形成された取引関係や信頼関係を基盤とすることで，他の企業よりも新たな製品を顧客に提案しやすい状況にあり，しかも，このような多様な製品の取引を展開することで，顧客との関係を強化し，より安定的なものにすることができるからである。

2 営業管理の方法

アウトプット管理とプロセス管理

　営業活動における1つの重要な課題は，会社から離れた場所で行われる営業担当者の意思決定をどのように管理するかという問題である。この問題は，営業担当者が単にマーケティング計画の実行をするだけでなく，顧客から情報を収集して，マーケティング計

画を修正するという役割を担うことから一層重視される問題となる。

この問題は，以下のような**アウトプット管理**と**プロセス管理**という2つの代表的な管理方法における選択問題として捉えられる。

まず，アウトプット管理とは，営業担当者に活動内容の詳細を決定させ，営業部門の管理者が活動の指示や監視をあまり行わないというものである。営業活動がきちんと行われているかどうかについての評価や営業活動に対して与えられる報酬について，個々の営業担当者が達成した売上や利益などの成果（アウトプット）を用いることが基本になっている。すなわち，営業部門の管理者は個々の営業担当者が期待どおりの行動をしているかどうかは，こうした売上や利益のような営業成績から判断することになり，また営業成績を反映した報酬体系にすることで，営業担当者がより高い成績を達成するように動機づけるという仕組みを採用する。

このアウトプット管理では，営業部門の管理者が，営業成績を規定する営業担当者の努力量や環境などについての詳細なデータをほとんど収集していないゆえに，営業活動の指示や助言をするとしても，営業成績から推測される原因について，自らの経験に基づいた助言をすることで営業担当者の分析を助けることしかできない。

しかも，営業活動が行われる現場の状況は，きわめて多様で曖昧で変化しやすいものであるために，営業活動のスキルやノウハウは，個々の担当者が経験を通じて会得し，個人的性格や顧客の状況にふさわしいスキルやノウハウを見つけ出していくことが前提となっている。しかも，そのように個別顧客との取引状況に合ったスキルやノウハウが，顧客との関係を深めるうえでも重視される。したがって，営業部門の管理者は，その具体的な指示よりも，営業スキルの自己開発につながるような経験や意欲，あるいは「努力」「勘」「度胸」といった要因を強調した助言をすることになりやすい。

それに対しプロセス管理というのは，営業担当者の活動や顧客の状態について，プロセス指標を利用してできるだけ情報を収集し，管理者は営業担当者に対して，行動についてのさまざまな目標と詳細な指示を与える管理である。また営業担当者の評価や報酬においては，売上や利益のようなアウトプット指標だけでなく，訪問件数や提案件数などの営業活動として何をどのような水準で行ったのかについての指標など，きわめて多様な尺度を用いるのが特徴となる。

ただし後述するように，近年では，このようなプロセス指標を管理者による指示や営業担当者の評価に用いる考え方ではなく，営業活動や顧客関係における問題を発見するためにプロセス指標を用いる考え方が企業において展開されており，これもプロセス管理と呼ばれている。この発展した考え方については，第3節で「分析志向のプロセス管理」という用語で説明するが，両者はプロセス指標を用いた営業活動の状況把握という点で共通している。

営業管理方法の選択

営業活動を管理する方法としては，アウトプット管理とプロセス管理の2つが代表的な方法となるが，企業がどちらを選択すべきかということが次に問題となる。この問題については，図12-1のように，営業活動の状況から，アウトプット管理かプロセス管理かの選択を判断するという考え方がある。

ここでこの選択に影響すると考えられているのは，第1に，何が効果的な営業活動かが事前にわかるかどうかを表す営業プロセス知識という要因である。すなわち，顧客の需要が多様で不確実な状況のように，営業担当者がどのような活動をすれば成果に結びつくのかを事前に予測しにくい場合は，営業プロセス知識が不十分ということになる。逆に顧客間で共通の需要があったり，顧客需要が過去から安定していたりする状況では，どのような営業活動が有効かは

図 12-1　営業管理様式の選択

		営業プロセス知識	
		十分	不十分
営業成果を正確・包括的に測定する能力	高い	アウトプット管理またはプロセス管理	アウトプット管理
	低い	プロセス管理	クラン

(出所) E. Anderson & R. L. Oliver [1987] "Perspectives on Behavior-Based versus Outcome-Based Salesforce Control Systems," *Journal of Marketing*, 51(4).

他の顧客への実績や過去の経験から推測できるので，営業プロセス知識が十分にあることになる。

そして，営業プロセス知識が十分であるほど，プロセス管理がしやすくなると予想される。それは営業活動のプロセス指標に基づいて営業活動を把握するためには，どのような営業活動が有効かを考える基準や枠組みが安定しているほうが望ましいからである。言い換えれば，顧客需要が多様で不確実な状況では，顧客ごとや状況ごとに多様な営業活動が展開され，成果のばらつきも大きくなるために，営業活動における行動と成果の因果関係がなかなか特定できず，望ましい営業プロセスに向けての管理が難しくなるのである。その場合にはプロセス管理のメリットが発揮されず，管理の複雑さというデメリットが強調されるので，アウトプット管理が採用されやすいと予想される。

さらに，管理方法の選択に影響するもう 1 つの要因は，企業が期待する営業成果を正確かつ包括的に測定できるかどうかという要因である。この場合の営業成果とは，個々の営業担当者が達成する売上や利益だけではない。顧客との信頼関係を構築することや，将来

の売上・利益になる新たな製品や地域についての市場開拓で布石を打つことも，重要な成果となる場合がある。そのような要素を含めた営業成果を現場の営業担当者がどこまで達成したのかについて，管理者は正確かつ包括的に測ることができるかどうかが判断基準となる。

そして，企業の戦略や競争の特性によって，顧客との長期的関係や新市場開拓などがあまり重要ではなく，短期的な売上や利益をあげることだけが優先される状況では，アウトプット管理が有効と考えられる。それは営業活動の目標を短期的な売上や利益とおくことの弊害が少ないために，アウトプット管理のデメリットが小さいと考えられるからである。また，このような状況では短期的成果をあげるように営業担当者を単純に動機づけるほうが，営業担当者の活動は活性化しやすく，それだけアウトプット管理のメリットが出やすいのである。

それとは反対に，顧客との信頼関係や新市場開拓などが重視される状況では，企業が期待する営業成果を測りづらく，また動機づけも難しい。顧客との信頼関係は短期的な指標で数値化して捉えることは難しく，新市場開拓などは手間がかかるわりに売上に結びつきにくいために，売上や利益で捉えるとその努力を評価しにくいためである。そういう状況でアウトプット管理にすると営業担当者が短期的な売上や利益を追求することになるので，プロセス管理が必要になるのである。すなわち，プロセス管理によって営業活動を望ましい方向に誘導し，顧客との関係維持や新市場開拓などの短期的な成果に表れにくい活動を引き出すことが重要となる。

このような2つの条件で考えると，図12-1のように，営業プロセス知識が十分にあり，企業の期待する営業成果を測定できない場合にはプロセス管理が選ばれ，営業プロセス知識が不十分で，営業

成果を単純に測定できる場合にはアウトプット管理が選択されると予想される。さらに営業プロセス知識が十分にあり、しかも営業成果を測定できる場合には、アウトプット管理とプロセス管理のどちらでも可能になる。

そして、この図式からはアウトプット管理とプロセス管理の両方が適さない場合が予想される。それは営業プロセス知識が不十分で、しかも企業の期待する営業成果を適切に測れない場合である。このとき望ましい営業プロセスがわからないためにプロセス管理は有効ではなく、短期的な売上や利益で捉えられない営業成果があるためにアウトプット管理だけでは問題が発生しやすい。

この状態のときには、第3の管理方法としての「クラン」が最適となる。「クラン」とはメンバーの目標や価値観が共通し、組織の目標に深いコミットメントを示すことに基づいて形成される集団のことである。営業組織において「クラン」が成立しているというのは、営業担当者が企業の目標や顧客との関係を大事にするという価値観を共有して行動し、それらの支障となる短期的な成果の追求を自ら避け、営業活動を詳細に監視しなくても企業や顧客との関係に配慮した行動をとるようになっている状態である。

具体的には、顧客満足や社会貢献のような企業が長期的に達成しようとする目標を営業担当者が共有し、個々の行動に置き換えることができるような状況が確保されているケースや、あるいは、営業担当者が売手としての利益よりも顧客との信頼関係を強化することを優先し、顧客の需要を代弁するような立場をとっているケースで、これらのことが結果として企業の差別化に結びつくことによって、企業としても優位性を保つことができるのである。

ただし現実には、企業内部において究極の目標や価値観だけでは営業担当者の行動を管理しにくいため、アウトプット管理が併用さ

れていることが多くなる。そのため，この「クラン」をアウトプット管理の一種であると考えることもできる。

3 営業プロセス革新の展開

> 営業プロセス革新

近年，企業において**営業プロセス革新**の導入が広まっている。この営業プロセス革新とは，営業組織においてプロセス管理，**データベース**，**チーム制**を導入することによって，営業活動や顧客の状況に関する情報の透明性を高めて，それらの情報の分析能力や共有可能性を引き上げようとするプロセス革新である。

ただし，営業活動というのは，多様で曖昧なものであるために，その情報を抽出して，分析や共有をすることは容易なことではない。すなわち，顧客や販売状況がきわめて多様で，しかも人間関係に基づいたものであるために，営業活動の内容が個々の状況によって異質なものとなり，また，営業活動の状況が曖昧であることから，営業活動の内容を記録して，情報の共有や分析をすることが困難となる。

こうしたことから，例えばデータベースを導入しても，データベースがうまく機能しないという事態が発生する。すなわち，ある顧客に対してどのような営業活動を行ったのか，何をどのように提案し，どのような反応であったのかは，正確に記述できるものではなく，また営業活動のスキルやノウハウなどの知識についても，表記しにくい暗黙知的なものが多く含まれている。

さらに，営業活動というのは多様で曖昧なものであるという意識から，営業活動や顧客状況についての知識は共有や表記ができない

ものであり，それらを無理に文書化してデータベースとして蓄積しても効果が期待できないという考え方が生じる場合がある。そうなれば営業担当者は，データベースに利用価値を認めず，必要な知識は営業担当者個人の経験を通じて独自に蓄積すべきものと考えてしまう。

しかも，営業活動が多様で曖昧なものであることから，営業活動のデータベースにおける冗長性も問題になる。というのは，営業活動において何が必要な情報かが事前にわからないことが多いため，多くの可能性を予測して，多様で曖昧な状況や行動についてできるだけ網羅的に，しかも正確に書くことになるが，それがデータベースの冗長性をもたらすことになるからである。

データベースを利用する側にとっては，データベースを利用する手間や時間から，必要最低限の情報が簡潔に盛り込まれていることが望ましい。それゆえこのようなデータベースの冗長性はデータベースの利用価値を引き下げることになる。しかしデータ内容を簡潔にすれば，今度は営業活動の多様性や曖昧さを反映しなくなり，これも利用価値のないデータベースになってしまうのである。

具体的な状況でいえば，顧客との取引活動に関わるデータを蓄積しようとしても，顧客との取引関係のうちでデータとして文書化されるのは，そのごく一部であり，顧客との信頼関係や人間関係に関わることを読みとることができないことになる。また，そのようなデータベースの助けを借りなくても，実際に顧客に接する営業担当者が知識として蓄え，他の担当者との相互コミュニケーションで密度の濃い情報を交換するほうが，より深い理解が得られるということになる。

さらに，営業活動の内容が顧客ごとに違うことが強調されて，ある顧客との取引における経験を他の顧客との取引に活かせないとい

うことにもなる。そのために営業活動のスキルやノウハウといった知識についても、その顧客との関係などの固有の状況においてのみ有効であり、他の営業担当者のスキルやノウハウを活用するのは難しいという意識も生まれる。

したがって、従来の営業体制では、個々の営業担当者が営業活動を通じて獲得した暗黙知を、緊密な人間関係をベースとするインフォーマルなコミュニケーションや経験の共有を通して、他の営業担当者や他の職能担当者に伝達してきたのである。またその過程で、他の営業担当者は営業活動のスキルやノウハウを自らも実践して習得し、他の職能担当者は社内の人間関係をベースに顧客の需要情報を得ていたのである。

このように営業活動で獲得した知識を暗黙知のままインフォーマルな関係や経験の共有を通じて伝える場合、その知識はやはり曖昧で漠然としたものになるために、それを分析したり、他者や過去のものとの比較をしたりすることは難しくなるうえに、伝達できる相手も限られた人にならざるをえない。

そこでこれらの問題を解決するために、営業プロセスを改革して、営業活動や顧客の状況についての知識をできるかぎり数値や文字のデータに置き換える努力が払われるのである。このように情報を形式知化することについて、次の2つの効果が期待されている。

1つは、情報の分析可能性を高めて、仮説検証型の改善プロセスが容易になるという効果である。これを営業プロセス革新による**情報の分析効果**と呼ぶことにする。そしてもう1つは、他の営業担当者や他の職能部門担当者との情報共有を幅広く効率的に行えるという効果である。これは営業プロセス革新による**情報の共有効果**と呼ぶことにしよう。

> 情報の分析効果

営業活動や顧客状況に関する知識を数値や文字で表される形式知のデータに変換することは、一般的には、営業活動や顧客の状況についてのプロセス指標を設定し、それを通じて営業活動や顧客状況を可視化することとして理解されている。そして、このようなプロセス指標を積極的に用いることは、プロセス管理の導入として考えることができる。それに対し、従来のインフォーマルなコミュニケーションをもとに経験を共有しながら暗黙知を伝えるスタイルは、プロセス指標にほとんど依拠せず、売上などのアウトプット指標が重視されるため、アウトプット管理が選択されていたと理解されるのである。

ただし、このプロセス管理は、「分析志向のプロセス管理」と呼ばれ、従来から行われているような管理者が毎日の訪問件数や顧客への電話件数について細かく目標を設定し、各営業担当者にそれらの達成を義務づけ、営業活動の詳細について監視とコントロールを実施するという伝統的なプロセス管理とは異なるものである。

伝統的なプロセス管理では、営業担当者が目先のプロセス指標の目標達成のみにとらわれてしまうため、営業担当者による創意工夫や自発的な改善努力が制限されてしまう。あるプロセス指標の目標値が未達成とすると、伝統的なプロセス管理では、その目標を達成するように、営業担当者はさらに努力し、管理者はその達成を担当者に要求することになる。

それに対し、分析志向のプロセス管理は、プロセス指標を設定し、その達成を測定することにおいては共通であるが、プロセス指標を使う目的が根本的に異なる。伝統的なプロセス管理のように、プロセス指標の達成を管理することを考えるのではなく、プロセス指標を通じて営業活動や顧客の状態を分析し、その異状を発見し改善することが重視されるのである。したがって、この分析志向のプロセ

ス管理では，プロセス指標の目標値が未達成のとき，その目標達成をめざす行動ではなく，目標未達成の原因を分析する行動が起動され，それで評価したり行動を統制したりするものではない。

この違いの意味は大きく，伝統的なプロセス管理では，プロセス指標は管理や評価のために利用されるので，営業担当者の行動も，そのプロセス指標によって表される短期的な目標達成をめざすようになり，与えられた目標を達成すれば，それ以上の行動を期待できないために，営業活動の創造性や革新性に対してネガティブな影響をもたらすと考えられる。それに対し，分析志向のプロセス管理におけるプロセス指標は，問題発見のために利用され，問題が発見されると，すぐにその問題の源流を捉え，根本的な解決をはかるものであるために，営業活動の改善に向けた創造的・革新的な取組みを生み出すものである。

情報の共有効果

営業プロセス革新で期待される 2 つ目の効果は，営業部門内や営業部門と他部門との間において担当者間の情報共有が行いやすくなるという効果である。

営業部門内においては，ある営業担当者から別の営業担当者へ営業活動の成功事例の情報やスキル，ノウハウについての知識を伝えることで，営業部門全体の能力を引き上げることが期待される。また，他の職能部門との間では，営業活動の状況をサービス部門，物流部門，生産部門に伝えて，迅速で効率的な顧客への対応をすることがめざされる。

しかし，従来の営業体制では，営業担当者が他の営業担当者や他の職能部門との間で円滑な連携を行うのは難しかったのである。

まず，営業部門内においては，それぞれの営業担当者が他の営業担当者と相互に情報を交換せず，それぞれが専有してしまう傾向があった。その理由としては，営業活動が多様で曖昧であるために，

営業活動や顧客状況についての情報やスキル、ノウハウなどの知識が、他の営業担当者にとってあまり有効でないと考えてしまうことがある。つまり、営業活動や顧客状況が多様で複雑であることを強調すればするほど、伝えるべき情報の内容は個々の状況において特殊なものであり、しかもその状況でしか理解されない固有なものになる。また顧客との人間関係が重視される営業活動においては、そのような人間関係に関わる顧客の状況や営業活動の知識は暗黙知になりやすく、それを人に伝えることも難しい。

他方で、営業部門と他部門との間でも、営業活動や顧客の状況の多様性や曖昧さが、営業部門から他部門への情報共有を妨げることになる。それに加えて、営業部門と他部門との顧客に対する意識の違いが部門間コンフリクトを大きくして、営業部門からもたらされる情報への他部門の関心が高くならずに、情報共有を一層難しくしていることも考えられる。

しかし、これらのように営業担当者のもつ情報が他の営業担当者や他部門と共有できない状況では、営業活動における担当者間や部門間の連携をとりにくくなる。それは成長する企業において営業拠点を拡充する場合や営業能力を早期に育成する場合、あるいは顧客との関係を深めるためにさまざまな職能部門が協力しなければならない状況でとくに問題になりやすい。

そこで、営業プロセス革新を通じて、営業活動や顧客の状況についての情報の透明性や移転可能性を高め、情報を共有する仕組みを導入することが考えられるのである。その最も典型的な仕組みとなるのがデータベースである。

データベースは、人間の情報処理能力を補完するためのものであるが、とくに他に問い合わせたり連絡したりする作業を助けることで、営業部門内での担当者間や職能部門間でのコミュニケーション

を円滑にして,相互の連携を引き出すことが期待される。

例えば,営業活動の成功事例などをデータベースに収めて,その情報を他の営業担当者が利用できるようにすれば,優れた担当者のスキルやノウハウを営業部門内に普及させることができる。また,顧客データベースを用いて顧客との関係についての情報を詳細に管理することができれば,営業活動や顧客の状況についてのデータを他の職能部門の担当者が容易に利用できるようになり,サービス部門や物流部門,生産部門では,事前の準備や計画の柔軟な修正を行うなど,効率的に業務を行えるようになる。

ところが,営業活動や顧客の状況についての情報を多様さや曖昧さを理由に,個々の営業担当者がデータベースへの適切な入力や利用を行わないならば,こうした営業担当者間や職能部門間での情報共有はできなくなる。また,従来からの営業方法への固執から,営業担当者が他の営業活動の事例を参考としなかったり,あるいは,部門間コンフリクトから顧客需要についての情報が他部門に伝わらなかったりすることも考えられる。

ただし,営業担当者間で営業方法についての情報を交換する場合や,部門間で営業活動や顧客の状況などの情報を交換する場合に,それが価値ある知識になるほど,漠然としていて明文化しにくいものである。データベースに載せる情報は,定型化・単純化された情報にしなければならないが,そうするとデータベースには「生きた情報」がなく,コミュニケーションや情報共有にはあまり貢献しないという懸念が生じる。

プロセス指標に基づくデータベース構築

この問題に対しては,前述の分析志向のプロセス管理を基礎としてデータベースの構築を行うことが有効であるとされている。プロセス管理では,仮説検証による改善を行うため営業活動や顧客

の状況についてプロセス指標を用いた可視化を追求することになるが、そのような情報はデータベースによる担当者間の連携をより容易にする。すなわち、営業部門内や職能部門間でのコミュニケーションにおいてプロセス指標が頻繁に用いられることで、営業活動や顧客の状況についての多様性や曖昧さが抑制されるのである。

　例えば、営業活動事例のデータベースについては、どのような状況においてどのような活動が展開され、それがどのような成果をもたらしたかが、プロセス指標を用いて明確になるために、その方法をどのような状況において適用可能か、またそれによって期待される成果はどうかといったことが仮説として導かれ、それを実行して検証しながら、さらに活動内容を洗練化できるのである。

　しかも、データベースを用いた部門間のコミュニケーションにおいても、営業活動や顧客状況について、営業担当者の曖昧な表現ではなくプロセス指標を用いた情報となることで、他部門の担当者にとっても理解しやすい情報となる。さらに、営業活動や顧客状況においてどのような成果が期待されるかをプロセス指標で具体的に示すことで、営業担当者が行うべき問題解決の提案内容について他の部門が協力しやすくなり、営業担当者もそのサポートを受け入れやすくなることが予想される。その意味で、プロセス管理は情報共有においても有効な方法であると考えることができる。

演習問題

12-1　企業を1つ取り上げて、その企業がどのような営業戦略を展開しているかを考えなさい。

12-2　営業活動のアウトプット管理について、メリットとデメリットを

説明しなさい。

12-3 営業プロセス革新が企業において導入されるようになった背景を，企業の環境変化の見地から説明しなさい。

第13章 マーケティングと環境変化

> ***Introduction*** この章では,現実のマーケティング活動やマーケティング理論の展開において重要な影響を与える環境変化として,情報化,国際化,サービス経済化の3つの要因を取り上げ,これらの環境変化の特徴を説明し,これらがマーケティング活動にどのような影響を与え,どのような理論的課題をもたらすのかについて考える。
>
> ***Keywords*** 情報化,国際化,サービス経済化,インターネット,EC,輸出,直接投資,ライセンシング,ジョイント・ベンチャー,生産の国際化,現地適応,グローバル統合,サービスの品質,標準化戦略,顧客適応戦略

1 環境変化とマーケティング

　環境変化に対応したマーケティング戦略の必要性については,書籍や雑誌記事などでしばしば言及されている。そのような環境変化を捉える1つのキーワードは「成熟期」であり,多くの産業のライフサイクルが成長期から成熟期に移行したことに伴って,市場拡張が期待できずに競争が厳しくなり,マーケティング戦略の転換が必要とされるようになったことが主張されている。そしてこの成熟期のマーケティング戦略とは,基本的に,消費者需要の多様化などに対応したマーケティング戦略として説明されることが多い。

このような成熟期のマーケティング戦略の全般的な重要性については、すでに第4章の製品ライフサイクルの問題として説明したように、マーケティング戦略に転換の必要性をもたらすことは間違いないとしても、そのことのすべてが必ずしも新たなマーケティング理論を要求するものとはかぎらない。その一方で、こうした成熟期のマーケティング戦略のなかには、近年の大きな環境変化に対応して、従来のマーケティング理論では問題解決がうまく導けないために、専門的な理論の展開や経営学などの他の領域からの理論の適用などが急速に進んでいる問題も含まれている。

　この章では、マーケティング戦略だけでなくマーケティング理論に対しても強い影響を与えている重要な環境変化として、**情報化**、**国際化**、**サービス経済化**の3つの要因を取り上げ、これらがいかなる環境変化であり、マーケティングに対してどのような影響を与え、どのような理論的課題をもたらすのかについて検討することにしたい。

2 情報化とマーケティング

広告・販促媒体としてのインターネット

　近年の情報通信における技術革新は、企業の経営戦略に対してさまざまな影響を与えている。それは大きく分けて、**インターネット**の利用とサプライチェーン・マネジメントの2つであるが、ここではとくにマーケティング戦略に深く関わるものとして、インターネットの利用について考えてみよう。

　マーケティングにおけるインターネットの利用については、インターネットを通じて消費者に製品情報や企業情報を届ける広告・販

促目的と,もう1つには,インターネットを通じた直接販売としてのEC (e-commerce, 電子商取引) という新チャネルとしての利用目的の2つが含まれている。いずれもインターネットという技術によって,メーカーは市場を従来よりも広範囲に広げることが可能となったという共通の意味をもつ。

これらのうちインターネットの広告・販促目的での利用については,インターネットを使って広範囲に大量の情報を低コストで双方向に交換できるという特徴に基づいている。これまでのテレビなどのマス媒体による広告では,広範囲だが,限られた量の情報しか提供できず,また一方向の情報流という特徴をもっていた。他方で,流通業者の販売員やメーカーの営業担当者による人的なコミュニケーションでは,双方向で大量の情報を交換できるが,ごく限られた範囲の顧客としか交換できず,しかも高コストになるという特徴があった。それだけに,広範囲に大量の情報を伝達できるというインターネット技術の特徴が強調されるのである。

またインターネットにおいては,潜在的な需要者が製品についての情報を効率よく集められるために,消費者は情報収集手段として積極的に利用し,メーカーはウェブサイトを開設することで効率的に製品や企業の情報を消費者に幅広く届けることができる。

しかも,インターネットによる情報交換では,メッセージを電子情報化して伝達するために,消費者からの情報の記録を残し,その記録をウェブサイトに表すことで,消費者の意見を集めた掲示板のようなサービスが可能になり,そのような情報交換のプロセスを期待する消費者をウェブサイトに引きつけるため,有力な販促のコンテンツとして利用されることになる。

ただし,インターネットによる広告・販促活動には次のような問題がある。それは,メーカーのウェブサイトを潜在的な需要者に閲

覧してもらわなければ，彼らに情報を届けることができないが，その際に，どのようにして潜在的な顧客をウェブサイトに吸引するのかという問題である。つまり，潜在的な需要者がインターネットで情報収集をする際に，企業名やブランドが知られていなければ，その企業のサイトになかなか到達しないことが予想される。潜在的な需要者は，容易に想起されるメーカーのサイトを先に閲覧する傾向があるため，知名度の高い大企業や広告を積極的に行う企業ほど，インターネットの販促や販売の効果は高くなる傾向がある。

そこで，インターネットを広告・販促目的で利用しようとするメーカーでは，ウェブサイトを検索エンジンにかかりやすくする努力を展開するとともに，テレビ，新聞，雑誌などでの広告を利用して，潜在的な需要者を自らのウェブサイトに誘導したり，製品の購買者をウェブサイトに開設したコミュニティサイトに誘導して，反復的な購買を促したりするような努力が必要になる。

したがって，インターネットを通じた広告・販促活動というのは，単独で考えるものではなく，従来からの広告活動や販促活動と連動し，それらを補完するものとして利用されることが多い。つまり，テレビや新聞などで潜在的な需要者の関心を引きつけたのちに，ウェブサイトを使って，豊富な情報を需要者に提供したり，製品購買者とのコミュニティを形成したりするためにインターネットが利用されやすい。

インターネットを利用した直接販売

インターネットでは，広範囲に大量の情報を低コストで送ることができるうえに，消費者からの情報も電子情報化されているために，その記録を残したり，その記録を他に利用したりすることが低コストでできる。この特徴は，顧客からの注文のデータをそのまま物流処理のデータとすることで，効率的な販売・物流を可能にす

る。また，電子情報として処理されるため，消費者の取引データや登録データに基づいて顧客リストを作成したり，その顧客リストに基づいて販促情報を個別に提供したりするコストも低くなる。

　これらの特徴から，インターネットは効率的な直接販売のチャネルとしての利用が期待される。すなわち，メーカーが自ら電子商取引を行うウェブサイトを開設し，そこで顧客からの注文を受け付けることで，これまでのように直営の販売拠点を設けることに比べると，はるかに容易に低コストで直接販売に進出できるようになったのである。

　ただし，ウェブサイトを開設するというようなインターネットの広告・販促目的での利用は，ほとんどの企業が実施しているものの，インターネットでの直接販売はそれほど広範囲に採用されているわけではない。PC産業のように，インターネットを効果的なチャネルとして使うことで競争優位を形成しているケースも存在するが，ほとんどの産業では，既存の店舗を通じた販売が相変わらず大きな比率を占めていて，インターネットによる直接販売は限定的にしか利用されていない。

　その原因となっているのは，メーカーが直接販売を展開する場合における流通業者とのコンフリクトに関わる問題である。

　もともとインターネットでの直接販売に向いている製品というのは，ブランドや製品の仕様・価格といった単純な注文情報のみで取引ができる製品である。また，インターネットでは需要者からの探索に応じる形で販売の情報を提供することになるため，インターネットでの直接販売をしやすいのは，よく知られた企業の製品ということになる。

　そのような製品については，メーカーはすでに小売店舗を利用して幅広く消費者に販売している実績がある場合が多いが，そのよう

な状況でメーカーがインターネットによる直接販売に移行しようとすれば，これまでその製品を扱ってきた流通業者とのコンフリクトは避けられない。

それは既存の流通業者にとっては，顧客をメーカーの直接販売に奪われる可能性があり，今後はメーカーとも競合することになるからである。メーカーとしても，すべての顧客への販売をインターネットによる直接販売に速やかに移行できるわけではないために，流通業者とのコンフリクトを発生させてしまうと，流通業者との協力関係も崩れ，製品の市場シェアが低下してしまうことになる。

また，メーカーがインターネットで直接販売を行う場合には，小売段階の価格競争を激しくさせることになる。というのは，インターネットでは，製品の需要者が価格についての情報を収集し，比較することが容易になっているからである。したがって，需要者に価格についての魅力あるオファーができなければ，直接販売で優位に立つことはできないが，その低価格のオファーは流通業者の価格競争を刺激することになり，流通業者とのコンフリクトがますます大きくなる。

そこでこのコンフリクト問題を回避するためには，既存の流通業者と競合しない周辺事業や新規事業の製品に限定して，インターネット販売を展開することが現実的な選択となる。例えば，家電製品や情報機器で使われる消耗品などは，製品取引額が小規模で，在庫のリスクやコストが負担となるため，取扱いの小売店舗を確保しにくいことが多い。あるいは，加工食品メーカーが新規事業として健康食品に進出する場合，既存のスーパーマーケット・チェーンやコンビニエンス・ストアなどのチャネルでは取り扱ってもらえないことが予想される。そして，これらの周辺事業や新規事業についてインターネット販売を利用すれば，既存の流通業者とのコンフリクト

を回避できる。しかも，流通業者の販売努力をより販売成果をあげやすい既存製品に集中化させることも可能となる。

EC事業の戦略課題

インターネットの普及は，メーカーによるインターネット販売のみならず，インターネットによる小売業・卸売業を行うEC事業者（電子商取引事業者）を生み出した。このEC事業の戦略問題は流通業に関わるものであるが，インターネットによる情報化の戦略問題として取り上げることにする。

このEC事業者の戦略における最も顕著な特徴は，市場シェアにおいてトップシェアを追求することである。EC事業では，店舗のように目立つ建物で多くの人々に存在を示すこともできなければ，通常のカタログ販売のようにカタログを配布して潜在的な顧客の購買を喚起することもできず，顧客がその企業のサイトを選択してはじめてその顧客に販促的な情報をもたらすことができるという制約がある。したがって，需要者が製品の必要性を感じたときに，想起され，選択されるサイトが有利となる。そこで，EC事業では，シェアの高い企業ほど，企業イメージからサイトが選択されやすく，それだけ高い販売額を期待できることになり，市場集中度が高まっていくことが予想される。

しかも，消費者が想起しうるサイトの数が限られることが，このシェアの獲得や広告投資への傾向を促進することになる。すなわち，店舗販売の小売業においては，たとえ小規模な店舗であっても，立地がよければ通行客を吸引できるため，下位のシェアでも存続できる。ところがEC事業では，広告投資が少なく，顧客をサイトに吸引できない企業は，シェアを確保できないために，ますます目立たない地位に陥り，そのために顧客吸引がますます難しくなるという悪循環が形成され，市場から淘汰されやすい。

さらに，このようなトップシェアの追求行動は，物流効率によっても規定される。というのは，EC事業では，個々の顧客のもとに商品を配送しなければならず，そのための物流処理において規模の経済性が重要となるからである。

　EC事業では，顧客が注文してから商品が届くまでに時間がかかり，そのことが店舗販売に対する弱点の1つとなっているため，迅速な物流作業を可能にする自動化された物流センターや注文処理のための情報システムについて，多大な設備投資や外注の費用が必要になる。また，顧客の注文に対して迅速に応えるためには，EC事業者が製品在庫を確保することも重要となる。

　したがって物流センターや情報システム，それに製品在庫への投資が一般的に重い負担となるために，EC事業者は，販売規模を拡大することで，これらの費用負担の軽減化をはかることが必要になる。すなわち，販売量を増やすことにより，物流や情報処理における規模の経済性を達成して，製品1単位当たりの物流コストを引き下げるとともに，低回転商品の在庫コストや在庫リスクを軽減するのである。つまり，EC事業では，トップシェアを確保して，販売規模の拡大を追求することが重要になるのである。

　さらに，このような規模の経済性に基づいて費用優位を構築したEC事業者は，低価格の訴求を通じて有利な競争地位を得やすい。というのは，インターネットではサイト間で価格情報を収集して比較することが，店舗間の場合に比べて容易となっているからである。しかも消費者が比較する業者は，立地や商圏とは無関係のため，地域的にきわめて広範囲にわたる多数の業者ということになる。それは多数の業者の間で価格競争を行わなければならないことを意味する。そのため，EC事業では価格競争が激しくなりやすく，また消費者も価格を基準に購買決定する傾向が強く，低価格を設定できる

企業が競争において有利となるのである。

したがって、販売シェアにおいて下位のEC事業者がフォロワー戦略をとれば、リーダー企業との競争によって淘汰されることになる。そこで下位の企業は、限られた顧客との間での緊密な関係を築き、ネット・コミュニティを形成したり、規模の経済性に基づかないコスト削減を行ったりするニッチャー戦略をとることで存続をはかることになる。

さて、EC事業においてトップシェアをとるリーダー企業が優位となることは、メーカーから見れば、EC事業者をチャネルとして利用する制約となる。それはEC事業のリーダー企業が規模の経済性に基づいて低価格を訴求しやすいことから、EC事業者をチャネルとして積極的に利用すれば、既存のチャネルにおける小売業者とのコンフリクトを大きくする可能性があるためである。

他方で、EC事業者は、限られた需要者しかいない製品でも自らの品揃えに加えることを一般の小売店舗よりも低コストででき、しかも品揃えの深さで需要者をサイトに呼び込もうとするために、小規模なメーカーの製品も品揃えに加える傾向がある。そこで、小規模メーカーは、こうしたEC事業者をチャネルとして利用することで企業の成長をねらうことができる。

3 国際化とマーケティング

輸出と直接投資　国際化の問題として、第1に、日本企業が海外市場に進出し、海外の市場開拓を行う場合におけるマーケティング問題がある。ただし、海外市場への進出についてはさまざまな段階が含まれる。

まず海外進出の起点となり，最も一般的に利用されているのが製品の**輸出**である。この輸出についてもさまざまなスタイルがあり，海外の顧客企業や流通業者などの要請があってから受動的に輸出を始める場合もあれば，新規の市場開拓のために能動的に海外市場をねらう場合もある。

　また，海外への進出や市場開拓において，最初は輸出入を行う流通業者や代理商を利用することが一般的である。このように独立した中間業者を利用するのは，少ない投資で輸出を開始できるというメリットがあるためである。とくに企業規模が小さい段階では，海外市場開拓に十分な資源を振り分けることができないため，中間業者を利用した輸出となりやすい。

　しかも，こうした中間業者は輸出入を専門的に行っていることが多く，その企業がもっている海外の市場需要や流通業者，取引慣行などについての知識や貿易に関わるノウハウを利用することができるため，海外市場開拓のためのこれらの知識を自ら蓄積するまでの期間を省略し，迅速に輸出に展開できる。

　ただし，輸出入を行う中間業者を通じて海外に進出することには，次のような限界がある。まず，そのような中間業者は他のメーカーの製品も同時に取り扱うことになるために，市場開拓の努力が期待どおりに払われない可能性がある。また，これらの業者はメーカーから独立しているために，メーカーのマーケティング戦略に沿った市場開拓をするとはかぎらず，海外においてブランドを浸透させられなかったり，現地での流通業者の選択に失敗すれば，ブランド・イメージを悪くしたりすることも考えられる。

　そこで，この中間業者との間に長期的なパートナーシップを形成して，市場開拓努力やマーケティング戦略に沿った活動を確保することが重要になる。あるいはもう1つの方法としてよく利用される

のは，輸出について中間業者を利用せずに，メーカーが輸出部門をつくったり，海外に営業拠点を設立したりして，自ら海外の市場開拓を行うことである。

後者の場合には，投資のリスクがあり，ノウハウを蓄積する期間が必要なため事業拡大が遅れるという問題を伴うことになるが，メーカーが将来的に海外市場を拡大しようと計画する場合や国際的なブランドを構築しようとする場合には，採用されやすい。

そしてこうした**直接投資**は販売・流通の局面について行われるものであるが，さらに海外進出を展開すれば，サービス拠点，生産拠点，マーケティング活動拠点，開発拠点にまで広がることがある。これらは現地の既存企業を買収したり，新規の拠点を形成したりする形で行われ，現地におけるサービス活動，生産活動，マーケティング活動，開発活動を統制することができる。なお，現地にこうした拠点を設ける際には，現地の需要や雇用の状況に適応することをめざすことが多いため，現地の拠点に権限を委譲することも多い。

ライセンシングとジョイント・ベンチャー

海外の生産拠点などについての直接投資は，投資コストが大きくなり，失敗した場合に閉鎖や撤退による損失が予想される。そこでメーカーは，直接投資に伴うコストやリスクを減らすために，ライセンシングやジョイント・ベンチャーという手法を用いる場合がある。

ライセンシングは，海外の企業に製品を生産する権利や生産ノウハウ，ブランド，特許などを有償で提供するもので，よく知られたブランドで用いられることが多い。海外の企業が自らの生産拠点を使って当該ブランドの製品を生産し，チャネルを開拓して流通するため，直接投資よりも早く海外の事業をスタートさせることができ，また投資のコストやリスクを軽減することができる。ただし，マー

ケティング活動やブランド・イメージの管理については，契約を通じて統制することになるため，迅速で柔軟な対応をとることは難しい。

そして**ジョイント・ベンチャー**による海外進出は，海外の企業との共同出資という形式になる。これは出資分の投資が発生するため，ライセンシングよりは投資額が大きくなるが，単独で海外に直接投資するよりは少ない投資で可能となる。なお，このジョイント・ベンチャーを統制するためには，出資額比率を大きくすることや管理体制を構築する必要がある。他方で，現地の市場や雇用についての知識が海外進出において重要な場合には，ジョイント・ベンチャーの形で現地の企業とパートナーシップを組んで進出するという場合もある。さらに，進出する国によっては，直接投資が制限され，参入の条件として現地企業との共同出資という形式が，政策的に要求される場合もある。

生産の国際化

企業の国際化には，これまで述べてきたような海外市場への進出だけでなく，国内外の市場向けの製品について，その生産活動を海外で行うことも重要な問題となる。

この海外での生産では，海外における安い労働賃金や原材料を使って，低コストで生産することが期待される。また，生産拠点や販売拠点を世界的に配置するという意味でのグローバル化段階になれば，世界中で販売される製品を集中して生産することによる規模の経済性も得られる。

ただし，コストについては，海外生産により上昇するコストも考慮しなければならない。その1つは物流コストである。これは生産拠点から販売市場までの輸送コストに加えて，輸送途上における在庫のコストも含まれる。とりわけ海外生産の場合には，生産から販

第13章 マーケティングと環境変化

売までの期間が長くなるために、その期間における需要変動や技術の陳腐化によって過剰在庫が発生し、在庫の保管コストがかかったり、製品の販売価格低下や製品の廃棄処分に伴うコストがかかったりする。

また、海外での生産については、生産管理コストが大きくなる傾向がある。それは低い労働賃金に対応した熟練度の低い労働力を管理・育成する費用に加えて、日本での生産管理方法を移植しようとすれば、その教育・指導の費用がかかるためである。

そして、これらの費用がとくに問題となるケースとして、製品や生産量を柔軟に変更しなければならない製品事業がある。機械化が難しく労働集約的な生産が必要な状況では、海外の低コストの労働力を利用することが有利になりやすいが、注文に合わせて生産プロセスを変更するためには、複雑な生産管理や迅速な情報処理が必要となるために、むしろ海外という遠隔地での生産ではコストが高くなる。また、そのような柔軟な生産体制が必要な製品事業は、市場需要が変化しやすい事業と考えられ、その場合には海外生産に伴う在庫リスクが問題となりやすい。

これらの費用問題については、マーケティング戦略として次のような対策が考えられる。まず1つは、柔軟な変更を必要とする付加価値の高い製品を国内生産として、需要の安定した大量生産が可能な製品のみを海外で生産するという生産拠点の配置を行うことである。

2つ目には、製品を標準モデルに集約し、大量生産と海外生産による低コストを達成することでコスト・リーダーシップの地位を確保することである。この場合には、製品の変更や多品種化を追求せず、低価格の製品を需要する市場セグメントに標準モデルを世界規模で大量に販売することになる。

そして3つ目は、海外生産や物流システムの情報化を行うことで、注文に対する適時適量の柔軟な生産体制や物流体制をめざすものである。ただし、その場合には情報システムや物流センターへの投資を伴うため、コスト・リーダーシップのケースと同様に、世界規模での大量販売を達成することが必要となる。

市場開拓の先発者優位と後発者優位

企業が海外市場に進出することについては、基本的に先発者優位性が働くと予想される。それは先行的に市場に参入することによって、その地域の消費者においてブランドの印象が強くなり、後発的に参入するブランドに対する製品差別化を形成しやすいからである。また先行的にチャネルを構築することにより、その地域の有力な流通業者と取引関係を形成することもできる。さらに、先行的に参入して市場開拓についてのノウハウを蓄積することにより、後発企業よりもその地域に適合したマーケティング活動を展開し、競争優位を形成することも考えられる。

ただし、発展途上国などにおける市場開拓では、次の2つの要因によって、先行して市場を開拓する企業よりも、後発的に参入する企業のほうが有利になる場合がある。

まず1つは、発展途上国では、市場に参入したり、マーケティング活動を展開したりするための基礎的な条件が整っていないことが障害となる。例えば、物流システムによる迅速な配送で製品差別化をめざす場合に、それを担う物流業者や道路・交通網などのインフラが伴わないことがある。あるいは、情報システムを使って顧客データを管理しようとしても、その国に情報インフラが整備されていないケースもある。

先発的に参入する企業は、これらの条件を整備するための投資や政治的な交渉をする必要があり、後発的に参入する企業は、先発企

業による努力の成果を基盤として，低コストで市場参入することができる。しかも経済成長が著しい発展途上国では，市場需要やインフラなどの条件が急速に変化し，先発企業が蓄積した市場開拓などの知識が陳腐化する場合もあり，その場合にも後発的な参入のほうが有利になる。

そしてもう1つの要因として，海外へのマーケティングや生産などの技術移転は，現地従業員の育成を通じて行われるが，その従業員が他の企業に転職することで移植した技術が他の企業に流出する危険性がある。また，このような人材の流出を伴わない場合でも，マーケティング手法などは各地域の競合他社による模倣によってその地域に広まり，競争優位が持続できないケースも発生する。すなわち，後発企業は，先発企業が育成した人材を雇用したり，先発企業の模倣をしたりすることで，先発企業よりも容易に市場に参入できることになる。

これらの要因から，海外市場への参入は，後発企業が有利となる場合があり，後発企業の行動を先発企業が逆に模倣することも発生する。例えば，チャネル開拓において，先発企業が流通のインフラが未整備であるために既存の流通業者と提携したが，メーカーと現地の流通業者との戦略的な不整合から市場開拓が期待どおりに進まないという状況において，後発企業がそこから学習して直接販売での市場開拓に成功すれば，先発企業がその戦略を模倣して直接販売に転換するということも起こりうる。

現地適応とグローバル統合

製品を海外市場で販売するだけでなく，その製品を海外の生産拠点で生産することになれば，国境を越えた活動という視点が必要となる。そこでは，販売・サービス拠点や生産拠点，製品開発拠点などを世界中に配置するとともに，それらの拠点における意思決

定をどのように管理するかが重要な課題となる。そこではグローバルに分散した拠点の管理問題について，**現地適応かグローバル統合**かという選択が重視される。具体的には，各拠点の活動について，国や地域ごとにそれぞれ現地適応させた方法を採用するのか，あるいは，どの地域においても共通の方法を採用するのかという問題である。

そして，マーケティングとしての現地適応とグローバル統合の選択問題では，製品の現地適応－グローバル統合と，販売，サービス，広告・販促活動などのマーケティング活動の現地適応－グローバル統合という2つの局面における選択問題が焦点となる。

現地適応とは，現地の状況に合わせた製品を販売したり，マーケティング活動を展開したりすることであるが，その必要性は次のとおりである。まず消費者のニーズが本国と異質である場合には，そのニーズに対応した製品やサービスが必要になったり，広告などのコミュニケーションの内容を変えたりする必要がある。また，小売業者や卸売業者の多寡や規模が本国と異なっていたり，これらの流通業者との取引慣行が参入障壁となっていたりする場合には，現地の状況に合わせたチャネル選択やチャネル管理を行うことが必要になる。さらに，販売・サービス活動の担当者を利用するうえで，現地の状況に適応させた雇用や教育・管理の方法をとる必要性もある。

そして，このように現地の状況に合わせた製品やマーケティング活動を展開するために，現地の拠点にこれらの意思決定の権限を委譲した分権的な組織体制をとることが多い。とくに，消費者ニーズや流通の状況が変化しやすい場合には，それらに迅速に対応しうる組織が重要となる。ただし，現地適応の場合でも，本部に現地の情報を集約して，意思決定を集中的に行う場合もある。とくに製品開発の機能や生産拠点を現地に配置していない場合には，本部で現地

適応的な製品開発の意思決定をすることになりやすい。

グローバル統合の選択

グローバル統合の場合には、製品やマーケティング活動をグローバルに共通化する選択が行われる。この場合には、これらの意思決定は本部において集権的に行われる。

製品やマーケティング活動においてグローバル統合を選択すれば、現地の状況に適応した対応はとれないが、次のようないくつかのメリットが生まれる。

まず1つは、製品やマーケティング活動を共通化することにより、生産や広告などでの規模の経済性が期待される。2つ目には、共通した生産活動やサービス活動を行うことで、ノウハウが蓄積し、これらの活動に経験効果が形成され、効率的になるとともに、どの国に対しても蓄積されたノウハウを活かした質の高い製品やサービスを提供できる。後者の可能性は、現地の拠点におけるマーケティングについての専門的な能力が未成熟の場合、とくに有効なものとなる。そして3つ目に、製品やマーケティング活動を共通化することで、製品コンセプトが国際的に一貫性のあるものとなり、それはグローバル・ブランドとしての評価を得るための条件となる。

近年の傾向では、現地適応よりもグローバル統合を選択したり、国際的に共通化する要素を増やしたりするケースが増えている。それには2つの理由が考えられる。

まず、発展途上国の経済成長に伴って標準品としてのグローバル・ブランドを支持する市場セグメントが世界的に拡張していることが挙げられる。すなわち、本国で標的となる市場セグメントと似た選好やライフスタイルをもつ消費者が発展途上国においても増えてきているために、製品やマーケティング活動を本国と共通にすることができる。また、こうした共通の市場セグメントが拡大するこ

とによって，現地適応が必要な市場セグメントを捨象することができるようになったのである。

さらにもう1つの理由として，企業が国際的に一貫したマーケティング戦略を重視するようになったことが挙げられる。もともと現地の拠点では現地適応化を望む傾向がある。現地の拠点には既存の顧客のニーズの情報が集まりやすく，既存顧客に適応することを優先的に考えるからである。他方で，標準化は，新たなグローバル・ブランドに対するニーズを開拓する必要があり，現地では広告やチャネルへの投資についてリスクが高いと判断される。

ところが，グローバル戦略を展開する企業は，グローバル・ブランドとしてのコンセプトの一貫性を追求するようになった。ブランドのコンセプトが国際的に一貫しているほど，ブランド・イメージが明確になり，さまざまな地域における消費者の選好に影響を与えて，ブランドに基づく製品差別化による高い収益を期待できるためである。そこで，これまでの各地域における現地適応をあらため，集権的で積極的にリスクを受容する意思決定を本部で集中的に行い，標準品の開発や共通化されたマーケティング活動を展開するようになったのである。

国際的な能力移転

国際的にマーケティング活動を展開するうえで重要となるのは，マーケティング活動や国際展開に関わるノウハウなどの能力をいかに移転するのかという問題である。

グローバル統合を選択する場合は，本国で蓄積されたブランド構築や市場開拓の能力を海外に移植することが必要であり，またある地域への能力移植のノウハウを蓄積すれば，そのノウハウを別の地域への展開に利用することができる。そのためには本国で学習されたことを他の地域にもたらすだけではなく，各地域での導入におい

て学習されたことを本国へ環流させることが重要となる。

また現地適応の場合は,現地でのノウハウの蓄積が中心となるために能力移転の問題が少ないと考えられがちであるが,周辺の地域には同じような製品のニーズがあることが多いため,現地適応で学習された能力を周辺国の市場開拓において利用する必要がある。

このような能力の移転に関してマーケティングにおいては,次の2つの問題が焦点となる。

まず1つは,マーケティング活動や国際経営に関わる能力が,その企業の競争優位の源泉となるためには,その能力が他の企業に模倣されにくいという条件が必要になる。すなわち,その企業だけが高い能力で優位性を確保し,競合他社が追随できないことから,持続的な競争優位が形成されるのである。ところが,その能力があまりにも複雑であるならば,その能力を国境を越えて異なる地域の拠点に移植できないことになる。つまり競合企業に対する模倣困難性は,企業内においても他の地域への能力の移転困難性をもたらすのである。

そこでこの問題を解決するためには,企業は,マーケティング活動や国際経営に関する独自能力を蓄積するだけでなく,能力の企業内移転を促進するための組織能力を蓄積することが重要になる。

そしてもう1つの問題は,能力に関わるグローバルな組織の分権性の問題である。まず,各地域において,現地適応のさまざまな学習を発生させて,現地適応の組織能力を蓄積するためには,現地に対して大幅な権限委譲を行い,裁量性や多様性を認めるような分権的な組織が重要となる。ところがそのような分権的な組織では,各地域間や各地域と本国との間でのコミュニケーションが少なくなりやすいために,ある地域で蓄積された能力を他の地域に移転することが難しくなる。逆に,地域間での能力の移転を積極的に行うため

に集権的な組織にすると，各地域の裁量性や多様性が制約されて，各地域での組織能力が創出されにくくなる。

そこで企業は，世界の市場をいくつかの広域の地域に分割して管理する体制を構築し，その広域の地域内における能力移転を促進するといった組織的な工夫を展開することが必要になる。

4 サービス経済化とマーケティング

サービス経済化の背景

取引対象のうちで物体として見たり触れたりできないものをサービスと呼ぶが，近年，市場取引におけるサービスの比重が高まる傾向としてのサービス経済化が進行している。このサービス経済化には2つの意味があり，1つは，企業が主として販売するものがサービスとなるサービス業の全産業における比重が高まることであり，もう1つは，形のある製品に付随して提供されるサービスの重要性が高まることである。

このようなサービス経済化をもたらしている背景には，次のような要因がある。まず第1に，消費者が以前よりもサービスへのニーズを強めていることが考えられる。それは，サービスが人間の労働によるものを主体とするために，顧客との対話を通して付加価値をもたらしたり，提供内容を顧客や状況に合わせて柔軟に変えることで，顧客に驚きや感動をもたらしたりすることができることに基づいている。すなわち，消費者が形のある製品の効用による満足だけでなく，より高次の満足を求めるようになり，このようなサービスの価値を広く認識するようになったことが影響している。

また，消費者が家事サービスを専門業者から購買することで時間を有効に利用することを期待したり，専門業者による質の高いサー

ビスを購買することで生活の質を高めようとしたりする傾向も，こうしたサービスへのニーズを高める要因となっている。さらに，そのようなサービスの購買が生活習慣の一部として社会的に定着することで，消費者がサービス購買の必要性を認識しやすくなったことも影響している。

第2に，PCや通信機器，家電製品などで顕著な傾向となっているが，高度な情報処理技術を備えた製品などでは，そのソフトウェアのほか，技術的なサポートや修理などのアフターサービスの水準が，消費者の製品選択において重要な位置付けを占めるようになってきている。つまり，メーカーとしては，製品（ハード）の品質を高めるだけでは消費者の支持を得ることができず，これらのサービスをいかに的確に提供するかが問われるようになったのである。このことはメーカーにとって，サービスが製品差別化の重要な要素になったことを意味するが，その背景には，共通の汎用部品を利用し，技術力格差が明確に出にくくなった状況において，製品（ハード）での技術的な製品差別化が困難になっていることが影響している。

第3に，サービス事業において情報通信技術が導入されるようになり，サービスの効率的な提供についての技術的な基盤が整備されたことが考えられる。サービスは後述するように，消費者の近くで提供されるために多数のサービス拠点を管理しなければならない場合が多い。また，サービスは個々の顧客に適応的に供給されるものであるために，個々の顧客の注文や過去の取引履歴などのデータを適切に管理する必要性も高い。それに対し高度な情報通信技術を導入することで，サービス拠点において高品質で効率的なサービスを提供するように管理したり，個々の顧客のデータを管理したりすることができるようになったのである。また，このような情報システムを利用したプロセス革新が，さまざまなサービス事業に適用され，

サービスの低価格化と品質向上が達成されるようになることに伴って，サービスの市場が拡大することにもなっている。

サービスの特質

サービスというのは，物体としての形のないものであるために，在庫することが困難であり，サービスの生産と消費が同時に行われるという特徴がある。このことから，製品のように購買するときに店頭の在庫を見て品質を確認することができず，**サービスの品質**を購買前に評価できないという特徴が派生する。すると顧客は，サービスの品質を推測しながら購買せざるをえず，サービス業者やメーカーはサービスの品質をどう伝えるかという課題をもつことになる。

また，サービスの在庫ができないことは受注生産になることを意味しており，顧客需要の変動に合わせてサービスの提供量を変える必要がある。ただし，サービスを行う担当者の人員数や提供する施設の処理能力は，顧客の注文があってから柔軟に変更することができないため，需要の変動が不確実であるほど，閑散期には人員や施設の処理能力に余剰が発生し，それだけ余剰能力のためのコストがかかるという問題が生じたり，繁忙期には処理能力を超えるために顧客の待ち時間やサービスの品質低下が発生し，顧客の不満を高めたりすることになる。すなわち，在庫ができないサービスは，コストと顧客の不満との間のトレードオフの問題をかかえやすいのである。

さらに，生産と消費が同時に行われることから，サービスの生産拠点は比較的，消費者の近くで行われるものが多くなる。とくにサービスが消費者に対して直接働きかけるもので，消費者がサービスの購買のために遠くまで出かけるコストを避ける場合では，サービス拠点を消費者の近くに立地させるために，拠点を地域的に分散させる必要性がある。このことは，サービスの分散的な生産によるコ

ストの問題をもたらすうえに,本部から離れた場所でのサービスの生産となるために,サービスの品質を管理することの難しさが生まれる。

そして,サービスのもう1つの特徴として,サービスの生産に顧客が関与することがある。例えば,医療サービスにおいて顧客(患者)が症状を伝えることやレストランにおいて顧客が会話や雰囲気を楽しむことなどは,その典型である。このことは顧客の状態によって,サービスの品質そのものも変化し,同じ人が同じ内容のサービスを購買しても,その日の状態で満足度が大きく変わるという特徴がもたらされる。

サービスにおける品質の伝達

サービスは店頭在庫の形で消費者に見せることができず,しかも品質が提供者や顧客の諸条件によって変動しやすいという特徴があるために,消費者はサービスの品質についてリスクを知覚するという問題がある。反復的に購買する場合では,それまでの購買経験から品質を推測できるが,新規に購買する場合では,この品質リスクがあるために,消費者はサービスの品質について,さまざまな手がかりから品質を推測しようとする。

そこでサービスを効果的に販売するためには,消費者に提供されるサービスの品質を的確に伝えて,サービスの購買を動機づけることが重要になる。例えば,その1つとして,提供するサービスの価格設定を高くすることによって,サービスの品質が高いことを連想させる場合がある。これはもともとサービスの品質の分散が大きく,しかも消費者が高価格のサービスが高い品質を伴うことを経験から学習している場合に効果的となる。しかも高価格の設定は,顧客数を抑制したり,来店する顧客層に影響したりすることで,提供されるサービスの品質が高くなるという期待が顧客側に生まれやすい。

そのほかのサービスの品質を推測させる要素としては，施設の内外装や従業員の特徴などもある。その具体的な例としては，ある飲食店の店構えや従業員の衣装や行動などは，調理人の能力と本来は無関係であるにもかかわらず，それらからその店の料理が「おいしそう」と予測する場合がある。これらも過去の経験から，消費者がそれらの関連性を学習していることに基づいている。企業とすれば，これらのもたらす店の雰囲気もサービスの品質の一部であるが，さらにこれらの推測を利用して，サービスの品質が高いことを推測させようとするのである。

　また，消費者は品質の知覚リスクが大きいほど，評判や利用経験者の評価の情報を手がかりにした品質の推測を行う傾向がある。このようなケースでは，企業は広告において，利用者のメッセージを載せる方法をとることが多い。例えば，大学や学習塾の広告において，学生の体験記が掲載されるのは，その典型である。

サービスの標準化

　サービス・マーケティングの戦略は，**標準化戦略**と**顧客適応戦略**の2つのタイプに分けることができる。これは個々の顧客に提供するサービスの内容を共通にするのか，あるいは個々の顧客に合わせた多様なサービスを提供するのかという違いに基づいている。

　標準化戦略というのは，ファストフードやファミリーレストランのようにサービスをマニュアル化して，どの顧客に対しても均質のサービスを提供するようなスタイルが典型となる。そこまで均質性を求めない場合でも，サービスの一定の部分を標準化することは，多くのサービス業やメーカーの顧客サービスにおいて，よく採用される手法である。

　サービスの標準化戦略が選択されるは，次のような4つの目的を達成するためである。まず1つは，サービスの品質管理という目的

である。サービスというのは，従業員の諸条件によって品質が不安定に変動するものであり，しかも本部から離れた場所で提供されるものが多いために，サービスの品質を管理する難しさがある。そこでサービスの品質管理において，多くのサービス業者やメーカーは，標準化という方法を採用するのである。

すなわち，サービスの提供する行為をマニュアルで統制したり，サービスの生産で用いられる施設や材料，道具などの物的な要素を標準化したりすることで，従業員の能力による影響を小さくして，誰が生産しても同じような品質水準のサービスが生産できるようにするのである。

また顧客も均質なサービスを経験することで，サービスの内容に対する期待が収斂することになり，顧客における期待と提供されたサービスとの食い違いによる不満が抑制されることになる。そして顧客の期待が収斂すれば，顧客からの予測できない要求への対応も少なくなるので，サービスの品質管理がますますしやすくなる。

2つ目には，サービスの低コスト化という目的がある。サービスの標準化は，サービス生産において，従業員が顧客のニーズを斟酌したり，裁量的に判断したりする部分を減らすことであるために，必要とされる能力や技術も少なくなる。そのため，高い賃金を払わなければならない熟練者に頼ることなく，低い賃金で雇用するパートやアルバイトでサービスの生産が可能になり，人件費を低く抑えることができる。

またサービスの内容を標準化すれば，従業員の教育期間を短くすることができ，しかもその教育方法も標準化することができ，従業員の育成費用を下げることが可能になる。

3つ目は，サービス拠点を全国各地に急速に展開するという目的である。サービスは生産と消費の同時性という特徴から，消費者が

施設を利用するタイプのサービスで，消費者の移動範囲が限られる場合には，サービス拠点を数多く設置する必要がある。そのボトルネックになるのは，サービスを提供する能力がある従業員を多数確保することである。

そこでサービスの標準化によって，熟練者に頼らず，能力の育成期間も短くしうることから，この水平的な展開が容易になる。また，急速に展開させ，サービス事業の評判を確立することで，そのサービスを模倣する企業の後発的な参入にも有効に対抗できる。逆に言えば，この水平展開のスピードが遅ければ，そのサービスを模倣する大企業が先に全国展開で市場シェアをとってしまうことになりやすい。

そして4つ目には，顧客が注文してからサービスが提供されるまでの時間の短縮という目的がある。サービスは生産と消費の同時性から，顧客の注文があってはじめて生産を行うものが多く，その場合には，サービス生産に時間がかかる。このサービス生産にかかる時間が消費者にとっての負担となる場合には，それを迅速に行う必要がある。そこでサービスの標準化によって，サービスを構成する物的な要素を事前に準備するなど，サービス生産にかかる時間を短縮するのである。例えば，飲食店においてあらかじめ料理を途中の段階で在庫し，注文があれば，最後の調理作業で多様なメニューにしたり，加熱だけを行ったりすることで，注文に対する迅速な対応を行うというのは，その例である。

サービスの顧客適応　これまで述べたようなサービスの標準化では，サービスに対する消費者の満足度が高くならない危険性がある。サービスというのは，人間の労働が占める割合が多く，しかも生産と消費が同時に行われ，顧客と対話しながら，生産するサービスの内容を柔軟に調整できるはずのものであ

るために，そのような柔軟な対応がとれない標準化では，消費者の満足度が高くならないのである。

そこで，個々の顧客の注文に合わせる顧客適応戦略を採用することで，この柔軟な対応による高い付加価値をもたらすことが考えられる。またこの柔軟性は，顧客との間で発生する不測の事態に対する対応を可能にするため，不測の事態が招く顧客の不満を未然に防ぐうえでも重要である。あるいは顧客が何かに不満を感じたとき，顧客と接して柔軟に対応できれば，早い段階で対処することができるために，その不満を最小限に抑えることも可能になる。さらには，顧客に対応する担当者が顧客の状況を判断して的確な行動をとることで，顧客への気配りに対する驚きや感動を与え，顧客満足を高めることができる。

また，顧客適応戦略は，顧客満足を高めるだけでなく，顧客との関係を強くすることにおいても有効である。個々の顧客に合わせたサービスを行うために，コミュニケーションが展開され，それが関係を形成する基盤となる。さらに，上記のように高い顧客満足がもたらされるならば，顧客は反復的に利用する傾向が生まれるために，長期的な関係が形成されやすい。しかも，こうした反復的なサービスの取引から，個々の顧客についての知識が蓄積され，以前にも増して顧客に適応的なサービスが可能になり，それがますます顧客の反復的な利用をもたらすという好循環が形成されるようになる。こうした状況は，顧客適応的なサービスに基づいて製品差別化が形成され，顧客の「囲い込み」として表現されることである。

ただし，個々の顧客に柔軟に対応して満足を得るためには，個々の顧客の期待するサービスを生産しうる能力が必要となる。それを標準化戦略のようにマニュアルなどで管理すれば，柔軟な対応が確保されないため，ある程度熟練した従業員によるサービスの生産と

なる。それに伴う高い人件費は，製品差別化に基づく高価格設定によってまかなわれるが，熟練したスタッフの雇用と育成が急速な拡大の制約となりやすい。

また熟練したスタッフでは，従来からの手法や作り手本意の姿勢に固執する場合があるが，企業として，さらに顧客満足や顧客適応を戦略的に追求したい場合には，顧客適応的なサービスの品質を管理する必要が生じる。

そこでサービスの品質管理のために利用されるのが，価値観や最終的な目標で管理する方法である。例えば，顧客満足を追求することがすべてに優先するという価値観の教育を徹底的に行うことで，各従業員が顧客満足のために何をすべきかを考えて裁量的に行動させるのである。

そして，この価値観で管理する場合には，顧客の満足だけでなく，従業員の満足を同時に達成することが重要になりやすい。それは従業員がサービスの品質管理の目的で強制された価値観にしたがった行動をとるかぎり，それに深くコミットする行動が生まれず，むしろ反発から，顧客適応のレベルが低くなりやすい。理想的な状態は，その価値観を自らの価値観と同じにして，その達成によって自ら満足できる状態を作り出すことである。したがって，価値観でサービスの品質を管理する場合には，その価値観の追求を通じて従業員満足が得られるようにすることが重要になる。

また，従業員の顧客に対するすべての行動について価値観に基づいて自分で判断させると，従業員の情報処理能力に限界があるため，顧客適応で見落としが発生しやすく，そのことが顧客の不満をもたらす場合がある。そこで，顧客に提供するサービスの一定の部分まではマニュアルなどの標準化の手法を利用することが一般的である。また，このようにサービスの標準化を部分的に取り入れることで，

従業員が自ら判断すべきことが明確になり，顧客への注意や関心もそこに集中できて，顧客適応が進むというメリットが生まれる。

さらに顧客適応的なサービスの品質管理では，顧客の選別が必要になる場合がある。例えば，需要のピーク時において，顧客に待ち時間が生じて顧客の不満が高まったり，処理能力の限界からサービスの品質が劣化したりすることを避けるためには，顧客数の制限を行うことが有効な手段の1つとなる。その際に予約などの先着順で制限する方法や価格設定を高くして需要を抑制する方法などが利用される。

また，サービスの生産に顧客が参加する場合には，顧客の数だけではなく，顧客の質についても管理する必要が生まれる。高級なレストランやホテルなどでは，客層の善し悪しがその場の雰囲気を左右してサービスの品質にも影響するため，価格設定を通じて顧客の選別をしたり，団体客を制限したりする場合がある。

演習問題

13-1 EC事業で成功している企業を1つ取り上げて，その成功要因を説明しなさい。

13-2 グローバル統合についてのメリットとデメリットを説明しなさい。

13-3 サービス拠点を水平的に拡充する場合にどのようなことが障害となりやすく，またそれをどのように解決することができるか。サービスの特質と関連づけて説明しなさい。

文 献 案 内

■第Ⅰ部の参考文献

淺羽茂［2004］『経営戦略の経済学』日本評論社。

Lancaster, K. J. [1971] *Consumer Demand : A New Approach*, Columbia University Press.〔桑原秀史（訳）[1989]『消費者需要――新しいアプローチ』千倉書房〕

田村正紀［1971］『マーケティング行動体系論』千倉書房。

■第Ⅱ部の参考文献

Barney, J. B. [2002] *Gaining and Sustaining Competitive Advantage*, 2nd ed., Prentice Hall.〔岡田正大（訳）[2003]『企業戦略論（上・中・下巻）』ダイヤモンド社〕

Blackwell, R. D., P. W. Miniard, & J. F. Engel [2005] *Consumer Behavior*, 10th ed., South-Western College.

Cristensen, C. M. [1997] *The Innovator's Dilemma : When New Technologies Cause Great Firms to Fail*, Harvard Business School Press.〔伊豆原弓（訳）[2000]『イノベーションのジレンマ――技術革新が巨大企業を滅ぼすとき』翔泳社〕

Eliashberg, J. & G. L. Lilien (eds.) [1993] *Marketing : Handbooks in Operations Research and Management Science*, Vol. 5, North-Holland.〔森村英典・岡太彬訓・木島正明・守口剛（監訳）[1997]『マーケティング・ハンドブック』朝倉書店〕

古川一郎・守口剛・阿部誠［2011］『マーケティング・サイエンス入門――市場対応の科学的マネジメント（新版）』有斐閣アルマ。

Kotler, P. [2000] *Marketing Management*, Millennium ed., Prentice

Hall.〔恩蔵直人(監訳)[2001]『コトラーのマーケティング・マネジメント(ミレニアム版)』ピアソン・エデュケーション〕

中西正雄(編著)[1984]『消費者行動分析のニュー・フロンティア——多属性分析を中心に』誠文堂新光社。

延岡健太郎[2006]『MOT[技術経営]入門』日本経済新聞社。

田村正紀[2006]『リサーチ・デザイン——経営知識創造の基本技術』白桃書房。

田中洋・清水聰(編)[2006]『消費者・コミュニケーション戦略(現代のマーケティング戦略④)』有斐閣アルマ。

Tidd, J., J. Bessant, & K. Pavitt [2001] *Managing Innovation : Integrating Technological, Market and Organizational Change*, 2nd ed., John Wiley & Sons.〔後藤晃・鈴木潤(監訳)[2004]『イノベーションの経営学——技術・市場・組織の統合的マネジメント』NTT出版〕

■第Ⅲ部の参考文献

高嶋克義[2012]『現代商業学(新版)』有斐閣アルマ。

高嶋克義[2002]『営業プロセス・イノベーション——市場志向のコミュニケーション改革』有斐閣。

高嶋克義・南知惠子[2006]『生産財マーケティング』有斐閣アルマ。

山本昭二[2007]『サービス・マーケティング入門』日経文庫。

■コラムの参考文献

Franses, P. H. & R. Paap [2001] *Quantitative Models in Marketing Research*, Cambridge University Press.

桑原秀史[1988]『小売市場の経済分析』千倉書房。

Martin, S. [2001] *Advanced Industrial Economics*, 2nd ed., Blackwell Publishing.

Rossiter, J. R. & L. Percy [1997] *Advertising Communications & Promotion Management*, 2nd ed., McGraw-Hill Companies.〔青木幸弘・岸志津江・亀井昭宏（監訳）[2000]『ブランド・コミュニケーションの理論と実際』東急エージェンシー〕

Tirole, J. [1988] *The Theory of Industrial Organization*, MIT Press.

◆理解の助けになるマーケティングの入門書

Czinkota, M. R. & M. Kotabe [2001] *Marketing Management*, 2nd ed., South-Western College.〔横井義則（監訳），嶋正・石川和男・藤村和宏（訳）[2002]『マーケティング戦略』同文舘出版〕

石井淳蔵・栗木契・嶋口充輝・余田拓郎 [2013]『ゼミナール マーケティング入門（第2版）』日本経済新聞出版社。

恩蔵直人 [2004]『マーケティング』日経文庫。

田村正紀 [1998]『マーケティングの知識』日経文庫。

和田充夫・恩蔵直人・三浦俊彦 [2012]『マーケティング戦略（第4版）』有斐閣アルマ。

◆より進んだ学習のための参考図書

青木幸弘・恩蔵直人（編）[2004]『製品・ブランド戦略（現代のマーケティング戦略①）』有斐閣アルマ。

Blattberg, R. C. & S. A. Neslin [1990] *Sales Promotion : Concepts, Methods, and Strategies*, Prentice Hall.

岸志津江・田中洋・嶋村和恵 [2008]『現代広告論（新版）』有斐閣アルマ。

小林哲・南知惠子（編）[2004]『流通・営業戦略（現代のマーケティング戦略③）』有斐閣アルマ。

丸山雅祥 [2011]『経営の経済学（新版）』有斐閣。

Milgrom, P. & J. Roberts [1992] *Economics, Organization and Management*, Prentice Hall.〔奥野正寛・伊藤秀史・今井晴雄・西村

理・八木甫（訳）[1997]『組織の経済学』NTT 出版〕

上田隆穂・守口剛（編）[2004]『価格・プロモーション戦略（現代のマーケティング戦略②）』有斐閣アルマ。

Wind, Y. & P. E. Green (eds.) [2004] *Marketing Research and Modeling : Progress and Prospects*, Springer.

索　引

◆あ　行

アウトプット管理　312, 315
アウトプット指標　313
RBV（resource-based view）アプローチ　239, 240, 252
アロー（K. J. Arrow）　267
ELM　→精緻化見込みモデル
EC（e-commerce）　328
EC 事業　332
EC 事業者　332, 333
依存関係　288, 290
5つの環境要因　196
移転困難性　344
イノベーションのジレンマ　154, 217
因子分析　126
インターネット　327, 328
　　——による直接販売　330
　　——を通じた広告・販促活動　329
ウィリアムソン（O. E. Williamson）　267
ウェブサイト　328
売手と買手の利害対立　297
上澄み吸収価格戦略　→スキミング戦略
営業活動　308, 310, 317
　　——の管理　313
　　——の管理問題　309
営業担当者　308, 309
営業部門　269, 308
営業プロセス革新　317, 319, 321
営業プロセス知識　313, 314
SCP パラダイム　241
STP アプローチ　72, 193

◆か　行

海外市場への参入　340
海外生産　337
χ^2（カイ2乗）検定法　125
開発期間の短縮化　159, 160
外部探索　107, 108
買回品　136
改良型新製品（開発）　139, 144-146
価格　165, 167
価格競争　18, 179
価格差別　55, 59, 60, 187
価格受容者　→プライス・テイカー
価格設定　186, 187
価格弾力性　55, 59
革新者　78, 141
確率標本　122
寡占市場　91
カテゴリー化　105
金のなる木（事業）　198, 202
感覚記憶　105
関係管理　16

359

関係性マーケティング論 262, 264, 270, 271, 274
関係の局面 12, 13
間接流通 278
完全競争 25-27
機会主義 267, 299
企業間関係 276
企業戦略 195
企業文化 243
技術革新 132
技術革新型新製品 139, 146
既存資源 137
規模の経済性 27, 82, 200, 203, 208
基本戦略 193, 205
競争制限 294
距離尺度 123
均衡価格 26
クラーク（J. M. Clark） 241
クラスター分析 127
クラン 316
クールノー・モデル 91
グローバル化 337
グローバル統合 341-343
グローバル・ブランド 342, 343
経営学 21
経営資源の制約 66, 71
経営者層の意思決定問題 198
経験効果 202
経験財 135
経済学 22
継続的な取引関係 12, 270, 271
系統抽出法 122
系列店制度 300, 302
ケーパビリティ 240

限界収入 30
限界費用 30
研究開発組織の管理 158, 162
現地適応 341, 343
　——の組織能力 344
限定的問題解決 110
後期多数派 83, 88, 89
広告 47, 106, 169
　——における組織能力 243
　——による製品差別化 130, 173-175
　——の質 170
広告弾力性 172
広告・販促活動 165, 166
広告費用 171, 172
交叉弾力性 28-30
購買意思決定プロセス 104, 110
購買行動変数 63
購買後の評価 114
購買理想点 56, 58
後発企業 85
後発的参入 142
広範囲問題解決 110
効用 27, 115
小売業者 281, 282
　——間の競争行為 284
　——による製品差別化への貢献 281
　——の販促・サービス活動 283
顧客 308
　——との対話 268
　——の「囲い込み」（戦略） 270, 352
顧客関係管理 263

顧客適応戦略　349, 352
顧客満足　15-17
顧客ロイヤルティの「はしご」　263
国際化　327, 334, 337
コース（R. H. Coase）　267
コスト集中戦略　210, 211
コスト・リーダーシップ戦略　205, 208-210, 237
コード化　105
コトラー（P. Kotler）　212
コミュニケーション戦略　181
コンカレント・エンジニアリング　159
コンジョイント分析　115
コンティンジェンシー係数　125
コンピタンス　240

◆さ　行

最少最適規模　31
再販売価格維持制度　286, 294
再ポジショニング　43, 94
作業記憶　105
サービス　261, 308, 345, 347
　——での差別化　46
　——による製品差別化　346
　——の標準化　351, 353
　——の品質　347, 348
　——の品質管理　353
サービス経済化　327, 345
サービス・マーケティング　263, 349
サプライチェーン・マネジメント　327
差別化集中戦略　210

差別化戦略　205, 207
産業組織論　241
産業のライフサイクル　96
参入障壁　27
サンプル　81
仕入依存度　288, 290
事業部制組織　238
資　源　239, 240
　——移動の困難性　240
　——のポテンシャル　246
資源配分　197
資源ベース理論　→RBVアプローチ
市　場　9
　——の局面　10, 11
　——の選択　196
　——の捉え方　22
　競争の場としての——　13, 15, 25
　顧客の集合としての——　14, 15, 25, 49
　細分化された——　19
　差別化された——　18, 192
　変化する——　20
市場均衡　25, 26
市場構造　241
市場行動　241
市場細分化　15, 19, 23, 49, 51, 53, 55, 57, 60, 192, 209
　——の基準　61, 64
市場細分化戦略　20, 90
市場成果　241
市場セグメンテーション戦略　→市場細分化戦略
市場セグメント　20
　——の経済的な魅力　65, 66, 71

索　引　361

——の統合化　58
市場地位別戦略　194, 212
市場調査　→マーケティング・リサーチ
持続的競争優位　239
集権型の開発体制　163
集中型マーケティング　67, 69, 71
集中戦略　205, 210, 237
集落抽出法　122
需　要　9
ジョイント・ベンチャー　337
商　業　280
　　——とマーケティングの対立　280
消費者
　　——層の「囲い込み」　220
　　——の新製品に対する需要　135
　　——の選好　19, 20
　　——の潜在需要　147, 148
消費者行動　100-103, 258, 261
　　——の変化　302
情報化　327
情報型動機　177
情報収集の費用　109
情報収集・分析の絞り込み　149
情報伝達の技術　7
情報統合の方略　112
　感情依拠型——　112
　辞書編纂型——　112
　分離型——　112
　補償型——　112
　連結型——　112
情報の共有効果　319
情報の分析効果　319

職能部門間の対立　228, 231
　　——の克服　232
職能別組織　235
序数尺度　123
新規顧客開拓　310, 311
人口統計変数　61, 62
新製品開発　128, 129, 152, 158
　　——に関わるリスク　153
　　——の意思決定段階　145
　　——の企画段階　145
　　——の技術開発段階　145
　　——の組織能力　243
　プロダクト・アウトの——　149
新製品開発プロセスの再設計　159, 160
新製品開発プロセスの設計　158
浸透戦略　82, 188
信　念　113
信頼関係　266, 295, 296, 299
心理的変数　62
衰退期　74, 92, 93
垂直的差別化　33, 37-39, 45, 54, 87
垂直的属性　33, 35, 39, 53, 174
垂直的属性空間　44
水平的差別化　34, 39, 40, 87
水平的属性　33, 39, 51, 175
水平的属性空間　43
スキミング戦略　4, 82, 188
スター（事業）　198, 200
生産財　261, 308
生産財マーケティング　102, 263
成熟期　74, 75, 88, 326
　　——の競争的な淘汰　90
　　——のマーケティング戦略　327

精緻化見込みモデル　117
成長期　74, 75, 83
成長の踊り場　95
製　品　165, 166
製品革新型新製品　139
製品カテゴリーのライフサイクル
　　96
製品間のシナジー効果　133
製品クラス　129
製品差別化　15, 19, 23, 24, 25, 28,
　　30, 45, 55, 130
　行為としての――　25
　広告・販促活動による――　166
　広告による――　130, 173-175
　小売業者による――への貢献
　　281
　サービスによる――　346
　状態としての――　25
　チャネル管理による――　109
　チャネルによる――　88, 131,
　　166, 181, 276, 279, 300
製品事業の選択　196
製品事業部制組織　235, 236
製品戦略　129
製品の集計水準　96
製品ポートフォリオ　193, 198, 199
製品ライフサイクル　21, 23, 74, 78,
　　95
　――概念　94, 96
製品ライン　129
　――の深さ　134
セグメンテーション変数　61
セグメント　50
説明変数　125

セールス・プロモーション　→販促活
　動
前期多数派　83, 87
先発企業　85
先発者優位　141, 144, 339
戦略代替案　11
戦略的マーケティング論　11, 193,
　　194, 196-198, 205, 206, 226, 238,
　　257
　――の基本課題　197
層化抽出法　122
相関係数　124
　ケンドールの順位――　125
　スピアマンの順位――　125
　ピアソンの――　124
早期採用者　79
想起集合　107
相互作用型マーケティング論　265,
　　269, 270, 307
属　性　32
　――の束　32
組織購買行動　102
組織能力　242, 244
　現地適応の――　344
　広告における――　243
　新製品開発の――　243
　チャネルにおける――　243

◆た　行

代案の評価　111
多数帰結モデルの技法　126
多数要因・帰結モデルの技法　126
多数要因モデルの技法　125
多属性空間　32

索　引　363

短期記憶　105, 106
探索財　137
チェンバリン（E. H. Chamberlin）　241
知覚の対立　229, 230
知覚マップ　42, 43
遅滞者　83, 88
チーム制　317
チャネル　47, 165, 166
　——における組織能力　243
　——による製品差別化　131, 181, 300
　——の長さ　184
　——の広さ　181
　——を通じた製品差別化　279
チャネル管理　166, 178, 181, 276, 295, 297
　——による製品差別化　109
チャネル志向の広告戦略　273
チャネル志向のマーケティング活動　272
チャネル設計　182, 184
　——の問題　275
チャレンジャー戦略　212, 216-218
中央集権的な意思決定　259
中間業者　335
長期記憶　105, 106
直営店　277
直接投資　336
定型的問題解決　111
定量的リサーチ　121, 123, 124
データベース　317, 318, 322, 323
撤退障壁　93
テリトリー制度　294

電子商取引　→EC
同質的市場　17
導入期　74, 75, 78
　——のマーケティング戦略　80, 81
等費用曲線　35-37, 53
独占禁止法　286
独占的競争　25, 28, 30, 31
独立性の検定　125
ドミナント・デザイン　75, 84, 142, 204
取引特定的資産　267
取引の継続性　260
取引費用　266, 267, 297, 299

◆な　行

内部探索　104
ニッチ市場　91, 218
ニッチャー戦略　212, 218, 220
認知的不協和　115, 189
ネットワーク外部性　157, 218
ネットワーク戦略の意思決定　158

◆は　行

パーシー（L. Percy）　176
端数価格　189
発展途上国　339
ハードセル　7
バラエティ・シーキング　118, 119, 135
パワー関係　287, 295
パワー資源　291
　競争制限による——　294
　物資や情報による——　293

販社制度　301
販促活動　177, 179, 180
　消費者向けの――　178
販売依存度　288, 303
販売活動の管理　276
被説明変数　125
非最寄品　168
費用曲線　56
標準化　343
標準化戦略　349
標的顧客　16
評　判　46
標　本　121
標本誤差　122
費用優位　208
比例尺度　124
品質知覚　189
フィッシュバイン・モデル　112, 113
フォロワー戦略　212, 221, 222
複占市場　91
プッシュ戦略　166
ブームの終焉　92
プライス・テイカー　26, 28
ブランド　248
　――のライフサイクル　96
ブランド拡張　252
ブランド構築能力　250
ブランド資産　248
ブランド戦略　253
ブランド・マネジャー制　234
ブランド連想　106
ブランド・ロイヤルティ　63, 86, 120, 260, 290

フリーライド　213, 283
フルカバレッジ戦略　67, 69-71
フルライン化　272
フルライン戦略　216
プロジェクト・チーム　234
プロセス革新　317
プロセス管理　312-315, 317
　伝統的な――　320, 321
　分析志向の――　313, 320, 321, 323
プロセス指標　313, 320, 321, 324
プロダクト・マネジャー制　234
プロトタイプ　151
分化型マーケティング　67, 69-71
分権型の開発体制　163
分析－計画型マーケティング論　　12, 257, 258, 260, 261, 265, 270, 307
分析－計画－管理　11, 13
ベイン（J. S. Bain）　241
ベルトラン・モデル　91
変換型動機　177
ポジショニング　32, 42, 193
母集団　121
ボストン・コンサルティング・グループ　198
ポーター（M. E. Porter）　205

◆ま　行

負け犬（事業）　198, 204
マーケティング戦略
　――の一貫性　236
　――の実行可能性　242
　サプライサイドの――　247
　日本企業の――　223

マーケティングに関わる組織能力　243
マーケティングの定義　5
マーケティングの目標　17
マーケティング・マネジメント論　11, 128, 192-194, 196-198, 205, 206, 226, 238, 256
マーケティング・ミックス　**165**, 167, 168, 271
マーケティング・リサーチ　11, 43, 61, 63, 121
マーケティング論　3, 4, 21, 22
マーシャル（A. Marshall）　241
マッカーシー（E. J. McCarthy）　165
マトリックス組織　234
無作為抽出　121
無差別曲線　35-37, 53
無分化型マーケティング　68
名義尺度　123
メーソン（E. S. Mason）　241
目標の対立　**229**
モジュラー型開発　160, 161
モジュール　160
模倣困難性　245, 248, 344
最寄品　135, 168
問題児（事業）　**198, 201**

◆や　行

役割の対立　**229, 230**

有意抽出法　122
輸　出　**335**
余剰資源　**247**
4P　**129, 165**

◆ら　行

ライセンシング　**336**
ライフスタイルの変化　92
乱　売　301
利　潤　15
リーダー戦略　**212, 214, 215**
リード・ユーザー　154
リベート　**291, 292**
　販促——　293
流通業者　184, 271, 272, 308
　——の系列化　205
　——の品揃え形成活動　280, 283
　——の統制　279
　——の販促・サービス活動　281, 283
　独立した——　278
流通系列化　303, 305
量販店　303-305
リレーションシップ　262
ルーチン　250
連想ネットワーク　106
ロシター（J. R. Rossiter）　176
ロシター＝パーシー・グリッド　176
ロビンソン（J. V. Robinson）　241

● **著者紹介**

高<small>たか</small>嶋<small>しま</small> 克<small>かつ</small>義<small>よし</small>
　　追手門学院大学経営学部教授，神戸大学名誉教授

桑<small>くわ</small>原<small>はら</small> 秀<small>ひで</small>史<small>ちか</small>
　　関西学院大学経済学部教授

現代マーケティング論　　　　　　　ARMA
Modern Marketing　　　　　　　　有斐閣アルマ

2008 年 3 月 10 日　初版第 1 刷発行
2023 年 1 月 30 日　初版第 9 刷発行

著　者	高　嶋　克　義
	桑　原　秀　史
発行者	江　草　貞　治
発行所	株式会社　有　斐　閣

郵便番号 101-0051
東京都千代田区神田神保町 2-17
http://www.yuhikaku.co.jp/

印刷　大日本法令印刷株式会社　　製本　大口製本印刷株式会社
© 2008, Katsuyoshi Takashima, Hidechika Kuwahara. Printed in Japan
落丁・乱丁本はお取替えいたします。
★定価はカバーに表示してあります。
ISBN978-4-641-12343-4

Ⓡ 本書の全部または一部を無断で複写複製(コピー)することは，著作権法上での例外を除き，禁じられています。本書からの複写を希望される場合は，日本複製権センター(03-3401-2382)にご連絡ください。